# 예측할 수 없는 SCM 인문학의 비밀

# 예측할 수 없는 SCM 인문학의 비밀

| 발행일 | 2017년 10월 31일 | | |
|---|---|---|---|
| 지은이 | 우리(we) | | |
| 펴낸이 | 손 형 국 | | |
| 펴낸곳 | (주)북랩 | | |
| 편집인 | 선일영 | 편집 | 이종무, 권혁신, 최예은 |
| 디자인 | 이현수, 한수희, 김민하, 김윤주 | 제작 | 박기성, 황동현, 구성우 |
| 마케팅 | 김회란, 박진관, 김한결 | | |
| 출판등록 | 2004. 12. 1(제2012-000051호) | | |
| 주소 | 서울시 금천구 가산디지털 1로 168, 우림라이온스밸리 B동 B113, 114호 | | |
| 홈페이지 | www.book.co.kr | | |
| 전화번호 | (02)2026-5777 | 팩스 | (02)2026-5747 |

ISBN     979-11-5987-818-3 03320(종이책)    979-11-5987-819-0 05320(전자책)

---

**(주)북랩** 성공출판의 파트너

북랩 홈페이지와 패밀리 사이트에서 다양한 출판 솔루션을 만나 보세요!

홈페이지 book.co.kr                     자가출판 플랫폼 해피소드 happisode.com
블로그 blog.naver.com/essaybook        원고모집 book@book.co.kr

# 예측할 수 없는 SCM
# 인문학의 비밀

우리
(We)

기업을 넘어 개인의 삶 속으로 들어온 경영철학
Supply Chain Management

북랩 book Lab

『정보의 홍수시대!

우리는 몰라서 못 하는 것일까요?

알면서도 못 하거나, 안 하는 것일까요?』

오늘날 SCM을 이야기하는 책들과 강의들은 다양하게 존재하며, 심지어 너무 많아서 모든 것을 경험할 수 없는 것이 현실입니다. 그리고 이렇게 다양한 책들과 강의들 중에, SCM에 대해 올바르지 않거나 황당한 이야기를 전달하는 책과 강의는 없다고 판단됩니다. 단지 어떤 조직에서는, 처한 현실의 제약으로 인해, 당장 모방 또는 실행 불가능하다 보니, "난해하며 이론적"이라고 판단할 수도 있고, 어떤 조직에서는, "당장 적용 및 실행이 가능한 혁신적인 방법론"으로 판단할 수도 있을 것입니다. 즉, 전 지구적으로 SCM을 이야기하는 책들과 강의들은 조직과 조직을 구성하는 사람들이 처한 현실, 수준, 상태에 따라, 이해하고 받아들일 수 있는 정도의 차이일 뿐, "모두 올바른 SCM 방향을 제시하고 있다"고 해도 과언이 아닙니다. 이러한 점을 고려해 볼 때, SCM에 대해 "이론적으로 새로운 방향을 제시"하는 것도 중요할 수 있지만, 지금까지 알려진 선구자분들의 좋은 이야기들을, "얼마나, 어떻게, 현실에 적용하고 실천하느냐", 그리고 다양한 현실의 제약을 극복하고 추진할 수 있는 "조직과 구성원들이 얼마나 존재하느냐"가 더욱 중요하다고 판단됩니다. 여러분들은 정보의 홍수시대에 얼마나 많은 정보를 Catch하고 계신가요? 그리고 Catch한 정보들을 얼마나, 어떻게, 현실에 적용 또는 활용하고 계신가요? 아마도 우리가 못 하거나 못 하고 있는 것이 있다면, 정보가 없어 못 하고 있는 것이 아니라 인내, 도전, 열정, 창의 등의 부족으로 정보를 Catch하려고 하지 않거나, 어떻게 Catch해야 할지 모르거나, 현실이라는 거대한 장벽에 가로막혀, Catch한 정보를 적용하고 활용하지 못하고 있는 것은 아닐까요?

『4차 산업혁명시대 SCM이요?

거창한 계획을 수립하기보다는,

현재 여러분들 주위에 존재하는 작은 프로세스부터,

시스템·전체최적화 관점에서

하나하나 시작해 보는 것이 어떨까요?』

4차 산업혁명으로 인해, 로봇, 인공지능, 빅데이터 등이 화두로 떠오르고 있습니다. 이로 인해 여러분들은 "4차 산업혁명" 하면 다양한 최첨단 정보통신기술들을 먼저 떠올릴 것입니다. 하지만, 정보통신기술들은 현실에 존재하는 프로세스와, 프로세스에 의해 형성되는 데이터들을 기반으로 하고 있기에, 우선 여러분들의 주위 프로세스부터 **"올바른 방향과 속도로 정립되어 있는지?", "지속 실행 가능한 상태인지?"** 등을 탐구해 볼 필요가 있습니다. 왜냐하면 부실한 프로세스와 데이터를 기반으로 구축된 정보통신기술들은, "겉으로는 자동화 현대화를 이룬 것"처럼 보이겠지만, 내적으로는 "눈 가리고 아웅", "보여주기"식 수준에 머물러 있을 가능성이 크기 때문입니다. 따라서 올바른 방향과 속도로 지속 실행 가능한 프로세스를 구축하고 운영하는 것은, SCM뿐만 아니라, 4차 산업혁명 관점에서도 매우 중요하며, "눈 가리고 아웅", "보여주기"식이 아닌, **"올바른 방향과 속도로 지속 실행 가능한 프로세스를 구축"**하려는 노력은, "SCM의 수준을 높임과 동시에, 4차 산업혁명 또한 준비하고 있다"고 해도 과언이 아닙니다. **이는 프로세스 관점에서 수준이 높은 조직이, SCM은 물론 4차 산업혁명도 부드럽게 맞이할 수 있다는 것을 의미합니다.**

저는 많은 시간을, 일정 수준의 프로세스가 구축된 온실 안에서, 그리고 일정 수준 이상의 Logistics Management가 기능하는 여건에서 SCM을 해왔습니다. 이러한 환경에서는, 기존에 구축된 체계나 시스템 안에서 크고 작은 부분을 담당하며, 운영을 더 매끄럽게 하는 것에 치중하거나 필요 시 개선 수준에서 노력하는 것이 주가 되었습니다. 하지만, Logistics Management를 이해하고 운영하는 수준이 "춘추전국시대"이거나, 프로세스의 중요성에 대한 인식이 "Zero"에 가까운 조직에서 진행해야 했던 SCM에서는, 저의 모든 지식과 경험을 믹서기(Blender) 안에 놓고 정신없이 돌려야 했습니다. 하지만 믹서기가 순탄하게 돌아가기보다는, 예상하지 못했던 외부의 것들이 믹서기 안으로 들어와 내용물을 모두 버리고 다시 돌려야 하는 경우가 발생하기도 하였고, 때로는 믹서기가 고장 나서 한동안 돌리지 못하는 경우도 발생하였습니다. 특히 믹서기가 고장 나는 경우, 다시 돌리기까지 많은 시간이 소요되었습니다. 만약 여러분들이, Logistics Management를 이해하고 운영하는 수준이 매우 낮거나 프로세스가 부실한 조직에서 SCM을 해야 한다면, 처음부터 "다양하고 거창하게 뭘 섞어서 보기 좋게 만들어 보겠다."는 계획을 수립하고 추진하기보다는, 시간을 가지고 가장 기본적이고 단순한 주위 프로세스부터, 시스템·전체 최적화 관점에서 하나하나 탐구하며 짚어 나가는 것이 현명할 수 있습니다.

**『SCM은 새로운 환경에서 집을 짓는 것과 다르지 않습니다.』**

SCM은, 전 지구적으로 돌아다니며 집을 짓는 것과 다르지 않습니다. 예를 들어, 섬에서 집을 지으려면 육지보다 강풍과 소나기에 대한 대비를 더 해야 할 것입니다. 그리고 국내에서만 집을 지어 본 사람이 아프리카에서 집을 지어야 한다면, 우선 건조한 바람과 뜨거운 태양, 예측불가의 모래 먼지 등을 극복해야 하고, 현지 사람들과 문화, 언어의 차이에서 오는 소통 문제도 극복해야 하며, 사회 인프라 부족으로 좋은 자재나 기술 인력의 확보가 제한될 수 있는 다양한 상황들 또한 극복해야 합니다. 즉, 끊임없이 비관적이고 예측불가능한 난관들에 부딪히게 될 것이고, 이를 어떻게든 극복해야만 좋은 집을 지을 수 있습니다. 이와 마찬가지로, **비관적이고 예측 불가능한 난관에 부딪혀가며 튼튼하고 살기 좋은 집을 지으려고 하는 것이 SCM입니다.** 이러한 의미에서, SCM을 주된 업(業)으로 하는 사람들에게는, 하나의 조직에 정말 오랫동안 있으면서 "기존 선구자들이 구축해 놓은 온실 안에서 운영해 봤다."보다는, "어느 정도 수준과 규모를 갖추고 있는 여러 조직에서, 다양하고 깊이 있는 경험을 해봤다.", "어느 정도 수준과 규모를 갖추지 못한 조직에서, 맨땅에 헤딩도 해봤다." 그리고 "틀에 박히지 않은 자유로운 생각을 할 수 있다.", "끊임없이 도전하고 인내할 수 있는 역량을 갖추고 있다." 등이 더 중요합니다. 따라서 지금 여러분들이 처해있는 다양한 상황과 난관을 포기하지 않고 인내하며, 끈기를 가지고 하나하나 축적해 나간다면, 언젠가는 여러분들이 SCM 전문가가 되어 있지 않을까요?

"절망적인 상황은 없다. 절망하는 사람이 있을 뿐 - 하인츠 구데리안 -"

SCM은 결코 혼자 할 수 없습니다. 함께해야 할 수 있습니다.

이러한 점에서, 지난 20년간 저에게 영감(Inspiration)을 주었던 모든 조직과 조직의 구성원 분들에게 감사드립니다.

그리고 현재(Present) 조직에서, 아직은 미약하지만 SCM이 일정 부분 뿌리 내릴 수 있도록, 도움을 주고 있는 많은 구성원 분들에게도 감사의 마음을 전합니다. 특히, 수많은 역경에도 아랑곳하지 않고, **신독의 정신**으로 묵묵히 같은 길을 걸어준 팀원들이 없었더라면,

현재 소속된 조직에서 SCM 정착은 불가능하였습니다.

**시스템과 프로세스가 아닌, 일부 기능과 사람 위주로 운영되어 왔던 조직일수록, 윤리와 도덕성 등이 SCM에 미치는 영향은 매우 큽니다.** 따라서 **인문학이 SCM에서 중요하다는 것을**, 조직의 경영이념인 "신뢰, 공정, 투명", 조직의 Core Value인 "자유, 소통, 행복"을 통해서도 일부분 깨달을 수 있었기에, 경영이념과 Core Value 정립에 노력해주신 분들께도 감사드립니다.

마지막으로, 저에게 **"기다림의 미학"**을 알려 주시고, SCM이 뿌리내릴 수 있도록 도움을 주신 경영진께도 감사드립니다.

# 차 례

# 1장
# 4차 산업혁명을 통해
# 바라본 SCM

*-Fourth Industrial Revolution*
*&*
*Supply Chain Management-*

# 여러분의 산업혁명 계단

2016년 1월 개최된 "2016년 세계경제포럼"에서 "4차 산업혁명의 이해"가 발표된 이후, 전 세계적으로 정치, 경제, 교육, 언론 등 전 분야에 걸쳐, 4차 산업혁명에 대한 이야기가 급속도로 확산되고 있습니다. 여러분들은 4차 산업혁명을 어떻게 생각하고 계신가요? 우선, 4차 산업혁명에 대한 이해를 돕고자, "특집 다보스의 선택 4차 산업혁명이 미래다"라는 주제로 K사에서 방영된 내용 중, 일부분을 인용해 보았습니다.

## 미래제안 "4차 산업혁명, Klaus Schwab"

지금 우리는 4차 산업혁명의 한가운데에 있습니다. 이쯤에서 아마, 궁금증이 생겼을 것입니다. 4차 산업혁명이 3차 산업혁명과 무엇이 다른가?

첫 번째 차이점은 속도입니다. 마치 쓰나미처럼 빠르게 우리에게 다가오고 있습니다. 1차 산업혁명은 수세기가 지나고 나서야 완전한 영향력을 발휘했는데요, 하지만 지금은 어떻습니까? 모든 것이 빠르게 전환되고 있습니다. 15년 전만 해도 SNS는 존재하지 않았습니다. 저는 10년 전 아내와 함께 페이스북을 방문했었는데요, 당시 직원 수가 몇 명인지 아십니까? 10명도 안 되었습니다. 지금은 어떻습니까? 이제 SNS 없는 세상은 상상할 수가 없습니다.

두 번째 차이점은 지금 일어나는 변화가 단순히 한 가지 제품, 하나의 혁신이 아니라는 것입니다. 다시 말해 포괄적인 혁명이 전개되고 있는 것인데요, 우리가 사는 세계의 모든 것들을 완전히 변화시키고 있습니다. 여러분 지금의 변화를 한번 생각해 볼까요? 로봇, 자율주행차량, 인공지능, 인지컴퓨터, 수많은 분야에서 기술 혁신이 일어나고 있습니다. 매우 흥미로운 점은 개별 기술이 융합하면서 서로를 더욱 강력하게 만든다는 것입니다. 로봇과 빅데이터 기술이 합쳐지고, 로봇과 인공지능이 결합하면서 산업 전 영역에서 혁신이 확산되고 있습니다.

세 번째 차이점은 혁신의 범위가 제품이 아니라 시스템적으로 일어나고 있다는 것입니다. 단적인 예로 공유서비스를 하는 "Airbnb"나 "Uber"는 새로운 제품을 만들지 않습니다. 하지만, 새롭게 소비하는 방식을 창조해 냅니다. 물건을 직접 제조하지 않지만, 우리가 생활하고 소통하는 기존의 방식을 변화시키고 있습니다.

그럼 마지막 차이점은 무엇일까요? 4차 산업혁명은 우리가 무엇을 하는지뿐만 아니라, 우리가 누구인지, 다시 말해 인간의 본질과 정체성을 변화시키는 혁명입니다. 그 변화의 가능성은 무한합니다. 그렇다면 4차 산업혁명은 우리에게 어떤 영향을 미칠까요? 우선 모든 비즈니스 모델을 변화시킬 것입니다. 제품과 서비스를 구매하는 방식은 이미 달라지고 있습니다. 이러한 흐름은 모든 산업에 영향을 미칠 것인데요, 금융 산업을 한번 예를 들어볼까요? 앞으로 5년 후 핀테크, 블록체인 등 첨단기술로 금융 산업은 지금과 완전히 달라질 것입니다. 그렇다면 일자리에는 어떤 영향을 미칠까요? 4차 산업혁명에 변화가 빠른 속도로 진행되면서 많은 일자리가 사라질 것입니다. 과거에는 새로운 상황에 적응할 수 있는 시간적 여유가 있었습니다. 하지만, 지금은 다릅니다. 새로운 일자리를 만드는 문제가 4차 산업혁명 시대의 최우선 과제입니다. 그리고 이를 위해서는 노동시장이 유연하게 바뀌어야 합니다. 과연 이것이 우리 모두에게 어떤 영향을 미치게 될까요? 4차 산업혁명은 정체성까지도 바꿔놓는 혁명이라고 말씀드렸는데요, 많은 사람이 4차 산업혁명을 두려워하고 있습니다. 대부분의 사람은 언제나 변화를 두려워합니다. 변화의 속도가 이토록 빠르고 그 범위 또한 지금과 같이 거대한 규모로 이루어진다면 당연히 위협적일 수밖에 없죠. 하지만 이 흐름은 피할 수 없습니다. 변화를 포용해야 합니다. 미래는 변화를 거부하는 사람들과 포용하는 사람들로 나뉠 것입니다. - 중략 -

오늘날 가장 중요한 것은 혁신 역량입니다. 저는 우리가 살고 있는 이 시대가 더 이상 자본주의 시대가 아니라는 생각을 자주 하곤 하는데요, 그것은 바로 재능이 중요한 시대에 살고 있기 때문입니다. 경쟁력을 확보하기 위해 가장 필요한 것은 이제 더 이상 자본이 아닙니다. 하드웨어, 물질적인 것도 아닙니다. 생각, 소프트웨어, 아

이디어가 진정한 경쟁력의 우위를 만들어 낼 것입니다. - 중략 -

   독일의 가장 큰 장점은 대기업과 글로벌한 중소기업이 함께 협력하고 동반성장 할 수 있다는 것입니다. 제가 한국에 대한 전문가는 아니지만 다른 국가들과 비교해 보았을 때, 한국은 폐쇄적인 칸막이 문화와 구조를 가지고 있는 것 같습니다. 이것은 재벌 중심 산업구조와도 깊은 관련이 있을 텐데요, 지금이야말로 협력의 중요성을 깨달아야 할 시점이 찾아왔다고 생각합니다. 이제 협력은 전 지구적 차원에서 핵심역량으로 떠올랐습니다. - 중략 -

   이제는 전체적인 플랫폼, 생태계 차원에서 접근해야 합니다. 더 이상 우물안 개구리 식으로 생각해서는 안 됩니다. 산업의 발달과정도 마찬가지인데요, 4차 산업혁명의 핵심인 로봇화를 기계분야에 한정 지어 생각하는 경우가 많습니다. 하지만 로봇 자체는 기계적 장치에 불과합니다. 로봇이 인공지능, 빅데이터와 결합할 때 힘을 갖고 스스로 생각할 수 있습니다.

   4차 산업혁명의 새로운 미래에서 개별분야의 성장이 아니라 광범위한 협업이 성공의 필수입니다. 그러기 위해서는 시스템적으로 생각하고 플랫폼 차원에서 접근하는 것이 중요한데요, 독일과 스위스 기업들이 이런 측면에서 매우 잘하고 있습니다. 이제 이들처럼 유연한 자세로 서로 협력해야 합니다. 생태계 차원에서 생각하고 접근하는 것이 기업뿐 아니라 개인에게도 매우 중요한 역량임을 잊지 말아야 합니다. - 중략 -

새로운 상황을 수용하면서 또 다른 한편으로는 공정한 경쟁의 장이 형성되도록 보장하는 것이 적절하다고 생각합니다. 4차 산업 혁명시대 일자리를 잃게 되는 사람들이 사회적 역할을 상실하지 않도록 사회적 안전망을 제공해야 합니다. 그런데 만약 새로운 흐름을 부정하고 변화를 거부하는 방식으로 기존의 일자리를 보호하려고 한다면 어떤 일이 일어날까요? 단기적으로는 옳은 결정이 될 수 있습니다. 하지만 장기적으로는 사회가 도태하게 되면서 더 큰 대가를 치르게 될 것입니다. 따라서 이러한 방식은 고통을 지연시키는 것에 불과합니다. 시간을 오래 끌수록 감당해야 할 고통은 더욱 커지리라는 것을 알아야 합니다. - 중략 -

어떤 부분에서는 로봇을 통한 경제적 효율성이 필요한데요, 또 다른 영역에서는 인간만의 고유 영역이 더욱 확대될 것입니다. 이런 시나리오도 상상할 수 있습니다. 로봇화된 사회에서 고도로 훈련된 소수 전문가만이 사회를 지배하는 세상을 말입니다. 이런 세상에서 사람들이 할 수 있는 일자리는 많지 않을 것입니다. 하지만, 우리 인간에게는 사회적 관계와 인간만이 할 수 있는 역할이라는 것이 있습니다. 서로 돕고 멘토가 되어 주고, 교육하는 것은 꼭 필요합니다. 사람 대(對) 사람의 상호 작용은 더욱 중요해질 것입니다. - 중략 -

아마 전통적인 사고방식을 가지고 계시는 부모님들은 우리 아이가 공무원, 변호사, 혹은 대기업 직원이 되기를 바랄 것입니다. 하지만 저는, 이제는 직업에 대한 태도와 의식을 바꾸어야 할 때라고 생각합니다. 그래야만 앞으로 나아갈 수 있습니다. 미래에는 정보기술을 비롯해 생명과학 등 여러 분야가 새로운 직업으로 주목받게 될 것입니다. 하지만, 앞서 강조했듯이 직업에 대한 태도와 의식 변화가 먼저 일어나야 합니다. 특정 직업에 집중하는 과거 방식에서 벗어나, 폭넓게 생각해야 할 때입니다. 서로 다른 분야를 연계해서 통합적으로 생각하는 능력, 저는 이것을 맥락적 이해 능력이라고 표현하는데요, 이것은 4차 산업혁명시대에 가장 필요한 역량입니다. 전체 시스템에 대한 포괄적 이해 능력이 중요합니다. 통합적으로 생각할 수 있는 사람이 특정한 하나의 개별적 문제에 집중하는 사람보다 성공할 가능성이 클 것입니다. - 중략 -

4차 산업혁명은 창의성에서 시작하는 혁명입니다. 다시 말해 상명하달식의 과거 방식으로는 더 이상 변화를 만들 수 없습니다. 물론 이렇게 생각할 수도 있습니다. 몇몇 연구기관이나 대학 등에 창의성을 길러주는 일종의 창의성 센터를 만들면 된다고 말이죠. 하지만 핵심은 많은 젊은이가 자신의 아이디어를 개발하고 그 뜻을 펼칠 수 있는 환경을 만들어 주는 것입니다. 한마디로 젊은 세대를 포용해야 합니다. 여러분 한번 생각해볼까요? 지금 전 세계 중위연령은 26세에서 27세 정도밖에 되지 않습니다. 세계는 젊습니다. 그런데 이렇게 젊은 세상의 의사결정은 누가 하고 있나요? 주로 50대, 60대들입니다. 반드시 젊은 세대들의 의견이 반영될 수 있도록 해야 합니다. - 중략 -

2017년 다보스의 의제는 민첩하게 대처하며 책임감 있는 리더십입니다. 4차 산업혁명의 리더는 이 시대가 소셜 미디어의 시대라는 점을 잊지 말았으면 합니다. 과거하고는 비교할 수 없죠. 오늘날 우리는 언제든지 자신의 의견을 강력하게 표현할 수 있습니다. 이러한 시대의 리더라면 사람들의 말에 귀 기울이고 반응을 보여야 합니다. 사회적 요구를 폭넓게 수용하기 위한 움직임이 전 세계적으로 일어나고 있는데요, 바람직한 리더가 되기 위해서는 이것을 적극 받아들이고 사회를 포용하기 위한 노력을 기울여야 합니다. 하지만 리더십은 반응만 한다고 끝나는 것이 아닙니다. 제1조건은 책임감입니다. 몸소 실천해야 합니다. - 중략 -

우리는 지금 4차 산업혁명 변화의 과도기에 있습니다. 많은 사람이 일자리를 잃는 것을 두려워하고 있습니다. 리더는 이런 혼란 속 방향을 제시하고, 사람들의 정당한 요구를 수용해야 합니다. 리더십을 발휘하는 것은 매우 어렵습니다. 그런데도 비전을 제시하고 사람들이 무엇을 원하는지 경청해 그것을 실행에 옮겨야 합니다. 4차 산업혁명은 이미 우리가 직면한 현실이기 때문에 변화에 대한 준비가 필요한데요, 유연한 사고를 하고, 기업가 정신을 키우는 등 다양한 이슈를 고려해야 합니다. 특히 균형 있는 자세가 중요합니다. 미래를 열린 마음으로 맞이하면서 다른 한편으로는 필연적으로 발생한 고통도 생각해 보아야 하며, 부작용을 최소화하기 위해 사회적 안전망도 고려해야 하겠습니다. - 중략 -

여러분들은 4차 산업혁명에 대해, 긍정적, 부정적, 무관심 3가지 유형 중에 개인적으로 어떤 유형에 가까우신가요? 그리고 여러분들이 현재 소속되어 있는 조직의 경영(운영)수준은, 1~4차 산업혁명 계단 중 실질적으로 어떤 산업혁명의 계단에 있다고 생각하시나요? 아마도 시스템, 프로세스, 처한 환경 등은 모두 상이하므로, 여러분들이 현재 소속된 조직의 경영(운영) 수준을, 4차 산업혁명과 비교하고 이해하는 견해(見解)는 다양할 것입니다. 하지만 여러분들의 의, 식, 주, 복지, 여행 등의 개인생활 분야에서, 4차 산업혁명을 이해하는 정도의 차이는 크지 않을 것입니다. 왜냐하면 일상생활에서, 첨단 정보통신기술들이 접목된 인공지능과 로봇 등을 체험하는 기회가 증가하고 있고, 다양한 대중 매체 등을 통해, "향후 어떻게 전개될 것인가?"에 대해 자주 접하고 있기 때문입니다.

그렇다면 여러분들이 소속되어 있는 조직에서는, 4차 산업혁명을 어떻게 준비하고 있습니까? 혹시 "4차 산업혁명을 성공적으로 준비하기 위한 핵심 대안은, 정보통신기술[ICT(Information and Communications Technologies)]뿐이다."라고 확신하며, 정보통신기술들의 도입에만 사활(死活)을 걸고 있는 것은 아닌가요? 어쩌면 조직별 여건과 업(業)종의 특성에 따라, 업무현장에 정보통신기술들을 모두 적용하기에는 현실적으로 한계가 있을 수도 있습니다. 그럼 한계가 있는 조직과 업종은 어떻게 되는 것일까요? 4차 산업혁명에 동참하지 못하게 되는 것일까요? 꼭 그렇지만은 않을 것입니다. 왜냐하면 단순히 정보통신기술들의 도입만으로, 4차 산업혁명을 성공적으로 맞이할 수 있는 것은 아니기 때문입니다. Klaus Schwab은 인공지능, 로봇, 생명과학, 빅데이터 등이 가파르게 대두하는 4차 산업혁명에서, 다음의 요소들도 반드시 필요하다는 것을 강조하고 있습니다.

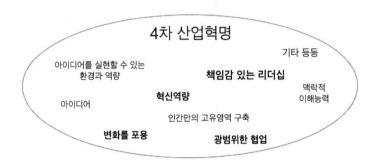

"이미 수년 전에 정보시스템을 구축했고, 현재 제대로 운영되고 있다"는 이야기를 들었습니다. 하지만, "피상적으로 보이는 것"과 "실제 하나하나 들여다본 결과"는 달랐습니다. 간단히 예를 들면, 구축 개념은 공정 전체를 대상으로 하였다고 하지만, 특정 구간 최적화에 가깝게 개발 및 운영되고 있었고, 그나마 잘 운영된다고 이야기하는 특정 구간마저도, 부실한 프로세스를 기반으로 구축되어, 정보시스템을 통한 Visibility, 산포의 감소, 데이터 융합, 경영(관리)지표 활용 등을 기대하기는 어려웠습니다. 그리고 정보시스템의 확장성을 반대하는 것은 아니지만, 무분별한 확장으로 인해 정보시스템의 존재 이유 또한 정립하기 애매한 범위와 역할로 운영되고 있었습니다. 이러한 상태임에도 불구하고, 대내외적으로는 정보시스템을 제대로 활용하고 있다고 이야기하거나, 데이터 가공 등을 통해 경연대회에 참가하여 우수 사례를 발표하기도 하였는데, 어떤 기준과 근거로 그럴 수 있는지, 전혀 이해할 수가 없었습니다.

컴퓨터가 보급되고 정보시스템이 구축되었다고 이야기를 하였지만, 현실은 2차 산업혁명수준인지, 3차 산업혁명 수준인지 구분하기가 모호하였습니다. 이러한 의미에서, 여러분들이 소속된 조직의 현실은 1차, 2차, 3차, 4차 산업혁명 중, 어떤 계단의 산업혁명에 해당되시나요?

정말 아이러니한 점은, 10년 전에 정보시스템을 처음 도입하는 조직에서 볼 수 있었던 다양한 이슈를, 10년 후에 정보시스템을 처음 도입하는 조직에서도, "그대로 볼 수 있었다."는 것입니다. 3차(예를 들어 10년 전) 산업혁명계단에서 4차(예를 들어 10년 후) 산업혁명계단으로 가고 있다고 하는데, 왜 똑같은 현상이 재현되고 반복되는 것일까요? 물질적, 기술적, 사회 구조적 발전 등, 문명은 발달하고 있는데 말입니다. 혹시, 사람이 문제라서 그런가요?

컴퓨터가 많은 영역에 확장됨을, 3차 산업혁명으로 흔히 이야기합니다. 하지만, 컴퓨터를 도입하고 단순 확장하는 것보다, "컴퓨터가 해당 영역에서 어떤 수준으로 역할을 하게 되고, 실제 어떤 역할로 어떻게 운영되고 있는지" 명확하게 파악하는 것이 더 중요합니다. 컴퓨터가 도입되지 않았던 분야에 컴퓨터만 도입하게 되면, 무조건 "3차 산업혁명에 잘 부응하고 있다"는 생각을 하고 계시나요? 그래서 비용만 더 투자하면, 4차 산업혁명은 자연스럽게 맞이할 수 있다고 생각하시나요?

# Back to Basic

　여러분들은 앞에서 언급한 "Klaus Schwab"이 강조하는 내용들에 대해 어떻게 생각하십니까? 많은 사람들이 각종 대중매체와 다양한 교육기관, 그리고 업무과정에서 Klaus Schwab이 강조하는 내용을 한 번쯤은 들어보았을 것입니다. 단지, 바쁜 일상으로 인해 관심에서 멀어지고, 많은 시간과 노력을 투자하여 진지하게 받아들이거나 고민해보지 않았을 뿐이라고 생각됩니다. 저는 Klaus Schwab의 이야기를 곱씹어 볼수록, 그동안 우리가 바쁘다는 핑계로 잊거나 간과해왔던 기본적인 것들을, "다시 상기(想起)하고 실천해야 하는 것은 아닌지?" 생각이 듭니다. 예를 들어, 고대부터 현재까지 인류의 전쟁 역사를 보면, 무기체계가 유사하거나 동일할 때에는 지략가(智略家)에 의해 싸우는 방식(Process)의 차이에서 승패가 좌우되었고, 이마저도 유사하거나 동일할 때에는, 리더십, 협력, 사기, 개인의 정신적·신체적 능력 등, 구성원들이 기본적으로 갖추고 있어야 하는 요인들에 의해 승패가 좌우되었습니다. 즉, 유사하거나 그 이상의 상대(相對)와 만나게 되더라도, 잠시 잊고 있었던 기본적인 것들을 극대화해 승리를 거둔 사례를, 전사(戰史)에서 많이 찾아볼 수 있기에, 지금껏 무심코 지나쳐왔거나 잊고 있었던 많은 기본적인 것들에 대해,

한 번쯤 고민해 볼 필요가 있지 않을까요?

## 성역 없는 Visibility(가시성)

4차 산업혁명 시대에는, 인공지능과 빅데이터의 결합이 요구됩니다. 이를 위해서는, 우선 객관적, 정량적 Visibility가 가능하도록 프로세스를 정립하고 운영하여, 빅데이터가 수집 및 형성되도록 해야 합니다. 혹시 Visibility를 처음 들어보셨거나 의미를 모르시는 분이 계신가요? 아마도 없을 것입니다. 왜냐하면 우리 모두가 정말 지겹도록 일상생활에서 보고 듣고 느끼고, 실제 경험하고 있기 때문입니다. 만약 개인 생활에서 Visibility가 부족하다면 어떠할까요? 아마도 예기치 않은 각종 우발상황들이 끊임없이 발생하고, 크고 작은 어려움에 실시간 직면하게 되어 생활하기 어려울 것입니다.

여러분들은 "발생형, 탐색형, 설정형 문제 인식" 관련 이야기를 들어보았을 것입니다. 여러분들이 소속된 조직의 업무 분위기는 "소 잃고 외양간 고치는 수준"인 발생형에 가까운가요? 아니면 탐색형, 설정형에 가까운가요? 조직에 Visibility가 제대로 되어 있지 않으면, 조직은 탐색형이나 설정형이 아닌 발생형에 가까운 수준에서 운영(경영)될 수밖에 없으며, 이로 인해 발생하는 크고 작은 이벤트들은, 안전성(安全性), 효율성, 효과성, 경제성 등에 지대한 영향을 미치게 되어, 조직의 성장을 저해하는 요인으로 자리 잡게 됩니다.

그런데, Visibility 과정에서 발생하는 이야기들이 있습니다. 몇 가지 예를 들면, "왜 공격하느냐!", "무슨 분란을 일으키려고 하느냐!", "너희들이나 똑바로 해라!" 등입니다. Visibility는 조직의 존재와 비즈니스를 위태롭게 하는 Secret를 제외하고는, 성역(聖域) 없이 객관적으로 진행되어야 하고, 그 결과는 투명하게 공개되어야 하는데, 항상 부정적으로 받아들이려는 상대에게 제동이 걸리곤 합니다. 제 경험으로는, 이렇게 부정적으로 받아들이는 구성원들의 상당수는, SCM을 제대로 이해하며 전체 최적화 관점에서 조직을 우선시하고, 객관성, 투명성 등에 치우쳐 있기보다는, 부분 최적화와 아집, 좋지 않은 의미의 정치, 사심 등에 더 관심이 많았습니다. 그래서 SCM을 업(業)으로 추진하는 조직과 구성원 입장에서는, Visibility가 기본이고 숙명인데, 자칫 잘못하면 항상 분란을 일으키는 주체로 전락하여, 여러 조직의 의기투합과 저항 등에 의해, 구석에 몰리는 경우도 발생합니다. 그리고 복잡하고 방대한 SCM을 추진한다는 것은, "각자의 입장을 가지고 있는 기존 기능 조직들과 구성원들을 상대해야 한다."는 것을 의미하기에, 이러한 점에서, SCM을 업(業)으로 추진하는 조직이, Head Control 수준에서 역할과 책임을 부여받지 못하고 일부분에 국한되어 운영된다면, 전사를 대상으로 한 Visibility는 더욱 어렵게 됩니다. 이러한 경우, 진정한 혁신이 아닌, 정말 "눈 가리고 아웅", "보여주기" 수준에서 SCM이 추진되고 유지될 것이며, SCM 추진 조직의 존재 이유 또한 점차 희박해질 것이기에, 차라리 SCM을 이야기하지 않는 것이 낫습니다.

만약에 Visibility를 적극 실천하려고 하지 않거나, 불협화음을 일으키기 싫어서 "나 몰라라" 식으로 손을 떼거나, 관심을 갖지 않게 되는 등의 조직문화가 장시간 진행된다면, 모든 프로세스와 데이터는 가랑비에 옷 젖듯이 서서히 악화되고, 결국에는 쉽게 회복될 수 없는 상태로 이어지게 됩니다. SCM에서 Visibility 대상은 하나의 기능과 팀에 국한되지 않으며, 단순히 제품, 상품, 원자재 등의 수량만

을 이야기하는 것도 아닙니다. 조직이 보유하고 있는 모든 유·무형 자산이 포함됩니다(프로세스, 데이터, 정보시스템, 조직문화, 구성원, 규정, 매뉴얼 등). 따라서 조직이 Visibility의 중요성을 뒤늦게 깨달았을 때에는, 상당한 문제들이 광범위하게 축적되어 있을 수밖에 없고, 해결을 위해, 보편적으로 "혁신"이라는 명목으로 프로젝트를 진행하게 되지만, 생각보다 쉽지 않습니다. 왜냐하면 SCM 자체가 복잡하고 방대하기에, 이미 낮아진 SCM 수준을 일정 수준 이상으로 되돌리기 위해서는, 많은 시간과 노력, 비용 등이 요구되기 때문입니다. 설상가상으로 구성원들이 기존 매너리즘에 깊이 물들어 있는 상태라면 더욱더 많은 시간과 노력, 비용 등이 요구될 것입니다. 왜냐하면 뒤죽박죽 뒤엉키게 하여 놓은 것도 사람이고, 풀어내야 하는 것도 사람인데, 뒤엉키게 하여 놓은 구성원들의 사고방식과 행동방식, 즉 매너리즘이 강하게 형성되어 있는 기존 관행과 습관을, 혁신적으로 변화시키는 것은 결코 쉬운 일이 아니기 때문입니다.

여러분들은 몸담은 조직에서 "혁신"이라는 용어를 많이 들어보았을 것입니다. 여러분들은 혁신에 대해 어떻게 생각하고 계십니까? 혁신은 새롭고, 파격적이고, 거창해야만 한다고 생각하시나요? 글쎄요, 혁신은 꼭 그렇지만은 않습니다. 거품을 빼듯이, 집을 허물듯이, 허세를 버리듯이, 초심으로 그리고 기본으로 다시 돌아가서, 내실을 다지는 것 또한 혁신입니다. 보편적으로 SCM을 "혁신"과 연관 지어 이야기하기에, 여러분들께서 생각해 주었으면 하는 것은, "혁신"이라는 명목으로 SCM을 추진하면서, 처음부터 거창하고 보기 좋게 이 것저것 포함해, 계획을 수립하고 구상하지 않았으면 좋겠다는 것입니다. 왜냐하면 발표하거나 보여주기에는 좋을 수 있으나, 잔뜩 기대만 부풀려 놓은 상태에서, "SCM 특성상" 단기간에 눈으로 보이는 성과가 잘 나타나지 않을 경우, 서서히 SCM에 대한 흥미를 잃을 수 있습니다. 가끔 기업 중에, 공식적으로 SCM 용어를 수면으로 떠올렸다가 슬그머니 수면 아래로 내려놓는 경우도 있는데, 이러한 경우, 처음 시작할 때부터 기업의 현실을 제대로 고려하지 않고, "구호성", "보여주기" 식 등으로 계획을 수립하였거나, 조직 전체에 적합하며 지속실행가능한 중장기 계획이나 추진조직을 내실 있게 수립하지 못하고, "행사하는 것"처럼 반짝 수준으로 진행하였을 가능성이 큽니다. 그리고 정보시스템 구축만을 맹신(盲信)하거나, 선진 조직의 시스템을 있는 그대로 모방 또는 벤치마킹하자며, 앵무새처럼 고도화만을 외치는 경우가 발생하기도 하는데, 부실한 1층에서 2층, 3층으로 올리는 것보다는, 우선 전체를 다시 보고, Visibility와 같은 기본부터 역량을 높이고 내실을 다져가는 것이 더 중요합니다.

정보시스템이 구축되면 피상적으로는 자동화, 현대화가 이루어진 것으로 보일 수 있으나, SCM 수준이 획기적으로 향상된다는 보장은 없습니다. 중요한 것은 정보시스템이 "어떠한 상태와 수준의 Process를 기반으로 구축되었고, 실제 어떠한 역할로 어떻게 운영되고 있느냐"입니다. 부실한 Process를 기반으로 구축된 정보시스템은 이슈와 혼란만 증대시킬 수 있으며, 최악의 상황에는 "트로이의 목마"가 되거나 애물단지로 전락할 수도 있습니다. 정보시스템은 SCM을 조력하는 역할을 하지만, 빠지거나 부실한 프로세스 위에서 구축된 정보시스템은 오히려 SCM을 더 어렵고, 혼란스럽게 만들기도 하였습니다.

# 거부할 수 없다면 포용

■ **혁명**(革命)

· 헌법의 범위를 벗어나 국가 기초, 사회 제도, 경제 제도, 조직 따위를 근본적으로 고치는 일

· 이전의 관습이나 제도, 방식 따위를 단번에 깨뜨리고 질적으로 새로운 것을 급격하게 세우는 일

· 비합법적인 수단으로 국체 또는 정체를 변혁하는 일


■ **개혁**(改革)

· 제도나 기구 따위를 새롭게 뜯어고침

· 정치, 사회상의 구체제를 합법적, 점진적 절차를 밟아 고쳐 나가는 과정

· 정치·사회적 변화 및 조직의 변화를 인위적으로 추진하는 것을 말한다.

· 자연적인 변화 또는 발전에 비해 변화의 속도가 빠르고 인위적으로 추진되므로 개혁으로 인해 손해를 보는 집단의 저항을 유발하게 된다는 특징을 지닌다.


■ **혁신**(革新)

· 묵은 풍속, 관습, 조직, 방법 따위를 완전히 바꾸어서 새롭게 함

· 제품이나 기술 개발 장면에서 창의성의 개념으로 쓰이는 용어

### ■ 발전(發展)
· 더 낫고 좋은 상태나 더 높은 단계로 나아감

### ■ 개선(改善)
· 잘못된 것이나 부족한 것, 나쁜 것 따위를 고쳐 더 좋게 만듦

상기에 우리가 자주 접하고 있는 "개선, 발전, 혁신, 개혁, 혁명"의 용어에 대한 정의를, 인터넷 사전(Naver 사전)을 통해 간단히 인용해 보았습니다. "혁명"은 개선, 발전보다는 당연히 급격한 변화를, 그리고 비합법적 수단까지 고려할 수 있다는 점에서 혁신, 개혁과도 차이가 있음을 알 수 있습니다. 그렇다면 산업혁명을 왜 산업발전, 산업개혁, 산업혁신이라고 하지 않고 "혁명"이라고 이야기를 하는 것일까요? 혁명이라는 용어는 언뜻 보아도 기존 질서와 시대의 흐름을 완전히 불법적으로 깨뜨리는 것으로서, 오히려 사람들에게 불안감과 오해를 불러일으킬 수도 있는데 말이죠. 이러한 관점에서 그동안 산업혁명에 대해 많은 논쟁이 있어 왔지만, 왜 산업에 "혁명"이라는 용어를 사용하게 되었는지는, 영국의 역사가이자 문명비평가인 아널드 조셉 토인비(Arnold Joseph Toynbee)의 이야기에서 일부 근거를 찾아볼 수 있습니다. 즉, "증기기관의 발명에 따른 산업상의 변화가 프랑스 혁명 등 정치적 혁명에 비적하는 산업상의 세계적인 사건이자 대변화로 간주되기 때문"이라는 것입니다.

한편으로 철학에서는 "혁명"을 "인위적이 아닌 자연사적(自然史的) 과정에서 발생하는 것"으로 이야기하기도 합니다. 이러한 관점에서, 우리가 보통 대세라고 표현하기도 하는 대중들의 생각과 행동의 트렌드를 보면 어떠한가요? 굳이 인위적으로 노력하지 않았음에도 불구하고, 시대적 상황이 반영된 다양한 분야에 대중들의 관심이 쏠리고 있습니다.

저 또한 예외가 아닌데요, 제가 근래에 가장 관심을 가졌던 세 가지만 예를 들어보면, 단맛이 있는 감자과자를 좋아하기 시작했으며, 무대 뒤에서, 듀엣으로, 그리고 복면을 쓰고 노래를 부르는 등 노래 경연 프로그램을 시청하기 위해 생활패턴을 바꾸기도 했으며, 별 내용도 없는 것 같은데 같이 모여서 끼니를 때우는 프로그램에도 관심이 증가하여, 저도 휴일에 집에서 자꾸 뭐라도 만들어 보려는 습관이 생겼습니다.

여러분은 어떠하신가요? 저는 상기의 세 가지 외에도 변화되고, 변화를 주도하고 있는 수많은 트렌드들에 지금도 적극 동참하고 있습니다. 저는 맥주를 마실 때 단맛 위주의 음식을 곁들여본 적이 별로 없었습니다. 그래서 단맛의 감자과자는 생각조차 해본 적이 없습니다. 하지만 단맛의 열풍에 동참해 보니 괜찮았습니다. 그래서 지금은 맥주를 마실 때 단맛도 자주 찾고 있습니다. 그리고 제가 즐겨보는 TV 편성프로그램은 주로 음악이나, 영화 등이었기에, 세 끼 식사를 해결하는 내용의 TV 프로그램을 보게 될 줄은 몰랐습니다. 그리고 이제는 Girl 또는 Boy 그룹이 등장하는 음악프로그램보다, 노래 경연 프로그램을 더 선호하게 되었고, 지금은 가급적 빠지지 않고 시청하기 위해 노력하고 있습니다.

여러분들이 많이 시청하는 다양한 노래 경연 프로그램 중에, 복면을 쓰고 나와서 노래를 부르는 프로그램은, 오래전에 시나리오가 존재하였지만, 그 당시에는 시대적 상황 때문에 주목을 받지 못했다고 합니다. 하지만 지금은 어떠한가요? 전 국민적으로 선풍적인 인기를 얻고 있고, 외국에서 합법적, 불법적으로 모방하는 현상까지 발생하고 있습니다. 어떻게 보면, 전 지구적 노래 경연 프로그램 분야에서, 큰 반향을 일으켰다고 해도 과언이 아닌데요, 이러한 것들을 통해, 혁명이라는 것은 꼭 산업뿐만 아니라, 문화 콘텐츠에서도 지속 발생하고 있다고 판단되며, 이러한 문화 콘텐츠 혁명이라고 할 수 있는 사례들을 통해, "혁명은, 억지로, 인위적으로 그리고 소수에 의해 발생하는 것이 아니라, 역사적·시대적 상황과 흐름에 따라 자연적으로 발생한다."고 해도 과언이 아닙니다.

문화 콘텐츠 분야에 비해 산업혁명은 사람들의 일자리에 부정적 영향을 미치기도 하여, 한때는 증기기관을 노동자들이 파괴하는 사례도 있었지만, 결국 시대의 흐름을 막지는 못하였습니다. 따라서 산업혁명도 문화 콘텐츠와 마찬가지로, 자연사적(自然史的) 과정을 통해 발생하여 왔고, 미래에도, 시대의 흐름에 따라 자연사적 과정을 지속할 것입니다. 그리고 인류의 전체 역사에 비해, 매우 짧은 역사가 있는 산업혁명은, 단기간에 거대한 트렌드로 다가와, 사람의 일하는 방식, 생각하는 방식을 변화시켜 놓았고, 이는 개인과 조직의 SCM 또한 변화시켜 놓았습니다. 즉, 산업혁명이 현실에 적용되거나 도입된 수준에 따라 SCM 수준도 변화되었습니다. 그리고 반대로,

SCM을 기획하고 구상하는 수준이, 조직의 산업혁명 도입수준에 영향을 미치기도 하였습니다. 따라서 산업혁명과 SCM이 반드시 상호 인과관계에 있다고 말씀드릴 수는 없지만, "상호 밀접한 관계에 있다"는 것을 부정할 수는 없습니다.

조직에 따라 다르겠지만, SCM이 때론 개선, 발전, 혁신 수준에서, 그리고 오너가 절실함을 깨닫고 직접 주도한 SCM에서는 혁신을 넘어 혁명에 가깝게 진행되었을 수도 있습니다. 하지만 특정 비즈니스 모델에서, SCM을 단기간 또는 일시적으로 경험해보았다고 자만하거나, 이제는 조직이 요구하는 수준에 부합되게 유지되고 있다고 해서, 안이하게 생각하거나 관심 밖으로 밀어내서는 안 됩니다. 왜냐하면, 많은 조직이 생존과 경쟁우위에서 밀려나지 않도록, 다각적인 비즈니스 창출을 위해 노력하고 있는데, 이는, 더 높은 수준의 SCM

을 유지해야만 가능하기 때문입니다. 따라서 SCM은 "혁신"이라는 명목으로 일시적, 단기적, "구호성" 행사처럼 진행하는 것이 아니라, "비즈니스나 조직이 소멸할 때까지, 올바른 방향과 속도로 끊임없이 해야 하는 것"으로 이해하고 실천해야만 합니다.

혹시 여러분들은 산업혁명을 거부할 수 있다고 생각하시나요? 만약 여러분들께서 산업혁명을 거부할 수 없다고 생각하신다면, 산업혁명과 밀접한 관계가 있는 SCM 또한, 거부할 수 없는 개념으로 인식하였으면 좋겠습니다. 그리고 더 나아가, 조직의 구성원들이, SCM을 적극 포용하는 자세로 중장기적 SCM 방향을 수립하고, SCM 수준을 높이기 위한 다양한 노력을, 지속해서 기울였으면 좋겠습니다. 전 지구적으로 SCM을 하고 있지 않는 사람, 조직은 존재하지 않습니다. 과거부터 지속적으로 해왔었고, 현재도 하고 있는 중이고, 앞

으로도 해야 합니다. 단지 모든 사람과 조직이, "SCM에 대해 올바르게 이해를 했느냐?, 하지 못했느냐?", "SCM을 올바른 방향과 속도로 잘하고 있느냐?, 못하고 있느냐?" 등의 정도에 차이일 뿐입니다. 하지만 이러한 차이를 별것 아닌 것처럼, 쉽게 생각하신다면 정말 큰 오산입니다. 예를 들어, 다른 조직이 만든 제품은 기술자의 영입, 모방과 일시적 패러다임의 전환 등을 통해, 일정 수준으로 어떻게든 따라 할 수 있을지 몰라도, 보다 디테일하고, 보다 혁신적인, 제품과 사업을 만들 수 있는, 조직 내 생각하는 방식과 업무하는 방식, 즉, 구성원들의 철학과 프로세스, 시스템이 축적된 SCM을 따라잡는 것은 쉽지 않습니다. 이러한 관점에서 볼 때, 개인생활에 있어서도, SCM을 잘하는 사람은 못하는 사람보다 자기관리가 철저할 것입니다. 왜냐하면 자기관리도, 개인 철학이 반영된 하나의 프로세스로 볼 수 있는데, 이렇게 형성된 프로세스를 타인이 따라하고, 지속 실행 가능한 상태로 유지하기란 쉽지 않기 때문입니다.

**— Episode —**

서비스업이나 유통업에서는, 큰 비용과 노력을 들이지 않고도, 아이디어를 기반으로 혁신적 비즈니스 모델을 구축하고, 이익을 발생시키기도 합니다. 그렇다면 "혁신적 비즈니스 모델을 구축하는 데 아이디어만 있으면 된다"는 것일까요? 그렇지 않습니다. 아이디어는, 혁신적 비즈니스 모델을 구축하는 데 시발점이 되는 중요한 역할을 하지만, 모든 아이디어를 혁신적 비즈니스 모델로 실현하기 위해서는, 역량과 인고의 과정이 필요합니다. 즉, 새로운 비즈니스 모델을 구축하기 위해서는, 다양하면서도 혁신적인 아이디어를 도출해 낼 수 있어야 하고, 도출된 아이디어를 냉철하면서도 객관적, 긍정적 관점에서 바라볼 수 있어야 하며, 아이디어의 실현에 도움이 될 수 있는 다양한 지식, 기술, 경험, 노하우 등을 조직 내에 축적해야만 합니다.

특히, 아이디어를 실현하는 데 도움이 될 수 있는, 다양한 지식, 기술, 경험, 노하우 등이 축적되어 있지 않거나, 부족한 경우라면, 조직 내부적으로 끊임없이 도전을 거듭하며, 지식, 기술, 경험, 노하우 등에 대해, 축적하는 과정을 거쳐야 합니다. 그런데 이러한 축적 과정은, 구성원들의 생각하는 방식, 행동하는 방식에서 발생한 조직 문화에 적지 않은 영향을 받습니다. 이러한 관점에서 볼 때, 아이디어도 중요하지만, 더 중요한 것은 아이디어를 실현 가능하도록 하는 지식, 기술, 경험, 노하우 등의 축적과 축적에 요구되는 인고의 과정, 그리고 이러한 축적 과정에 영향을 미치는, 구성원들의 생각하고 행동하는 방식과 수준이 아닐까요?

『수출입 컨테이너 포장 시, 법규를 위반하지 않으면서, 화물의 포장 수량을 증가시켜 물류비 절감으로 이어질 수 있는 아이디어를 제시하고, 실현을 위해 노력한 적이 있습니다. 현재 해당 아이디어는 실현되어, 물적 유통 분야에서 새로운 비즈니스 모델로 운영되고 있습니다. 하지만, 아이디어가 실현되기까지는 결코 순탄하지 않았습니다. 2년이라는 시간 동안, 관련 법규 검토를 시작으로, 정부기관 협의, 다양한 시험 평가 등, 끊임없는 고뇌와 연구를 해야 했고, 많은 실패 또한 경험해야 했습니다. 하지만, 가장 어렵고 힘들었던 것은, 2년이라는 시간동안, 법규를 검토하고, 정부기관과 협의하며, 수출입 컨테이너 포장 관련 새로운 지식, 기술, 경험, 노하우 등을 축적해야 했던 인고의 과정이 아니라, 조직 내부적으로 아이디어를 바라보는 무관심한 시선, 부정적이고 회의적인 태도 등으로 인해 발생하였던 저항이었습니다. 심지어 일부 구성원들은 해보지도 않았으면서, "무조건 안 될 것이다"는 이야기를 하며 뒷다리를 잡기도 하였습니다. ① 공동체적과는 거리가 멀고 관료조직 형태에 가까우며 (관료조직(제도)이 무조건 나쁘다는 것은 아닙니다.) 남 "뒷다리 잡기"에 혈안이 되어 있는 구성원들이 존재하고, 조직 문화 또한 좋지 않은 방향으로 지속 유지되거나, 유지될 가능성이 큰 편이라면, ② 그리고 도출된 아이디어를 실현하기 위해, 끈기 있게 연구하고, 고뇌하며, 인내를 반복해야 하는 등, 축적하는 과정도 쉽지 않은데, 설상가상으로 오도되고 아집이 축적된 구성원들이 영향력 있는 위치에 있다면, 굳이 애써 아이디어를 도출해 낼 필요가 있을까요? 복지부동하고 있다가 시키는 것만 하면 될 것 같은데요.』

**— Episode —**

어떤 형태로든 수요가 형성되고, 이에 대응하기 위한 공급이 발생한다면, SCM을 실천하고 있는 것이므로, SCM을 너무 어렵게 생각하지 않았으면 좋겠습니다. 단지, 불확실성을 얼마나 최소화시킬 수 있는가? 그리고, 시스템·전체 최적화 관점에서 경제성, 효율성, 효과성이 극대화될 수 있도록, 제대로 "알면서 하고 있는가?",

"아니면 그 반대인가?"일 뿐입니다. SCM은 기업뿐만 아니라, 관공서, 음식점, 병원, 마트 등, 전 지구적으로 존재하는 모든 조직에서 하고 있으며, 심지어 가정에서도, 그리고 개인적으로도 SCM을 하고 있습니다. 예를 들어, 직장의 수요에 개인은, 육체적, 정신적 노동력을 공급합니다. 그리고 직장의 다양한 수요에, 어떻게, 어떠한 수준의 노동력을 공급했느냐에 따라, 차별화된 보수를 지급받게 됩니다. 직장으로부터 받은 보수는, 개인의 각종 수요 해소를 위한 공급 가능 자산이며, 어떻게 수요공급관리를 하느냐에 따라, 마이너스가 될 수도 있고, 저축할 수도 있습니다. 많이들 경험해보셨겠지만, 마이너스가 되지 않기 위해서는, 중장기적 생활에 대한 계획을 수립하여, 불확실성을 최소화하고, 때론 전반적 재검토도 필요하며, 가능한 경제성, 효율성 등을 추구하면서 생활해야 합니다. 그리고 솔로에서 벗어나 결혼을 하고 가정을 이루게 되면, 가족들의 각종 수요에 대해, 어떻게 공급을 할 것인지 결정해야 하며, 때로는 다양하게 수집된 고민을 융합하기도 하여, 최적의 방안을 모색해야 합니다. 개인 생활에서 "무슨 SCM이냐?"라고 하시는 분들도 있겠지만, SCM은 철학, 사상, 예술 등이 포함된 인문학 관점의 접근이 필요하며, "모든 유형의 수요공급 프로세스를 포괄하는 개념"이라고 감히 말씀드릴 수 있기에, 지구상의 모든 개인과 조직은, "열외 없이 SCM을 하고 있다"고 해도 과언이 아닙니다.

# 2장
# SCM & 인문학

*- Supply Chain Management
& Humanities -*

교육기관에서 교육을 받지 않았어도, 실생활이나 대중매체를 통해 접해볼 기회가 잦아, "인문학"이라는 용어가 그리 낯설게 느껴지지는 않으실 겁니다. 그렇다면 인문학은 무엇일까요? 인문학에 도움이 될 수 있는 많은 책들과 강의들이 있습니다만, 여러분들도 아시다시피, 인문학 특성상 제가 몇 권의 책과 강의 내용을 토대로, 인문학에 대해 산술처럼 "A + B = C" 라고 명확하게 정의하거나 답을 드릴 수는 없기에, "인문학이 무엇일까?"에 대한 대답은, 여러 사전적 정의와 개념 중 하나를 선택하여, 아래와 같이 간단히 인용(引用)해보았습니다.

『인문학(humanities)은 자연과학(natural science)의 상대적인 개념으로, 주로 인간과 관련된 근원적인 문제와 사상, 문화 등을 중심적으로 연구하는 학문을 지칭한다. 자연과학이 객관적인 자연현상을 다루는 학문인 것에 반해, 인문학은 인간의 가치와 관련된 제반 문제를 연구의 영역으로 삼는다. 인문과학에 대한 정의를 미국 국회법에 규정된 내용을 중심으로 정의하면, 인문학이란 언어, 언어학, 문학, 역사, 법률, 철학, 고고학, 예술사, 비평, 예술의 이론과 실천, 그리고 인간을 내용으로 하는 학문을 포함하는 것으로 정의하고 있다. - 학문명 백과 -』

상기의 정의를 근거로, 본서에서는 인문학을 "인간의 가치와 관련된 제반 문제를 연구의 영역으로 하며, 인간을 내용으로 하는 학문을 모두 포함하는 것"으로 포괄적으로 간주하고, 이를 바탕으로, SCM이 인문학과 어떤 연관이 있는지 알아보도록 하겠습니다.

# 조직문화 스펙트럼

## 조직문화

『조직문화는 조직 내 널리 퍼져 있는, 암묵적으로 공유된 규범과 가치를 의미한다. - 심리학 용어 사전 - 』

『조직 문화는 구성원들로 하여금 다양한 상황에 대한 해석과 행위를 불러일으키는 조직 내에 공유된 정신적인 가치이다. - 두산 백과 - 』

조직에 소속되어 있었다면, 한 번쯤은 "조직문화"라는 말을 들어보았을 것이고, 실제 경험도 해보았을 것입니다. 그리고 더 나아가, 조직문화에 대해 고민도 해보았을 것입니다. 여러분들이 경험한 조직문화는 어떠하였습니까?

조직문화를 기업에서는 기업문화라고도 하는데, 본서에서는, 조직문화와 기업문화를 모두 조직문화로, 용어를 통일하여 사용하겠습니다. 조직문화는, 사람처럼 고도의 지능을 가진 동물이 등장하거나, 혹 인공지능에 자아(自我)가 형성되면 모르겠지만, 아직은 오직 사람관계에 의해서만 형성되는 것이며, 인류의 지능이 발달하고 공동체 생활을 시작한 시점부터, 조직문화는 존재해 왔습니다. 하지만, 조직문화는 정량화된 데이터의 축적이 제한되며, 100% 동일하지 않기에, 역사적으로 수많은 조직의 탄생과 소멸 과정이 있었지만, 역사를 통해 조직문화를 탐구하기가 쉽지는 않습니다.

오늘날을 예로 들면, 같은 업(業)종이라도 정보통신기술 운영수준, 사업장 규모, 구성원의 수, 구성원들의 생각하고 행동하는 방식, 경영방침, 재무상황, 근무형태, 취급품목, 복지, 급여 수준 등, 처한 환경과 상황에 따라, 각기 다른 조직문화를 형성하고 있습니다. 더 나아가, 하나의 기업을 구성하는 영업, 구매, 재무, 개발, 제조, 물류 등, 기업 내부 기능별로도 조직문화는 다릅니다. 그리고 같은 프렌차이즈 체인점일지라도, 체인점별로 조직문화가 다르게 작용되어, 실제 맛이나 서비스 등에서 차이가 발생하기도 합니다. 어떻게 보면, 사람의 지문이 100% 동일하지 않은 것처럼, 지구상의 모든 조직의 조직문화는, 서로 상이하고 다양하게 형성되어 있다고 해도 과언이 아닙니다. 그렇다면 왜 이렇게 조직문화는 데이터 축적도 제한되고, 상이하고, 다양하며, 난해한 것일까요? 그것은 바로 일종의 문화이기 때문입니다.

『문화란 자연 상태에서 벗어나 일정한 목적 또는 생활 이상을 실현하고자 사회 구성원에 의하여 습득, 공유, 전달되는 행동 양식이나, 생활양식의 과정 및 그 과정에서 이룩하여 낸 물질적·정신적 소득을 통틀어 이르는 말. 의식주를 비롯하여 언어, 풍습, 종교, 학문, 예술, 제도 따위를 모두 포함한다. - Naver 사전 -』

하지만 문화는 유적이나, 유물처럼 흔적이 남겨지기도 하는 데 반해, 조직문화는 대부분 현상으로 나타나, 조직이 소멸되면 흔적도 없이 사라지기에, 탐구하기가 어려운 것이 현실입니다.

**― Episode ―**

"열 길 물속은 알아도 한 길 사람의 속은 모른다."는 이야기처럼, 사람의 속마음을 100% 알 수 없고, 사람의 지문(指紋)과 같이 사람의 생각 또한 모두 다르기에, 오직 사람이 생각하고 행동하는 방식에 의해 발생하는 조직문화는, 100% 동일하지 않습니다. 예전에 소속되었던 조직의 경우, 업(業)의 특성상 1~2년마다 조직을 이동해야 했는데, 이동 시마다 소속되었던, 크고 작은 조직의 조직문화는 모두 달랐습니다. 심지어 행정을 전문으로 하는 조직에서는, 출력된 보고서에 스테이플러를 찍는 위치와 방향까지도 신경을 써야 했으며, 당연하게 여겨졌던 부분들이, 다른 조직에서는 당연한 것이 아니었고, 어느 조직이든, 기존 관행과 아집에 사로잡혀 있는 구성원에게, 새로운 패러다임을 적용하는 것 자체가 고민이었습니다. 그래서 새로운 패러다임을 적용하기 위해서는, 항상 인내와 열정, 도전 등이 필요하였습니다.

기업에 근무하면서, 기업의 조직문화 또한 매우 "다양하고 상이하다"라는 것을 느낄 수 있었습니다. 그리고 예전에 소속되어 있었던 조직에서와 마찬가지로, 패러다임의 전환을 위해서는, 조직문화와 구성원들을 향해 인내와 열정을 가지고 도전을 해야만 했습니다. 기업에 근무하면서 다소 좀 놀라웠던 점은 "저의 개인적인 예상"과는 다르게 군(軍)의 조직문화 중, 좋지 않은 조직문화를 그대로 답습하고 있거나, 심지어는 더 오도되고, 더 폐쇄적이고, 더 경직된 상태로 진행된 "조직문화와 구성원이 존재한다."는 것이었습니다. 한동안 이전에 경험하지 못했던 조직문화들로 인해, 정체성에 혼란이 오기도 하였고, 이로 인해, 저의 내면에 다양하고 새로운 조직문화를 융합시키기까지 많은 시간과 노력이 필요하였습니다. 그리고 "피상적으로는, 전문성과 책임 있는 결정, 역할 등을 강조하고 있지만" 실제 현실에서는, 비전문적이고, 책임 지지 않으려고 하는 조직문화로 인해, 불필요한 시간과 노력이 많이 요구되거나, 최악에는, 단절되기도 하였습니다. 특히 SCM 이슈 중에, 여러 기능에 두루 걸쳐 있는 경우, 합의나 의사결정에 대한 참여는 하면서도, 실제 전문적 역할과 책임은 회피하려는 조직문화에 의해, 어떤 형태로든 손실이 발생하기도 하였습니다. 만약, 전문적 역할과 책임 있는 결정의 바탕 위에서, 올바른 방향으로 합의에 도달하는 속도가 빨라진다면, 여러분들과 여러분들이 속해 있는 조직은, 모든 면에서, 현재보다 훨씬 더 긍정적인 상황에 놓여 있을 것입니다.

"책임 있는 결정"을 하지 않으려고 하는 구성원은, 지위고하를 막론하고, 가장 최악의 구성원 중 하나로 꼽을 수 있습니다. 왜냐하면 책임 있는 결정을 하지 않는 행위는, 그 어떤 행위보다 조직문화에 악영향을 미치기 때문입니다. 예를 들어, 하급자가 추진 방향을 잘 모르거나, 하급자 수준에서 해결하기 어려운 부분들에 봉착하여 질문이나 도움을 요청하는 경우, 모든 하급자에게 "알아서 해오세요.", "결정할 수 있는 데이터를 완벽하게 가지고 오세요." 등의 이야기를 하는 경우가 있습니다. 물론, 하급자 스스로 문제를 해결하고 노력하는 습관이 형성되도록, 이야기를 하는 경우도 있겠지만, 하급자의 역량과 수준, 그리고 처한 상황 등을 고려 시, 더는 진행이 어렵다고 판단될 때는, 같이 호흡하고, 같이 고민하고, 같이 결정하기 위해 노력해야만 합니다. 그런데 모든 상황에서, 하급자에게 일관되게 "알아서 해오라", "결정할 수 있는 데이터나 자료를 가지고 오라"라고, 방관하듯 이야기하는 것은 적절하지 않으며, 이러한 이야기는 누구나 할 수 있는 이야기이고, 누구나 할 수 있는 조치임을 여러분들은 아셔야 합니다.

조직에 소속되어 근무하면서, 정말 안타깝게 느끼는 것 중 하나가, "책임 있는 결정" 관련 이슈들입니다. "사람마다 차이는 있겠지만" 신입 때부터 다양한 상황에서 결정하는 연습을 해볼 수 있는 여건이나, 실제 해본 경험이 희박하다 보니, 시간이 지나 중간급, 상급 간부가 되어도 결정을 잘하지 못하거나, 눈치를 보며 결정을 잘하지 않으려고 하는 경우가 발생하기도 하며, 보다 큰 조직에서 전입한 구성원들의 경우, 본인들이 근무했던 조직에서 운영해본 수준의 환경이 준비되지 않으면, 결정하지 않으려고 하거나 결정을 못 하는 경우 또한 볼 수 있었습니다.

따라서 이러한 것을 예방하려면 입사 초기부터 다양한 상황에서 작은 결정이라도 해볼 수 있도록, 시간을 가지고 기다리며 배려하는 여건을 만들어 주어야 합니다. 그래야만 "작은 결정" 경험들이 축적되어 큰 결정이 가능합니다. 이와 반대로 입사 초기부터 눈치만 보고 복지부동하며 시키는 것에만 길들어 있고, 아주 작은 결정이라도 스스로 해보지 못하였다면, 시간이 지나 중간급, 상급 간부가 되어도 신입 때와 별반 차이가 없습니다. 단지, 업무들이 익숙해져 있어 조금 더 공감되었을 뿐, 그 이상도 이하도 아닙니다. 설상가상으로 이러한 사람들이 점점 높은 위치에 올라갈수록, 해당 조직은 실행보다는 말만 번지르르하고 결정하는 수준이 낮아, 모든 일에 올바른 방향과 속도가 기대되기보다는, 항상 지연 또는 단절되는 상황으로 이어질 것입니다. 정말 뭘 해도 항상 남보다 늦을 것이고, 뭘 해도 항상 남의 뒤꽁무니만 쫓게 될 것입니다.

그리고 보다 큰 조직에서 근무하다가 이직한 구성원들은, 이전에 소속되었던 조직에서 유지해온 생각하는 방식, 행동하는 방식을 과감히 버려야 합니다. 왜냐하면 큰 조직보다 작은 조직이 여러 면에서 부족할 수 있기에, 이전에 소속되었던 큰 조직의 수준으로 기안하고, 분석하며, 데이터를 준비한다는 보장이 없기 때문입니다. 이러한 상황을 고려하지 않고, 이전에 소속된 큰 조직에서 하던 방식만 생각하여 결정하지 못하거나, 결정을 안 하려는 행위로 일관한다면, 본인의 존재 이유에 대해 한번쯤은 되돌아보아야 합니다. 왜냐하면 어떤 여건에서든, "책임 있는 결정"을 하라고 해당 직급과 직책에 있는 것인데, 결정을 못 하거나, 결정하지 않으려고 한다면, 그 직급과 직책에 있을 필요가 없습니다. 결정을 못 하거나, 결정을 하지 않으려고 하는 행위는 누구나 할 수 있으며, 직급과 직책에서 책임 있는 결정에 대한 역할이 없어진다면 그 직급과 직책은 누구나 할 수 있습니다.

하급자들이 하는 일에 무조건 간섭하고, "감 놔라 배 놔라" "시어머니 시집살이시키듯"이 하시라고 이야기하는 것이 아닙니다. 작은 것 하나라도 스스로 결정할 수 있도록 같이 호흡하며, 작은 결정들의 경험을 통해 보다 큰 결정이 가능할 수 있도록 인도해주고, 때로는 다양한 환경과 하급자의 수준과 역량을 고려, 그리고 조직의 역량과 수준을 고려, 직접 검토하고 고민하며 과감히 결정해야만 할 때도 있다는 것입니다. 여러분은 불혹을 어떻게 생각하십니까? 혹, 여러분들이 생각하시는 불혹(不惑)은 "아집이 견고하게 굳어져서 흔들리지 않는 의미"의 불혹은 아닌가요?

**─ Episode ─**

『아이 인 더스카이』는 2016년에 개봉했던 영화입니다. 저는 영화를 보기 전까지만 해도, 단순히 드론을 이용한 전쟁영화라고 가볍게 생각을 하였습니다. 하지만 예상과는 다르게 정말 묵직한 영화였으며, 시종일관 긴장감으로 인해 화면에서 눈을 뗄 수가 없었습니다. 영화는 어떤 화려한 액션도 없이 영국, 미국, 케냐 3개국의 합동작전을 그려내었으며, 대부분의 내용은, 각국 고위 정치인들이 떠안아야 하는 정치적, 윤리적 딜레마와 "책임 있는 결정"이었습니다. 특히 "책임 있는 결정"에 도달하기까지의 과정이 정말 사실적으로 묘사되어, 관객인 저 또한 정치적, 윤리적 딜레마

에 빠질 수밖에 없었습니다. 그리고 전쟁의 어두운 측면, 정치적·윤리적 고뇌, 다수를 위해 소수(약자)가 희생되어야 하는가? 등, 영화는 시종일관 저에게 첨예한 질문들을 하고 있었습니다. 결국 최종 결정에 따라 드론에서 미사일이 발사되고, 목표물 주위에서 빵을 팔던 소녀가 같이 희생되는 장면에서는, 한동안 먹먹하기까지 하였습니다.

## 구성원들의 오상(五常)

여러분들은 세상을 얼마나 알고 계신가요? 아마도 직접 체험했거나, 대중매체를 통해 보고 들은 것에 국한된 수준에서, 세상을 알고 계실 것입니다. 하지만 시간이 지날수록, 여러분들이 알고 있는 세상은 다르게 변해 갈 수도 있기에, 여러분들의 머릿속에 아는 세상을 증가시키거나 그대로 유지하기 위해서는, 끊임없이 직간접적으로 노력과 체험을 해야 합니다. 그렇다면 여러분들은 소속되어 있는 조직과 조직문화에 대해 얼마나 알고 계시는가요? 별도의 노력 없이 조직에 소속되어 있다는 이유만으로, 당연히 조직과 조직문화에 대

해 잘 알고 있다고 생각하시나요? 조직문화는 수직, 수평 방향에서 모두 발생하기 때문에, 끊임없이 관심을 가지고 접근하지 않으면, 상관관계와 인과관계를 제대로 파악하기 어렵습니다. 왜냐하면 겉으로 보이는 것과 실제는 정말 다를 수 있기 때문입니다. 간혹, SCM 관련 프로젝트에 참여했던 외부에서 조직 최고 경영자와 면담 시, 하부 조직문화 이슈를, 프로젝트 추진 간 애로점으로 이야기하는 경우가 있습니다. 물론 하부에 형성되어 있는 조직문화가 병목(Bottleneck)으로 작용하였을 수도 있지만, 그렇지 않을 수도 있기에, 외부에서 조직 최고 경영자에게 조직문화와 연관된 이야기를 할 때는 정말 신중해야 합니다. 왜냐하면 SCM상에 발생한 좋지 않은 이슈들은, 실제 소속되어 있는 구성원들의 행동하는 수준과 방식, 사고(思考)하는 수준과 방식 등을 통해 누적된 것들인데, 원인이 온전히 하급자들이라기보다는, 상급자들이 미치는 영향 또한 적지 않기 때문입니다. 그리고 외부의 프로젝트 인원에게 조직문화에 관해 이야기할 수 있는 계층은 하급자들이 아니라, 상급자들입니다. 따라서 정작 근본 원인은 다른 곳에 있음에도 불구하고, 외부에서는, 상급자 본인들의 입장에서 매우 주관적이고 "눈 가리고 아웅"하는 말에 의존하여, 잘못 판단할 수 있습니다. 구성원들의 오상 중에서도 특히 상급자들의 오상(五常 : 仁, 義, 禮, 智, 信) 수준은, 조직 전반에 많은 영향을 미치게 되며, 이는 다양하게 변형된 형태의 조직문화로 나타나게 됩니다.

예를 들어 어떤 기업이 있습니다. 기업의 성과 보상, 인정은 객관적이지 않고, 나눠 먹기, 인간관계 등, 주관적 견해에 치우쳐 왔습니다. 이러한 기업에 외부 컨설턴트가 SCM에 대한 진단결과를 구성원들에게 전달해 주었다고 가정해 보겠습니다. 내부 구성원들이 모여서 확인을 해본 결과 많은 이슈가 한 기능에 국한되어 있기보다는 여러 기능에 걸쳐 있었습니다. 이러한 경우, 당연히 내부 구성원들 간에 소통과 협업, 올바른 방향의 합의를 통해 전사적으로 문제를 풀어가야 할 것입니다. 하지만 기업의 성과나 보상, 그리고 인정이 객관적이지 않은 분위기라면 "어떻게" 해결할 것인가를 고민하는 것이 아니라, "누가"를 고민하는 것이 일반적일 것입니다. 특히 SCM 입장에서 바라보면 정말 중요한 분야인데, 주인이 애매하고 머리만 아프며, 해도 별 티가 안 나는 분야라면 더욱 그러할 것입니다. 이러한 상황이라면, 외부에서는 당연히 이슈로 이야기할 것이고, 이러한 상황을 타개하기 위한 대안으로 Proactive 를 강조할 것입니다.

하지만 이러한 분위기에서 Proactive가 제대로 될까요? 기업 전반에 걸쳐 있는 SCM 이슈를 풀어나가는 과정에서는, 일부 구성원들이 다른 구성원들보다 더 많은 일을 해야 하는 상황이 발생하기도 하고, 많은 스트레스나 타 조직과의 불가피한 마찰 등을 감내해야 하는 경우에 처하기도 하기에, 구성원들에게 일정 부분 희생이 요구됩니다. 설상가상으로, 상급자들이 본인의 안위만을 추구하는 복지부동, 또는 좋지 않은 의미의 정치적 성향이라면, 하급자들은 중간에서 더욱 많은 희생을 요구받게 됩니다. 그런데 성과나 보상, 인정에 있어 객관적이지 않고, "재주는 곰이 부리고 돈은 사람이 번다."는 말처럼 "처음에는 가만히 있다가 좋은 결과로 이어질 것 같으면 진행과정에 조금이라도 발을 담그려고 하는 분위기", "잔잔한 호수에 물결을 일으키는 바람처럼 이슈를 끄집어내는 구성원보다, 차라리 나서야 할 때와 장소를 가려 적당히 복지부동하고, Fact를 적당히 수면 아래에 감추며 눈 가리고 아웅 하는 구성원이 오히려 인정받게 되는 분위기", "설상가상으로 유사한 수준의 그들만의 리그에 인간관계마저도 끈끈하게 형성되어 있는 분위기"라면, 아무리 좋은 의미의 "Proactive를 외친다." 할지라도 제대로 추진되기는 어렵습니다.

　이러한 조직 분위기에서 SCM은, 전체 최적화 관점에서 Step by Step으로 근본 원인을 해결하고, 프로세스 내실을 다지기 위한 혁신적 역할을 하기보다는, 최고 경영자가 관심 있어 하는 부분에 국한된, 이벤트성 데이터 생성 수준에서 유지될 것이며, 발표자가 최고 경영자에게 보여주기 위해 생성한 데이터는, 부분 최적화 데이터이거나, 우선 보여주기 위해 타 업무는 제쳐놓고 집중한 결과에서 나타나는 데이터일 수 있기에, 전체 최적화 및 시스템적 관점에서 볼 때, 향후 지속 생성 가능한 데이터가 아닌, 일회적이며 왜곡된 데이터일 가능성이 매우 큽니다. 그리고 이러한 데이터의 경우, 조직을 위한 그리고 조직의 많은 구성원에게 도움이 되는 데이터가 아닌, 오직 "발표자 한 사람"만을 위한, 또는 "일을 위한 일"의 결과 데이터이며, 데이터를 준비하고 생성하는 하급자는, 제대로 배우는 것 없이 비생산적 데이터 생성 업무에 시달리게 됩니다. 또 이러한 상황에서 하급자가 참고 견디어 낸다면, 직급과 직책에 맞는 역량과 실력을 갖춘 것과는 상관없이, 그간의 노고를 인정받아 상위 계급과 직책으로 진출하게 될 가능성 또한 높아집니다. 그런데 설상가상으로, 상위 계급과 직책으로 이동한 구성원이 그동안 배운 것을 그대로 반복한다면, 그 기업에는 시간이 지날수록 창의적, 도전적, 열정적으로 일할 수 있는 구성원들이 점점 사라지게 될 것입니다. 조직이 겉으로는 인재의 중요성을 강조하지만, "보여 주기"식, 그리고 "눈 가리고 아웅"하는 행위를 제대로 보지 못한 상태에서 평가가 이루어지고, "나눠먹기"식, 객관적이기보다는 인간관계에 치우친 조직문화를 유지하게 된다면 "인사가 만사" 취지에 부합하는 인재 확보에 실패하게 될 것이며, 중장기적으로 조직의 역량은 점점 낮아질 것입니다. 왜냐하면 조직문화는 당연히 인재 육성에도 절대적 영향을 미치기 때문입니다.

SCM상에서 발생된 각종 문제점들을, 병에 걸린 것으로 비유해 보겠습니다. 이를 해결하기 위해, 때론 "혁신"이라는 명목으로 외부에 약 처방을 의뢰하기도 하는데, 중요한 것은 내부에서 가장 우수한 인력들 또한 같이 투입되어, 앞으로 병에 걸리지 않도록 "내부 면역체계 보강도 병행해야" 한다는 것입니다. 하지만, 단순히 처방된 약만 복용하고 끝나는 경우가 발생하기도 하는데, 이러한 경우, 시간이 지나면 또다시 병에 걸릴 것이며, 이렇게 진행된 프로젝트의 대부분은, 지속 실행가능성이 없는 "반짝 행사"에 지나지 않을 것이기에, 시간이 흐르면 흐를수록 "항생제의 내성"만 증가할 것입니다.

다음은, SCM을 올림픽 육상 경기에서, 4명이 팀을 이루어 진행하는 400미터 계주에 비유하여 이야기를 해보겠습니다. 메달 획득이 가능한 수준의 계주를 위해 필요한 것은, 열정을 가지고 100미터를 달리는 속도가 매우 우수한(일정 기준 이상) 선수 선발, 직선과 곡선에 누가 적합한지 전체 최적화 관점에서 4명의 장단점 분석, 각 순번과 해당 구간 결정, 이전 주자의 속도와 다음 주자의 속도가 동일하게 유지된 상태에서 안전하게 배턴(Baton)을 전달할 수 있는 역량, 감독의 리더십과 역량, 선수들의 몸 상태를 체크하는 의료진, 선수들의 달리는 동작을 모니터링하고 데이터화시킬 수 있는 장비, 다양한 관점에서 데이터를 분석하고 융합하여 데이터에서 의미와 가치를 찾아낼 수 있는 Staff 등일 것입니다. 그런데 상기의 필요한 요소 중에 가장 중요한 것은, 열정을 가지고 100미터를 달리는 속도가 가장 우수한(일정 기준 이상) 인원을 객관적으로 선발하는 것입니다. 한 명이라도 100미터를 뛰는 속도와 열정이 기준에 미달한다면, 다른 분야들을 아무리 잘해봐야 소용없습니다. 즉 선수가 부실하다면, 첫 단추부터 잘못 채우게 되어 "전체 옷매무새는 어그러지는 것"과 별반 다르지 않습니다.

일반적으로 조직에서 SCM을 추진한다는 것은, Process 그리고 Process와 연관되어 있는 모든 분야에 대한 Innovation을 의미합니다. 따라서 PI(Process Innovation)라는 400미터 계주를 제대로 하려면, 우선 PI에 대한 열정과 역량이 매우 우수한 구성원들이 있어야 합니다. 그리고 많은 구성원이, 기능별(부분별) 관행대로 진행되어 오던 Process를 객관적인 관점에서 바라볼 수 있어야 하며, 필요 시 Process 간 경계를 허물거나, 잘할 수 있는 주인을 재검토하는 것에 대해, 내부적으로 거부감이 없어야 합니다. 그리고 동일한 속도로 PI가 진행될 수 있도록, 기능과 구성원 상호 간에 협력하는 조직문화 형성, 그리고 전체 최적화 관점에서 Facilitator 역할을 할 수 있는 조직과 구성원이 준비되어 있어야 합니다.

하지만 일반적으로, 조직 내부 구성원만으로 PI를 진행하기란 쉽지 않습니다. 왜냐하면 요구되는 분야에 구성원들의 수준이 높지 않거나, 이미 구성원들에게 매너리즘이나 좋지 않은 습관 등이 형성되어 있을 수도 있고, 기존부터 그렇게 진행되어 올 수밖에 없었던 나름 이유 또한 있는 것이라면, 예상되는 불편함과 마찰이 부담스러워 더는 앞으로 나아가지 않을 수도 있기 때문입니다. 따라서 PI를 위해서는, 우선 복지부동하지 않으며 변화를 두려워하지 않고, 도전적, 열정적, 창의적이며, 시스템적 판단과 분석능력 등이 매우 뛰어난, 즉, 100미터를 열정을 가지고 빠른 속도로 달릴 수 있는 구성원들이 필요합니다.

그렇다면, 여러분들이 소속되어 있는 조직에는, "100미터를 열정을 가지고 빠른 속도로 달릴 수 있는" 구성원들이 많이 있습니까? 만약 여러분들이, SCM 추진을 위한 담당자를 선발해야 하는 위치에 있다면, 어떤 점을 고려하시겠습니까? 그리고 우여곡절 끝에 선발된 담당자를 기존에 유지하고 있던 업무들로부터 어느 정도 자유롭게 해주실 생각이십니까? 공동의 목표를 가지고 해야 할 일이나 SCM 프로젝트에 참여할 인원의 검토를 요청받는 경우, 기능별(부분별) 상급자들은, 본인들이 속칭 에이스라고 생각하는 구성원을 적극 검토하지 않을 확률이 매우 높습니다.

왜냐하면 전사적으로 추진되다 보니 어쩔 수 없이 R&R을 부여받긴 했지만, 본인들의 책임이라기보다는 TFT의 책임으로 치부하려는 경향이 높으며, 어쩌면 기존에 하고 있던 고유의 R&R이, 본인들 입장에서는 훨씬 더 중요하기 때문입니다. 이러한 분위기에서 선발된 구성원은, 400미터 계주를 함에 있어 역량과 열정이 희박한 선수를, 그것도 기존에 100미터도 간신히 뛰는 선수를 선발한 것과 별반 차이가 없습니다. 그리고 100미터도 간신히 뛰고 있는 선수에게, 갑자기 400미터 계주를 추가하고, "정해진 속도와 시간 안에 달리라고 하는 것"과도 다르지 않습니다. 왜냐하면 상급자 본인들 스스로도 귀찮고, 내부적으로 업무 조율 간에 발생할 수 있는 불편함과 불만 발생을 우려하여, 선발된 구성원에게는 100미터도 그대로 뛰면서 400미터 계주도 뛰라고 할 것이기 때문입니다. 이러한 경우, 100미터 달리기와 400미터 계주모두 제대로 뛰지 못하는 상황으로 이어질 것입니다.

구성원들의 수준과 조직 운영 여건을 고려 시, 우수한 인원을 선발할 수 없는 상황이라면, 선발된 구성원이 100미터에서 유지하던 업무 중, 비생산적 업무들은 과감히 정리해주고, 반드시 해야 하는 업무들은 내부적으로 분산하여, 최소한 400m 계주에 집중하게 해주던가, 아니면 상급자들이, 100미터나 400미터 계주 구간 중에, 일정 부분을 같이 또는 대신 뛰어주어야 합니다. 우수한 선수를 확보하지 못하는 것도 문제인데, 100미터도 간신히 달리는 사람에게 갑자기 400미터 계주를 추가하고, 100미터는 당연히 뛰어야 하고 400미터 계주도 알아서 뛰라고 하면 어떻게 되겠습니까? 그리고 양쪽 모두 잘못 달린다고 나무란다면 어떤 것을 선택하게 될까요? 아마도, 본인에 대한 평가와 직접 연관되어 있는 100미터를 선택하려고 하지 않을까요? 그리고 400미터 계주는 마지못해 달리는 시늉만 하지 않을까요? 이러한 환경에서 진행된 PI는 "보여주기"식의 수준을 벗어나지 못할 것이고, 시간과 노력, 비용 등에 있어서도 적지 않은 손실을 발생시킬 것이며, 서서히 다양한 내성을 증가시켜 결국에는 조직문화에 좋지 않은 영향을 미칠 것입니다.

그리고 뒤늦게 PI가 잘못되었음을 인식하여 다시 PI를 하려고 하는 것 또한 현실적으로 부담스러울 수 있습니다. "아무것도 없는 땅에 집을 짓는 것"과 "자신의 생각과는 다른 규모와 방향으로 지어진 집을 허물고 그 땅을 이용하여 다시 집을 짓는 것", 여러분들이 집을 지으려고 한다면, 이 두 가지 중에, 어떤 것을 택하시겠습니까? 후자를 선택하신다면, 땅속을 모두 파내어 기초부터 다시 검토해야 하기에, 쉽지 않은 공사가 될 것입니다. 따라서 PI를 처음 해보는 조직이라면, 한 번에 모든 것을 계획하고 진행하려고 하지 말고, 기간별 실행 가능한 범위와 목표를 설정하고, 한 스텝, 한 스텝 천천히 정성을 다해 진행하는 것이 좋을 수 있습니다. 특히, 구성원들에게 높은 수준의 결과를 기대할 수 없는 경우, 단기간에 거창한 PI 계획을 수립하지 않는 것이 바람직합니다. 왜냐하면 "거창함"과 "단기간"이 포함된 PI는 결코 "보여주기"식 수준을 벗어날 수 없기 때문입니다.

설상가상으로 "보여주기"식 수준을 벗어나지 못한 PI를 기반으로 정보시스템이 구축되면, 실제 운영상에 활용이 제한되고, 실제 업무와 데이터 간에 차이가 발생하는 등, 끊임없는 이슈와 불편함이 상당기간 상존할 것입니다. 결국 상당한 진통을 겪다가 구성원들의 역량과 수준이 향상되고, 각종 학습결과에 대한 노하우가 축적되는 등, 어느 정도 수준과 역량이 높아져야만 비로소 안정화 또는 정상화 수준에 도달하게 될 것이고, 최악의 경우 새로운 정보시스템으로 재구축하는 상황으로도 이어질 수 있습니다. 어떤 분들은 기회비용이라고도 이야기할 수 있겠지만, 설령 기회비용이라고 할지라도, 허용 가능한 규모와 범위가 무한할 수는 없습니다.

## ━ Episode ━

다음은, 제가 가급적 빠지지 않고 시청하였던 M사의 드라마 인물 관계도 이미지를, M사 홈페이지를 통해 인용해 보았습니다. 여러분들은 조직에서 어떤 사람과 어떠한 관계도를 형성하고 있습니까? 조직의 발전을 위해 관계도를 형성하고, 공사(公私)를 구분하며, 인정(認定)에 있어 객관적입니까? 아니면 개인의 이익을 목적으로 관계도를 형성하고, 공사(公私)를 구분하지 못하며, 인정(認定)에 있어 주관적입니까?

그리고 겉으로는 도전적이고 열정적이고 창의적인 인재를 원한다고 하면서, 여러분들의 아집과 주관적 입장, 여러분들의 생각에 맞지 않으면, 양성을 꺼리고 다른 생각으로 대하고 있지는 않습니까? 그리고 여러분들은 보고 싶은 것만, 듣고 싶은 것만, 느끼고 싶은 것만, 보고, 듣고, 느끼려고 하고 있지는 않습니까?

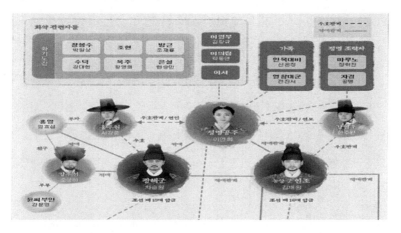

  사람들이 보편적으로 생각하는 리더, 또는 리더에 가까운 직급에게는, 전술적이기보다는 전략적 수준의 생각과 행동이 요구되며, 하부에 많은 인원들이 구성될 가능성 또한 높습니다. 이러한 이유로, 리더(급)들은, "인문학을 많이 접하고 이를 통해 올바른 리더십을 형성하라"고 요구받거나 이야기를 듣곤 합니다. 그런데 단기간에 인문학을 벼락치기한다고 해서, 수준 높고 진정성 있는 리더십 형성이 가능할까요? 글쎄요, 단기간에 생각하고 행동하는 수준과 방식이 변화된다고 보장할 수는 없기에, 단기간에 인문학을 공부한다고 해서 "수준 높고 진정성 있는 리더십이 형성된다"는 보장도 없습니다. 오히려 본인의 안위만을 위한 정치적 성향을 띄거나, 앵무새가 흉내 내는 수준을 벗어나지 못할 수도 있고, 조직의 현실과 거리가 먼 엉뚱한 방향으로, 새로운 아집을 형성하게 될 수도 있습니다.

  조직의 처한 상황과 여건이 모두 다르고, 조직 내 구성원들조차도 다양한 색깔을 유지하고 있기에, 인문학을 바탕으로 한 리더십에는 획일적으로 적용할 수 있는 것도 있지만, 획일적으로 적용할 수 없는 것도 있습니다. 그런데 오랜 시간 인생의 과정에서 인문학적 이론과 경험을 통해 자기만의 철학이 형성되어 있지 않았다면, 진정성을 가지고 조직의 처한 상황, 여건, 구성원들의 다양한 색깔에 맞출 수 있는 리더십을 겸비하는 것이 쉽지 않습니다. 따라서 인문학은 일정시기가 지난 후에 해도 되는 선택조건이 아닌, 평생 동안 해야 하는 필수 조건이 되어야만 합니다. 특히, 시스템이 안정된 조직에서 근무하던 사람들이 불안정한 조직으로 오게 되면, 기대했던 만큼의 인문학적 역량이 발휘되지 않을 수도 있고, 처음 기대했던 것과는 반대로 인문학 역량이 빠른 시간 안에 바닥을 드러낼 수도 있습니다. 왜냐하면, 규모에 상관없이 시스템이 안정된 조직에서는, 인문학측면에서 고민하거나 신경 써야 할 이슈들이

상대적으로 적기 때문입니다.

## 스펙트럼(Spectrum)

여러분들은 프리즘을 사용해본 경험이 있으신가요? 저는 초등학생 때, 햇빛을 프리즘에 통과시키면 무지개색의 띠가 발생하는 것이 신기하여 자주 사용해본 경험이 있습니다. 프리즘에 햇빛을 통과시켜보면, 빛의 파장 또는 진동수에 따라 분해된 무지개색의 스펙트럼이 발생합니다. 이와 유사하게 일반적으로 표준화되거나 획일화된 기법(프리즘)을 적용하더라도, 조직이 처한 여건(인풋)이나 조직문화(인풋)에 따라, 천차만별의 아웃풋(무지개)이 나올 수 있습니다.

# 산술이 아닌 수학

저는 초·중·고 시절에, 산술과 수학의 개념과 정의를 우선 탐구하기보다는, 무작정 공식을 암기하고 나서 많은 어려운 문제를 풀어보는 데 역량을 집중하였습니다. 여러분들은 어떠하였나요? 여러분들 중에는, 산술과 수학의 개념과 정의에 대해 한 번쯤 생각해 본 적이 있습니까? 아래에 산술과 수학에 대한 많은 개념 또는 정의 중에, 몇 가지만 간단히 나열해 보았습니다.

　▧ **산술**(算術, Arithmetic)

일상생활에 실제로 응용할 수 있는, 수와 양의 간단한 성질 및 셈을 다루는 수학적 계산 방법 - Naver 사전 -

　▧ **산술**(算術, Arithmetic)

대수학의 부분으로 양의 정수, 분수, 소수의 사칙 계산, 양(量)·비(比) 및 비례에 대한 계산을 중심으로 하여 그 수량에 대한 지식을 알 수 있는 산법이다. - 두산백과 -

　▧ **산수**(算數, Arithmetic)

수의 간단한 성질 및 셈을 다루는 수학의 초보적 부분을 말한다. - 기계공학용어사전 -

　▧ **수학**(數學, Mathematics)

한 문장으로 정의하기는 쉽지 않다. 수학의 개념과 정의는 시대에 따라 변화해 왔다. 과거에는 수학을 '수와 크기의 과학(科學, science)'이라고 했으나, 현재 수학은 수와 크기라는 말로는 함의할 수 없는 고도의 추상적인 개념들을 다루고 있다. 수학은 수, 크기, 꼴에 대한 사고로부터 유래한 추상적인 대상들을 다루는 학문으로, 숫자와 기호를 사용하여 이러한 대상들과 대상들의 관계를 공리적 방법으로 탐구하는 학문이라고 할 수 있다. - 학문명백과 -

저는 수학능력시험 1세대였습니다. 고등학교 2학년 때까지 대학을 진학하기 위해 치러야 하는 입시는 학력고사였고, 준비하는 방식은 암기식, 주입식이었기에, 급작스러운 입시의 변경에 대해 불만이 많았습니다. 왜냐하면 고전문법, 현대문법, 기본영어, 종합영어, 기본, 실력 수학 등, 그 당시 필독서라고 분류되는 모든 책을 닥치는 대로 풀어보고 암기하여 머릿속에 넣어 두었는데, 3학년 예비시험부터 변경된 방식의 문제를 풀어야 했기 때문이었습니다. 그 당시 제가 경험한 수학능력시험은, 사전에 지식을 보유하고 있으면 빠르게 해결할 수 있는 단답형이기보다는, 지문(地文), 즉 주어진 글을 읽고 어느 정도 고민을 해야 하는 유형이었습니다. 그래서 문제를 풀기 위해서 중요한 것은, 기존의 반복 연습이 아닌, 사고(思考) 연습이었습니다. 저는 가끔 이러한 생각을 하곤 합니다. 만약에 수학에 대한 개념과 정의를 깊이 있게 탐구하고 수학을 공부했더라면, "좀 더 생각의 폭을 넓히고, 더 많은 물고기 잡는 방법을 터득할 수 있지 않았을까?"라고 말입니다. 지금의 생각으로 보면, 그 당시 저는 수학적(數學的)이 아니라 산술적(算術的)인 생각으로 공부를 하였습니다.

『상당 기간 우리의 공부하는 방식은 소통과 토론 등을 통해 진행되었다기보다는, 혼자 오랫동안 책상 앞에 앉아서 암기 위주의 공부를 하는 것이 최선으로 여겨졌던 시대적, 사회적 분위기에서 진행되었습니다. 이러한 의미에서 유대인들의 몇몇 공부 방식 중에 하브루타(chavruta)와 멘쉬(mensch)는 우리에게 시사하는 바가 매우 크다고 할 수 있겠습니다.』

여러분들은 어땠습니까? 여러분들에게 학창시절의 수학은 수학적이었나요? 아니면 산술적이었나요? 그리고 상당한 시간이 흐른 지금, 여러분들은, 소속되어 있는 조직에서 산술적 사고를 지향하며 업무를 하고 있습니까? 아니면 수학적 사고를 지향하며 업무를 하고 있습니까? 그리고 발생형, 탐색형, 설정형 문제 인식에 있어, 산술적 사고와 수학적 사고 중 어떤 유형으로 접근하고 있습니까?

아마도 단순한 과정의 데이터는 계산기를 통해, 복잡한 과정을 통해 도출되어야 하는 데이터는, 통계 프로그램을 활용하고 있을 것입니다. 그렇다면 통계는 산술일까요? 수학일까요? 그리고 여러분은, 통계를 단순히 계산을 정확하고 빠르게 하는 산술적 관점에서 활용하고 있습니까? 아니면 탐구, 사고(思考) 과정의 수학적 관점에서 활용하고 있습니까? 통계는 한눈에 알아보기 쉽게 하는 장점이 있지만, 반대로 통계는 거짓을 이야기할 수도 있습니다. 그리고 사람이 어떻게 사고하고 접근하느냐에 따라, 그리고 상관관계를 어떻게 판단하느냐에 따라, 통계는 실제 인과관계를 보지 못하게 만들어 데이터상에 왜곡(歪曲)을 숨겨 놓을 수도 있습니다. 다음은 통계에 대해, 대중 매체에서 기사로 언급했던 내용 중, 두 가지만 간단히 인용해

보았습니다.

『"거짓말에는 3가지가 있다. 거짓말, 새빨간 거짓말, 그리고 통계" 영국의 정치가 벤자민 디즈레일리의 유명한 말로 통계를 맹목적으로 신뢰해서는 안 된다는 의미를 담고 있다. 통계가 오용될 때 얼마나 해악을 끼칠 것인지 충분히 짐작하게 하는 말이다. 하지만 복잡한 소비자물가, 경기 동향 등 경제ㆍ사회현상을 간략한 수치로 정리해 올바른 사고와 의사결정을 돕는 정보로 이보다 설득력이 뛰어난 자료는 없다. 따라서 통계는 신속하고 정확해야 한다. 그럼에도 불구하고 잘못된 시각으로 바라본 통계를 소위 '팩트(fact)'라고 지칭하면서 성급한 일반화의 오류를 범하고 있다. -《광남일보》- 』

『통계는 어떤 현상을 한눈에 알아보기 쉽게 일정한 체계에 따라 숫자로 나타낸 것이다. 그렇기 때문에 통계의 생명은 '정확성'이다. 정확하지 않은 통계는 쓸모없는 숫자에 불과하게 된다. 잘못된 통계는 착시현상을 일으킬 수 있고, 한 발 더 나가 통계를 만드는 주체가 아예 통계를 조작하여 대중을 속이는 것도 가능하다. -《민중의 소리》- 』

이렇게 긍정적, 부정적 면을 모두 가지고 있는 통계를, 복잡한 각종 숫자를 빠르고 정확하게 계산하거나, 시각적인 그림이나 도표를 나타내는 수준에 치중하여 활용하는 경우를 주위에서 자주 볼 수 있는데, 이러한 경우는 산술적 활용에 가깝습니다. 중요한 것은 수학적 활용, 즉, 언제 어떤 통계 기법을 활용해야 하는지?, 가치와 의미 있는 데이터를 찾아내기 위해서 어떻게 활용해야 하는지? 상관관계ㆍ인과관계의 왜곡은 없는지? 등에 대해 끊임없이 탐구하는 것입니다.

데이터 과학자의 주요 역할 - http://www.social-insight.co.kr -

5. **Innovate** : 2, 3, 4 단계 수행을 자동화, 보다 상위 레벨의 분석, 실행이 가능한 프로세스 정립 및 비즈니스 인사이트 도출

1. **Define** : 가설을 수립하고 질문을 던지고 문제를 규명

4. **Communicate** : 스토리, 시각 화, 대시보드 등 다양한 형태로 도출된 인사이트를 비전문가에 게 커뮤니케이션

2. **Measure** : 필요 데이터를 정의하여 데이터 수집, 저장, 탐색

3. **Analyze** : 필요한 분석 유형 파악 및 다양한 알고리즘 /툴을 적용하여 분석 수행

데이터 과학자에게 필요한 자질 - http://www.social-insight.co.kr -

- ✓ 왕성한 호기심
- ✓ 잘 지치지 않는 인내심
- ✓ 비즈니스 마인드
- ✓ 하이브리드 형 두뇌
- ✓ 실험정신
- ✓ 끊임없는 학습능력
- ✓ 커뮤니케이션 능력
- ✓ 변화관리 능력

20년간 다양한 성향의 조직에 근무해보니, 업종에 상관없이, 조직에서, 특히 상급자일수록, 공통적으로 바라는 것이 있습니다. 바로 한눈에 보기 쉽게, 현재 상황을 보고 향후 어떻게 하는 것이 가장 좋을지 판단하기 쉽게, 가급적 여러 기능의 정보들이 다양하게 융합된 High Quality 데이터가 화면에 Display 되는 것입니다. 그리고 이렇게 Display 된 데이터 화면을 가지고 토의나 회의를 하는 것입니다. 여러분들은 어떠하신가요?

저는 이전에 소속되어 있던 조직에서, 지휘통제를 위해 설치된 수십 개의 대형 LED, LCD TV 화면에, 데이터들이 Display 되는 것을 보아 왔고, 기업에 와서는 관리지표, 경영정보 등이 다양한 형태와 방식으로 공유되는 것 또한 보아 왔습니다. 그리고 데이터를 구축하는 실무자로서 역할도 해보았으며, 데이터를 분석, 평가, 판단하는 역할 또한 해보았습니다. 데이터를 구축하는 실무자였을 때는 "눈 가리고 아웅"도 해보았고, 전체 최적화 관점에서 아무 의미도 없는 데이터 또한 생성해보기도 하였습니다. 그리고 데이터를 분석, 평가, 판단하는 입장에서는 상관관계를 절대적 인과관계로 착각하는 경우도 있었으며, 마치 전체 최적화된 것처럼 분석, 평가, 판단했던 경우도 있었습니다. 그리고 지금도 데이터 과학에 대한 역량을 제대로 갖추지 못한 상태에서 일을 하고 있습니다.

네트워크되지 않고 융합되지 않은, 기능별 프로세스와 데이터만으로는, 올바른 방향과 속도로 SCM을 유지하기 어렵습니다. 이를 극복하기 위해서는 끊임없이 시스템, 전체 최적화 관점에서 프로세스를 검토하고, 이를 기반으로 가치와 의미를 부여할 수 있는 다양한 데이터들이, 실시간 자산화될 수 있도록 해야 하는데, 이러한 것이 가능하려면 SCM의 주체인 구성원들이 탐구와 사고(思考) 과정을 반복하는 수학자로서의 태도와 자질을 갖추고 있어야 합니다. 4차 산업혁명이 도래하고 있는 시대적 상황에서, 제아무리 인공지능이라고 해도 자아(自我)가 형성되지 않았다면, 데이터가 수집되지 않은 분야에 대해서, 적절한 판단을 할 수 없습니다. 즉, 불확실성을 취급하는 SCM에서, 적절하게 기획, 조정, 통제, 판단하는 것은, 오직 사람만이 할 수 있다는 것입니다. 따라서 SCM에서 인공지능과 로봇의 등장이 부여하는 의미는, 효율성, 경제성, 편리성 등이 확장되는 것일 뿐, "사람의 사고(思考) 폭과 수준이 줄어들어도 된다."거나, "이전보다 사고(思考)를 안 해도 된다."는 것을 의미하는 것이 아닙니다.

**- Episode -**

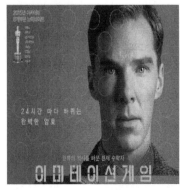

『이미테이션 게임(The Imitation Game)』은 2014년에 상영된 영화로, 베네딕트 컴버배치(Benedict Cumberbatch)와 키이라 나이틀리(Keira Knightley) 두 명의 배우가 주연을 맡은 영화입니다. 제2차 세계대전에서 독일군의 해독이 불가능한 암호 "에니그마" 앞에서, 연합군은 속수무책으로 당하며 1초마다 3명이 사망하는 최악의 상황에 처합니다. 이 영화에서 베네딕트 컴버배치는 24시간마다 변경되는 암호를 풀어내고, 약 1,400만 명의 목숨을 구했던 실존 인물, 천재 수학자 앨런 튜링(Alan Turing)을 열연(熱演)합니다. 앨런 튜링은 동성애자이자, 자살로 짧게 생을 마감한 비운의 천재였지만, 이 영화에서는 무수한 좌절에도 불구하고, 끊임없이 탐구와 고뇌를 반복하여, 결국에는 문제를 해결해 나가는 진정한 수학자로서의 모습을 보여주고 있습니다. 저는 이 영화를 통해, 지독한 고뇌와 갈등 속에서도 포기하지 않고, 결국에는 문제를 해결해낸 앨런 튜링에게 정말 말로 표현할 수 없는 깊은 감명을 받았습니다. 그리고 가슴속 깊이 의미와 가치를 전달받을 수 있도록 영화를 제작한, 모르텐 튈둠(Morten Tyldum) 감독과 수학자로서 그리고 인간으로서 앨런 튜링을 진정하게 느낄 수 있도록 열연해 준, 두 명의 주인공 배우들에게도 본서를 통해 깊이 감사드립니다.

# 예술(Art)

거리를 다니다 보면 각종 화물차량과 창고 등에, 물류, Logistics 라고 적혀 있는 것을 정말 자주 볼 수 있습니다. 이로 인해, 물류와 Logistics 용어는 일상생활에서 너무나 친숙하게 다가오는 용어가 되어 버린 지 오래입니다. 그런데 많은 사람에게 너무 친숙하게 되어버린 것이 원인인지는 모르겠지만, 물류와 Logistics를, 운송 또는 창고 분야에 한정하여 생각하고 판단하는 경우가 많습니다. 심지어는 SCM까지도 운송 또는 창고 분야로 생각하고 판단하는 사람들이 존재하기도 합니다.

그렇다고 물류, Logistics를 운송, 창고 분야로 한정 지었다고 해서 100% 잘못되었거나 틀린 것은 아닙니다. 왜냐하면 물류, Logistics의 기원이나 어원 중에는, 전쟁이나 전투를 위해 부대를 이동시키고 숙영하고 물자를 보급하는 과정에서 파생된 것도 있기 때문입니다. 단지 우려하는 것은, 물류와 Logistics의 존재 이유나 본질을 제대로 이해하지 못한 상태에서, 물류와 Logistics를 운송이나 창고관리 분야로 국한하여 간주하는 현상이 보편화될수록, "SCM 또한, 운송이나 창고관리 분야로 치부하게 되는 경향이 높아질 수 있다"

는 것입니다. 이러한 분위기라면, 조직 전반에 전체 최적화·시스템적 관점에서 SCM을 이해시키고, 중장기적 관점에서 추진 계획을 수립하는 것 자체가 쉽지 않습니다.

**━ Episode ━**

새롭게 SCM에 눈을 뜨려고 하는 제조업을 예로 들어보겠습니다. 조직의 구성원들이 SCM을 운송이나 창고를 관리하는 수준으로 잘못 이해를 하는 경우, 올바른 방향의 의사결정이 아닌, 파워게임의 결과에 의해 S&OP를 제조관리 조직에서 하는 경우가 간혹 발생할 수 있습니다. 이러한 경우, 자칫 잘못하면 전체 최적화, 그리고 시스템적 관점에서 SCM 중장기 방향을 잃어버릴 수 있습니다. 왜냐하면 많은 조직들이 내부 분야별 전문화 정책을 가지고 있기에, 여러분들이 속해 있는 조직의 조직문화는, 대부분 부분 최적화에 익숙해져 있을 수 있으며, 이로 인해 S&OP는 전체 최적화를 위한 방향으로 진행되기보다는, 제조의 입장에 치우친, 그리고 제조에 국한된 정보시스템을 관리하는 수준으로 진행될 가능성이 크기 때문입니다.

SCM의 수준 향상은 "전체 프로세스의 수준을 끊임없이 향상하는 것"으로 간단히 언급할 수도 있는데, 제조관리 조직의 운영개념이나 방향을, 정말 획기적으로 변화시키지 않은 상태에서 진행되는 S&OP는, 프로세스가 아닌 "기존의 판생(생판)회의 진행 방식에서 명칭만 S&OP로 변경된 상태"로 유지될 가능성이 매우 큽니다. S&OP를 뒷부분에서 추가 언급하겠지만 S&OP에서는 사업계획과 연계된 수요공급 관련 모든 데이터가 수집 및 취급되어야 하고, 데이터 분석가 또는 과학자 역할을 하는 구성원이, 데이터 안에서 가치와 의미를 읽어내고 필요하면 데이터를 융합시켜, 보다 나은 계획의 수립과 실행이 가능하도록 조치하는 전사적(全社的) 관점의 경영관리 프로세스입니다. 그리고 우발상황이 최소화되는 비즈니스 리듬 안에서, 수요공급 간에 발생되는 갈등을 해소하고, 구성원들 간의 생각과 언어를 통일하여, Supply Chain 상에서 올바른 방향과 속도로 PDCA(Plan - Do - Check - Action), Sense & Respond(SIDA : Sense - Interpret - Decide - Action) 되도록 추구하는 프로세스입니다.

보편적으로 SCM을 "물건, 자금, 정보를 관리하는 차원에서의 경영기법"으로 설명하거나 정의하기도 합니다. 그리고 "SCM을 물류, Logistics와는 다른 경영기법"으로 이야기하기도 하고, "물류와 Logistics는 같은 의미"라고도 하며, "Logistics는 군(軍)에서 사용하는 개념과 용어이므로, SCM은 군(軍)과는 거리가 멀다"라고 하면서 군(軍)과 민(民) 간에 선을 긋기도 합니다. 왜 이렇게 SCM, 물류, 로지스틱스, 군사군수(軍事軍需)에 대해서 다양한 이야기들이 오가는 것일까요? 저 또한 10년 전, 모 대학 강의실에서 학생들을 대상으로, SCM, 물류, 로지스틱스, 군사군수(軍事軍需)에 대해 "개념과 정의가 이러하며 어떤 것은 어디에 포함된다, 아니다" 등을 이야기한 적이 있었습니다. 하지만 부족한 경험 및 사고(思考)에서 출발했기에, 지금 생각해 보면, 그 당시 저의 강의는 "우물 안 개구리" 수준이었습니다.

저의 최대 실수는, Art라는 용어를 너무 쉽게 생각하고 간과하였던 것이었습니다. 그 당시 연구하는 과정에서 확인했던 각종 외국 자료에는 군사군수(軍事軍需)를 Art로 이야기하였는데, 저는 Art에 대해서 대수롭지 않게 생각하였고, 제대로 이해를 하려고도 하지 않았습니다. 만약 Art를 단순 기법, 기술, 기교 등에 국한하지 않고, 인문학적 관점에서 포괄적으로 이해하려고 했더라면, 조금 더 올바른 방향과 속도로 Logistics와 SCM을 이해하는 데 도움이 되었을 텐데, 그렇게 하지 못했던 것이 아쉽습니다. 뒷부분에서 이야기하겠지만, 우선 요약하면 군사군수(軍事軍需)는 Logistics에 포함됩니다. 왜냐하면, Logistics는 크게 군사군수(Military logistics, 軍事軍需)와 기업군수(Enterprise logistics) 분야로 나누어 볼 수 있기 때문입니다. 그래서 본서에서 Logistics는 군사군수와 기업군수를 모두 포함하는 개념이며 "군수"와도 동일한 개념으로 사용하겠습니다. 그리고 Logistics(군수)를 통해 SCM에 대해서도 알아보겠습니다.

**- Episode -**

군(軍) 교육기관을 통해 이론적으로 군사군수(軍事軍需)를 배웠지만, 수개월 정도의 짧은 기간으로 인해, 깊이는 그리 깊지 않았습니다. 교육수료 후, 상급기관으로부터 획득한 군수품을 조정 통제하며 저장하고 운송하는 업무부터 시작하다 보니, 방대한 개념의 Logistics보다는 민(民)에서 주로 사용하는 물류(물적 유통, 物的流通) 용어에 더 관심이 높아지게 되었습니다. 그리고 물류(물적 유통)를 고민하던 시기와 맞물려, 각종 물자, 장비분야에 정보시스템이 급격하게 도입 및 구축됨에 따라, 점차 정보시스템과 상적유통(商的流通)을 고민하게 되었고, 본부급의 상위 조직에서 수요예측과 계획, 연구개발, 구매, 조달 등의 업무를 진행하면서, 좀 더 넓고 깊은 수준으로 군사군수(軍事軍需), Logistics, SCM을 고민하게 되었습니다.

**― Episode ―**

Logistics(군수)에 대한 다양한 어원과 이야기들이 존재하지만, 본서에서는 간략하게 세 가지만 예를 들어보겠습니다. 첫 번째, 계산(Computation)과 연관된 판단력에서 유래된 Logistikos, 두 번째, 물자를 이동하고 말과 사람을 숙영(宿營)하는 병참(兵站)에서 유래된 Logistique, 세 번째, 고대 로마정부(軍)의 행정담당 공무원(장교)에서 유래된 Logista입니다. 이러한 어원과 유래 등을 고려 시, Logistics(군수)는 과학적이며 전문분야의 일환으로 취급되었음을 알 수 있습니다. 하지만 산업화 이전까지, 민(民)보다는 군(軍)과 함께 개념이 발전되어 오다 보니, 일부에서는 Logistics에 대해 "계산을 전문적으로 하면서 군(軍)의 이동과 숙영을 책임지는 병참(兵站)"으로 이야기하는 경우도 있습니다. 하지만 한국군의 군사군수 개념만 보더라도, 병참은 보급과 수송[주로 군(軍)에서 사용하는 용어로서, 민(民)의 운송, 배송 개념이 모두 포함됨] 분야이며, 이는 군사군수 분야에서 일부분일 뿐입니다. 이렇게 Logistics(군수)를 보는 견해는 여전히 다양하며, 시대적 상황에 따라 변화를 거듭하고 있습니다.

## 군사군수(Military logistics)

군사군수에 대해서 이야기하는 사람마다 약간의 차이는 있을 수 있지만, 궁극적으로 "경제성, 효율성, 효과성, 적기, 적량, 적소를 추구해야 한다."는 것에는 이견(異見)이 없습니다. 군사군수는 일반적으로 관리분야와 지원분야로 구분되며, 민(民)의 물류와 가까운 쪽은 지원 분야입니다. 군사 군수는 시대적 상황에 따라 지속 변천되어 온 역사가 있고, 이제는 국가의 경제력과 연계되어 발전을 거듭하고 있기에, 방대한 군사군수를 책 일부분에 망라하는 것은 불가능합니다. 그리고 군사군수는 군(軍)에 대한 일정수준 이상의 배경지식과 경험을 보유하고 있지 않으면 용어부터 잘 이해가 되지 않을 수 있기에, 본서에서는 "군사군수와 SCM이 어떤 관계에 있는지?" 이해하는 정도로 가볍게 언급하도록 하겠습니다. 간혹 주위에 짧은 국방의무 경험을 토대로, 군사군수에 관해 이야기하는 분들이 종종 계십니다만, 대부분 이야기하는 범위나 깊이가 빙산의 일각 수준에서 벗어나지 못하는 것이 현실입니다. 따라서 본서를 통해, 군사군수에 대해 여러분들이 가지고 계시는 "오만과 편견"을 없애는 시간 또한 되었으면 좋겠습니다.

군사군수는 전쟁을 억제하고 준비하고 시행하기 위한 인풋과 다양한 결과로 발생하는 아웃풋, 그리고 경쟁이나 싸워야 할 상대, 분야, 취급품목, 용어 등이 기업과 다를 뿐이지, 기업에서 중요시하는 3P(People, Product, Process)에 대해, 오랜 기간 전쟁 역사를 거쳐, 깊이 있고 체계적인 연구와 다양한 교육훈련 등을 진행했습니다. 기업이 경쟁에서 생존을 고민하듯, 전투나 전쟁에서의 패배는 조직과 국가의 생존과도 직결되어 있기에, 군사군수에서 3P의 역할은 매우 중요하였습니다. 그리고 시간이 지날수록, 군사군수는 단순히 전투에서 필요한 장비, 무기, 식량 등의 군수품을 지원하는 전술적 수준에서, 국가 차원에서 전쟁을 억제하고, 준비하며, 실시하는 거대한 전략으로 자리매김을 거듭하고 있습니다.

특히 1차 산업혁명을 시발점으로 시작한 산업화는, 전쟁 양상을 발전, 개선, 개혁, 혁신이 아닌 혁명적으로 변화시켰습니다. 무기체계와 화력 수준은 상상을 초월할 정도로 급격히 변화되어, 육군은 보병만을, 해군은 함정만을 상대해야 했던 과거 전쟁방식을 완전히 뒤집어 버렸으며, 다양하고 거대해진 장비와 많은 인원을 신속히 이동시키고, 적기, 적소, 적량의 군수품을 제공하기 위해서는, 국가의 경제력과 반드시 연계되어야 한다는 것 또한 중요하게 대두되었습니다. 그리고 현대전에서의 합동군, 연합군 운영 필요성과 다변화된 전장 공간으로 인해, 효과기반의 네트워크화된 군사군수의 중요성 또한 점점 증가하고 있습니다.

그리고 군사군수의 다양한 이론, 개념, 역할 등이, 시대적 상황과 환경, 상대(相對)에 적합하게 정립되었는지, 확인할 수 있는 가장 확실한 방법은 전쟁이었기에, 발생한 전쟁 규모와 양상의 결과를 토대로 끊임없이 군사군수에 관한 연구는 지속되어 왔으며, 앞으로도 군사군수는 예측 불가능한 시대적 상황, 전장 환경, 무기체계, 상대(相對) 등에 대응하기 위해, 끊임없는 노력과 변화를 시도할 것입니다. 또한 국가마다 끊임없는 노력과 변화의 시도 결과에는, 군사군수의 본질과 근본이념에는 차이가 없겠지만, 시대적 상황, 환경, 경제력, 과학기술, 상대방 등 국가마다 처한 여건이나 상황에 따라, 군사군수의 범위, 규모, 역할 등에 있어 차이는 발생할 수 있습니다. 간단히 예를 들면, 군사군수의 지원분야만 보더라도 미군과 한국군의 지원조직 편성과 지원개념은 상이합니다. 따라서 어떤 국가나 조직, 사람에 의해 정립된 군사군수 범위, 규모, 역할 등을 영원히 변하지 않

는 의미의 다이아몬드처럼 딱 잘라 몇 마디로 언급하거나, 공통으로 정의하고 적용하는 것은 긍정적이지 않습니다.

## - Episode -

1, 2차 세계대전 이후, 미국과 소련(현재 러시아 외 14개국)의 냉전 시대가 시작되어, 국제사회의 군사 분야에서 미국과 소련의 영향력이 증대되었지만, 소련보다는 다양하고 전문화된 조직관리가 추가된 미국의 군사군수 개념이 많은 국가에 전파되었습니다. 한국군의 경우에는, 해방과 6.25 전쟁을 겪으면서 우방국(友邦國)이 된 미국의 영향을 많이 받았기에, 지속해서 미군을 벤치마킹하여 왔습니다. 그렇다면 이제는 미군의 군사군수 개념을 한국군에 그대로 적용할 수 있을까요? 글쎄요, 한국군은 몸에 맞지 않는(Baggy) 옷을 입게 되는 것과 별반 다르지 않을 것입니다. 이와 마찬가지로, 기업의 경우에도 수준과 규모의 차이가 있음에도 불구하고, 기업별 SCM 사례를 다른 기업에 그대로 적용하려 한다면 몸에 맞지 않을 것이며(Baggy, Tight), 이로 인해, 일반적으로 간주하는 인풋(Input)을 투입하였다고 할지라도, 기업별로 처한 환경, 내부여건, 조직문화, 구성원 수준 등의 차이에 따라 SCM 아웃풋(Output)은 상이할 수 있습니다. 따라서 획일화된 기법들의 적용을 생각하기보다는, 기업마다 처한 현실과 여건에 맞게 SCM에 대한 정의와 개념을 재정립하고, SCM이 극대화될 수 있는 다양한 방안을 탐구하여, 기업의 실정에 맞게 적용하는 것이 필요합니다.

## Eccles & Moshe Kress

미국은 짧은 국가 역사에도 불구하고, 막강한 경제력을 바탕으로, 1차·2차 세계대전, 6.25 한국 전쟁, 베트남 전쟁, 걸프전쟁, 이라크 전쟁까지, 방대한 규모의 그리고 예측이 제한되며 다양하게 변화되는 외부환경 아래에서, 원정개념의 전투와 전쟁을 많이 하였습니다. 그 결과 군사군수 관련 조직은 물론이고, 군사군수의 범위, 규모, 역할 등에 있어, 다른 국가들에 비해 월등한 수준으로 지속 유지 및 발전시켜왔습니다. 그리고 군사군수에서 기업군수 분야에 대한 연구 또한 병행하였기 때문에, 미국의 군사군수는, 군사군수와 기업군수를 모두 포괄하는 수준에서 유지되어 오고 있습니다. 이렇게 미국의 군사군수가 높은 수준으로 정립 및 유지되기까지는 다양한 노력을 통한 축적과정이 있었기에 가능하였고, 이 안에서 Logistics 전문가들은 한 축을 담당하였습니다. 그중 몇몇 전문가의 견해를 간단히 소개해 보겠습니다.

『Logistics in the National Defense』의 저자인 Eccles와 그와 함께했던 조직은, Logisticss에 대해 "국가경제와 군사력운용(군사술)을 연결해 주는 하나의 과학(Science), 예술(Art), 과정(Process)"이라고 하였으며, "국가경제와 군사력의 전술적 운용을 연결하고, 이들을 동시에 추구해야 하는 이중성을 가지고 있다"고도 하였습니다. 그리고 Logistics를 민간군수(Civilian Logistics)와, 군사군수(Military Logistics)로 구분하고, 특히 Logistics 계획을 수립하고 실제 적용하는 과정은 "Science보다는 Art에 가깝다"고 하였습니다.

```
                              Logistics
         ┌──────────────────────┴──────────────────────┐
┌─────────────────────────┐          ┌─────────────────────────┐
│   Civillan Logistics    │          │    Military Logistics   │
│ · 경제를 지원하기 위해    │          │ · 군사력의 지원을 위해   │
│ · 재화와 용역의 제공과   │          │ · 재화와 용역의 제공과   │
│ · 계획을 수립하는 과정   │          │ · 계획을 수립하는 과정   │
└─────────────────────────┘          └─────────────────────────┘
```

『Operational Logistics』의 저자인 Moshe Kress는 전쟁을 생산시스템(Production system)에 비유하였습니다.

-아래의 내용에는 역자(도웅조)에 의해 번역된 내용이 일부 포함되어 있습니다-

"전쟁의 아웃풋(Output)은 지역을 점령하거나, 상대를 제압하는 등 눈으로 보이는 실체가 있을 수도 있고, 전략적, 정치적 목표 등을 달성하는 것과 같이, 실체가 없는 것일 수도 있다"고 하였습니다. 그리고 "불확실한 외부 환경과 상대 등에 따라, 인풋(Input)과 아웃풋(Output)이, 기업의 생산시스템과 비교하여 상대적으로 안정적일 수는 없다는 것" 또한 이야기하였습니다. 하지만, "전쟁의 행위(Act)는 생산공정(Process)이며, 생산공정(Process)에 투입되는 수단과 자원들은, 생산공정(Process)을 용이하게 해주어 전쟁에서 승리할 수 있는 것이므로, 기업과 비교해 사용되는 용어나 분야가 다르고, 리더십이나 사기(士氣) 등, 추상적이고 무형적인 부분에 영향을 받기도 하지만, 인풋(Input)을 통해 아웃풋(Output)을 만들어 내는 하나의 생산시스템과 비교해 차이가 없다"는 것입니다.

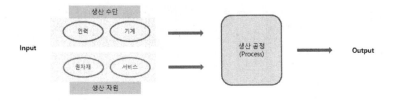

이렇게 전쟁을 생산시스템에 비교한 Moshe Kress의 견해를, 유통, 서비스, 의료, 교육, 행정 분야 등에도 대입해 볼 필요가 있습니다. 왜냐하면 전쟁뿐만 아니라, 유통, 서비스, 의료, 교육, 행정 분야 또한, 어떻게 보면 인풋(Input)을 통해 아웃풋(Output)을 만들어 내는 하나의 생산시스템과 비교해 차이가 없기 때문입니다.

또한 Moshe Kress는 군사군수는 과학적, 그리고 예술적을 모두 포함한다고 하였습니다. 과학적으로는, 연료의 양, 탄약의 무게, 수리부속품의 수량, 부대들의 증원 소요 시간, 그리고 각종 주문과 선적에 대한 시간, 각종 자원들의 소모율과 소요예측(군에서는 소요와 수요를 구분하며 기업에서 사용하는 수요예측 개념은 군에서 소요예측임), 수송, 재고관리 등, 계량적으로 접근이 필요한 요소들이, 2차 세계대전 이후 과학기술의 발달로 인해 컴퓨터화 및 수학적인 모델링으로 지향되었다는 것입니다. 예술적으로는, 전장에는 불확실성이 존재하고, 이러한 불확실한 상황을 극복하기 위해서는, 군사군수에 책임이 있는 인원들의 창조성, 직관력, 통찰력, 결정력, 그리고 정신적 유연성과 같은 특성이 필요하며 중요한 요소로 작용한다는 것입니다. 그리고 이러한 특성들을 보유한 군사군수에 책임 있는 인원들은, 화가가 도화지에 조화로운 그림을 그리듯이, 전장에 적합한 그림, 즉 "예술적 능력을 표현하게 된다."는 것입니다. 그리고 군사군수의 예술적 양상은, "즉 흥성, 예측, 동시성 및 연속성과 같은 원리로 이루어져 있으며, 공식화를 할 수 없다는 것"입니다.

**- Episode -**

군사군수(Military Logistics)는, 예측이 제한되는 불확실한 환경과 전장 상황, 그리고 100% 정확하게 알 수 없는 상태의 상대를 대상으로 해야 하기에, 최초 수립된 계획과 과정은 전쟁 양상에 따라 언제든 변화될 수 있습니다. 이러한 상황에 대처하기 위해서는, 실시간 지휘관과 참모들이 모여 적응성을 가지고 계획을 재검토하고 적용하는 과정이 필요한데, 과학적뿐만 아니라, 때로는 "창조적"에 가까운 사고나 행위가 요구되기도 합니다.

이와 마찬가지로 기업의 SCM 또한 과학적, 예술적입니다. "고객, 매출 추세, 원자재 소요량, 수요 예측, 각종 Lead Time, 수율, 원가, 재고, 운송관리" 등과 연관된 각종 프로세스, 데이터 수집과 분석 등은 과학적, 수학적 연구를 통해 정립되어 왔고, 앞으로도 수학적 응용과 수용, 컴퓨터 활용 등이 지속적으로 요구됩니다. 그리고 천재지변, 고객(사), 협력사, 공급사, 경쟁사, 품질, 제품, 설비, 안전, 경기(景氣) 등에 의해, 불규칙적이고 예측 불가능한 상황에 직면하기도 하는데, 이러한 경우, 기계, 컴퓨터, 공식보다는, 사람의 적응력, 창조력, 직관력, 통찰력, 결정력 등이 더 중요하게 요구됩니다.

## 기업군수(Business Logistics)

Logistics는 수천 년 동안, 주로 군사군수에 의해 발전되어 왔지만, "민(民) 경제발전의 중요성에 탄력을 받아", 기업군수를 통해서도 많은 발전을 이루었고, 경영학의 일부로 자리 또한 잡게 되었습니다. 그리고 기업이 규모를 키우고 발전을 거듭할수록, 기업은 기업군수를 통해 Logistics의 각종 계량화를 모든 프로세스에 적용하였고, 특히 부가가치를 극대화하며 제조와 소비를 연결해야 했기에, 아직 기업 군수처럼 경영학으로 자리매김을 하지는 못했기 때문입니다. 시간이 지날수록, Logistics는 기업군수를 통해 더 전문화된 이론과 개념을 정립하기에 이르렀습니다. 그중에는, 군사군수에서 역으로 벤치마킹을 하기도 하였습니다. 하지만, 벤치마킹의 사례를 보면, 군사군수에서 전혀 안 하고 있거나, 전혀 몰랐던 새로운 분야를 터득하고 배우는 것은 아니었습니다. 단지 군사군수에 비해, 기업군수가 보다 학문적으로 정립되어 있다 보니, 조금 더 이야기하기 쉽게, 알아듣기 쉽게, 공감하기 쉽게 되어 있었을 뿐이었습니다.

한편으로는 이러한 벤치마킹 사례를 볼 때마다, 군사군수에 아쉬운 마음이 들기도 하였습니다. 왜냐하면, 한국군의 경우, 군사군수가 중요하다고 피상적으로 이야기를 많이 하고 있지만, 아직 기업 군수처럼 경영학으로 자리매김을 하지는 못했기 때문입니다. 예를 들어, 기업군수와 관련된 전문적 학과는 많이 존재하지만, 군사군수와 관련된 전문학과는 존재하지는 않습니다. 최근에 군사학과가 몇몇 민간대학에 자리를 잡았지만, 작전, 화력, 정보 위주이며, 군사군수 분야만을 전문적으로 교육하지는 않습니다. 그래서 군사군수 분야는, 대부분 군 교육기관에 전적으로 의존할 수밖에 없는데, 짧은 교육 기간 동안, 방대한 내용을 체계적으로 교육하기에는 한계가 있고, 몇몇 손가락 안에 꼽을 정도로 한정된 군사군수 전문교육 기관과 소수의 연구진을 보유하고 있어서, 기업군수에 비해 상대적으로 열악한 실정입니다. 그나마 군사군수와 기업군수의 밑바탕에 차이는 없기에, 대학교나 기업에서 연구한 결과를, "필요 시 군사군수에 접목하여 부족한 부분을 보완할 수 있다는 점"은 다행스럽게 생각합니다.

그리고 군사군수 분야는 범위가 방대하며 다양하게 연계되어 있고, 각종 군수품을 준비하고 동원해야 하는 특성상, 작전, 화력, 정보 분야에 비해, 크고 작은 규모의 실제 훈련이 현실적으로 제한됩니다. 이로 인해 군사군수 지원 분야는, 당연히 된다는 가정에 따라 훈련을 진행하기도 합니다.

하지만 이러한 분위기가 잘못 파생되면, 군사군수에 대한 인식을 저하하는 경우로 이어지기도 하였습니다. 기업의 경우에도, "기업마다 차이는 있겠지만, 일정 수준 이상의 SCM을 유지하고 있는 기업들을 제외하고" 기업군수분야가 많은 주목을 받고 있지는 않다고 판단됩니다. 왜냐하면, SCM이 부각되지 않은 제조업에서, 기업군수 분야에 대한 인식이나 중요도는 정말 낮았기 때문입니다. 이러한 환경에서 기업군수 분야는, 전략적 의사결정에서 자주 누락되었으며, 이로 인해, 물류(물자의 흐름, 정보의 흐름)는 비효율적, 비경제적으로 형성되었고, 부분 최적화, Bullwhip Effect 등은 끊이지 않았습니다. 따라서 기업군수분야가 경영학으로 자리를 잡았지만, 군사군수와 마찬가지로, 실제 현실에서 중요하게 취급받지 못하고 있는 것을 볼 때마다, 안타깝기 그지없습니다.

**─ Episode ─**

- Pagonis 저 『Moving Mountains』에서 인용[번역(로지스올)] -

"전통적으로 군사군수지원은 눈에 띄지도 않으며 특별히 찬사를 받는 활동도 아니다. 때문에 일반적으로 전투가 성공했을 때에는 전략이나 전술이 군사군수지원보다 더 대우를 받게 마련이다. 반대로, 전차에 기름이 떨어지면 사람들은 군사군수지원 책임자들을 마녀 사냥하듯 비난한다. 기계화 부대 간의 첫 번째 사막전쟁을 이끈 인물인 야전 총사령관 롬멜은 독일 육군의 참모총장에게 질문을 받았다. 질문의 골자는 베를린에서 그에게 지시한 공세를 취하기 위해서 베를린에 요구한 2개의 추가 기갑 군단에 대한 보급과 급식지원을 어떻게 계획하고 있는지에 대한 것이었다. 이에 대해 롬멜은 "그건 중요한 게 아닙니다. 단순히 당신의 관심사일 뿐입니다."라고 침착하게 대답했다."

모든 기업에 동일하게 적용된다고 할 수는 없겠지만, 기업군수에 대한 인식 수준이 낮은 경우, SCM 수준도 낮을 가능성이 매우 큽니다. 왜냐하면 SCM이 추구하는 이념과 이상적 방향을, 체계적으로 구체화해 현실에 보여주는 것이 기업군수 프로세스인데, 기업군수에 대한 인식 수준이 낮다는 것은, 기업군수 프로세스가 올바른 방향과 속도로 되어 있지 않다는 것을 암시하기 때문입니다.

이렇게 기업군수 인식 수준이 낮은 경우, 프로세스와 시스템이 아닌, 기능 중심의 조직운영방식과 부분 최적화가 생각보다 깊게 박혀 있을 가능성 또한 매우 높으며, 이러한 기업에서는, 기능 중심으로 인해 발생한 부분 최적화의 문제점을 깨우치고 전체 최적화로 변환하려고 노력하기보다는, 오히려, 더 기능중심과 부분 최적화를 부채질하고 있을 수도 있습니다. 왜냐하면, 기능 중심으로 인해 부분 최적화가 발생한 기업은, "전체 최적화를 알면서도 안 하거나", "전체 최적화를 알면서도 못 하거나", "전체 최적화를 정말 몰라서 못 하거나" 중의 하나인데, 4차 산업혁명이 급격히 도래하고 있는 시대적 상황에서, 전체 최적화의 의미를 모르기보다는, 대다수의 경우, 상부 구성원들의 아집과 사심에 의해 알면서도 안 하거나, 알면서도 못 하고 있을 가능성이 높기 때문입니다. 여러분들이 소속되어 있는 기업은 어떠한가요? 만약에 "몰라서 못 하고 있는 것"이라면, 직급고하를 막론하고 구성원들의 대부분이 하위 평준화되어 있다는 것을 암시하기에, 프로세스를 고민하기보다는, 사람을 먼저 고민해야 할 것입니다.

그리고 보편적으로 기업군수는, 경쟁이 치열해지고, 원가를 절감할 수 있는 분야 또한 점점 줄어들게 되어, 중요한 대안으로 기업군수 관련 비용들이 대두되어야만, 비로소 기업군수에 대한 관심이 증가하는 경향이 있기도 합니다.

지금부터는 몇몇 사전적 정의와 전문가(기관)들을 통해, 기업군수 (Business Logistics)에 대한 개념을 간략히 살펴보겠습니다. 혹, 해석이 왜곡될 가능성도 있으므로, 영문(英文)의 경우 원문을 그대로 인용 후 해석을 추가하였습니다.

『Business Logistics : 생산에서 소비까지의 물적(物的) 유통시스템과 여기에 원자재 및 중간재의 조달까지를 포함한 업무. 원래는 군대의 장비·양식 등 군수품의 발주·생산·구입·조달·공급·수송 등에 관한 군사과학인 병참술(兵站術) 및 이의 구체적 운영을 뜻하는 군사용어이다. 이 기술을 기업경영에서 물자·상품 유통에 적용한 것이 비즈니스 로지스틱스인데, 대개 2가지 뜻으로 쓰인다. 하나는 생산자로부터 소비자까지의 상품(완성품)의 이동, 즉, 물적유통과 같은 뜻으로 사용되고, 다른 하나는, 이것에 원재료와 구입중간상품(미완성품)의 조달(조달물류라고도 함)을 덧붙인 뜻으로 쓰이고 있다. - 두산백과 - 』

상당 기간 전 세계에서 가장 저명한 Logistics 협회라고 할 수 있었던 CLM(Council of Logistics Management)은 CSCMP로 명칭이 변경되었습니다. 그리고 CSCMP(Council of Supply Chain Management Professionals)에서는 다음과 같이 Logistics와 Logistics Management에 대한 개념을 구분, 정의하고 있습니다.

『Logistics : The process of planning, implementing, and controlling procedures for the efficient and effective transportation and storage of goods including services, and related information from the point of origin to the

point of consumption for thepurpose of conforming to customer require-
ments. This definition includes inbound, outbound, internal, and external
movements.

Logistics는 서비스를 포함한 상품의 효율적이고 효과적인 운송, 보관 및 고객
의 요구조건을 충족하기 위한 원산지점으로로부터 소비지점까지의 관련 정보에 대
한 계획, 시행 및 관리절차 과정이라고 정의하고 있습니다. 그리고 이 정의는 인바
운드, 아웃바운드, 내부 이동, 외부 이동을 모두 포함하고 있습니다.』

『Logistics Management is that part of supply chain management that
plans, implements, and controls the efficient, effective forward and
reverse flow and storage of goods, services, and related information
between the point of origin and the  point of consumption in order to
meet customers' requirements. Logistics management activities typically
include inbound and outbound transportation management, fleet man-
agement, warehousing, materials handling, order fulfillment, logistics net-
work design, inventory management, supply/demand planning, and man-
agement of third  party logistics services providers. To varying degrees,
the logistics function also includes sourcing and procurement, production
planning and scheduling, packaging and assembly, and customer service.
It is involved in all levels of  planning and execution-strategic, operational,
and tactical. Logistics management is an integrating function which coor-
dinates and optimizes all logistics activities, as well as integrates logistics
activities with other functions, including marketing, sales, manufacturing,

finance, and information technology.

"Logistics Management는 공급망 관리의 일부로서 고객 요구조건을 만족시키기 위한 효율적이고 효과적인 정, 역방향 흐름과 상품의 보관, 서비스 및 원산지점으로부터 소비지점까지의 관련 정보를 계획, 시행, 관리하는 것입니다. 로지스틱스 관리 활동은 일반적으로 인바운드, 아웃바운드 운송 관리, 차량 관리, 창고 저장, 자재 관리, 주문 조달, 로지스틱스 네트워크 설계, 재고 관리, 수급계획 및 제3자 로지스틱스 서비스 제공자 관리를 포함합니다. 로지스틱스 기능은 또한 다양성에 따라 대외구매, 물품 조달, 생산 계획 및 일정관리, 포장 및 조립, 고객 서비스도 포함합니다. 이것은 계획, 시행전략, 운영 및 전술의 각계각층에 연관되어 있습니다. Logistics Management는 하나의 통합기능으로서 Logistics 활동과 마케팅, 영업, 제조, 재무, 정보기술을 통합시킬 뿐만 아니라 모든 Logistics 활동을 조정하고 최적화합니다.』

상기 CSCMP의 Logistics Management 정의를 살펴보면, 군사용어가 사용되지 않았을 뿐, 개념적으로 군사군수에서 요구되는 역할과 기능 또한 모두 포함하고 있습니다. 따라서 CSCMP의 Logistics Management에 대한 정의는, "Military Logistics와 Business Logistics의 기능과 역할을 모두 포함하고 있다"고 할 수 있습니다.

다음은 Frazelle의 "Logistics framework of activities"를 나타내는 그림입니다. 기업군수는 5가지 핵심활동 분야로 구성되며, 이를 위해서는, Measures & Goals, Information System Requirements, Process Designs 기능을 수행하는 조직이 존재해야 한다

는 것 또한 나타내고 있습니다.

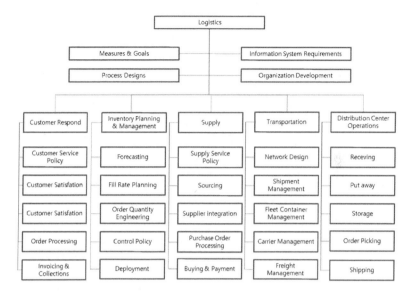

다음은 제조부터 고객 또는 이용자에 이르기까지, 전 시스템에
대한 통합유통관리를 향한 대안으로 기업군수를 이야기하고 있습
니다. (Lalonde, Grabner, Robeson)

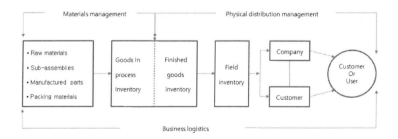

## 군사군수 & 기업군수

2차 세계대전 이후, 전 지구적 Logistics 역할이 요구되는 전쟁이 더 이상 발생하지 않았고, 전 지구적 관심이 급격한 경제성장에 치우치다 보니, 아이러니하게도, 군사군수와 기업군수가 서로 다른 길을 걷고 있으며, 완전히 구분된 것처럼 생각할 수 있지만, 군사군수와 기업군수를 서로 다른 개념처럼 이야기하거나, 둘 중에 어느 영역이 더 뛰어나다고 이야기하는 것은 큰 의미가 없습니다. 왜냐하면 기업군수는 군사군수(Military Logistics)로부터 출발하였고, 군사군수가 국가의 경제력과 연계되어 운영되는 만큼, 방대한 군사군수 개념에 기업군수가 포함되기도 하며, 어떤 분야는 기업군수가 군사군수보다 체계적으로 개념을 정립하여, 경영학으로도 자리를 잡았기 때문입니다. 즉, 군(軍)과 민(民)의 영역으로 구분되어, 대상이 전쟁이냐 이윤이냐, 그리고 취급하는 품목과 사용하는 용어 등에 차이가 있을 뿐, 추구하는 개념과 범위, 운영, 조직구성 등에는 별반 차이가 없습니다.

그리고 현대전으로 진화될수록, 기업군수와 군사군수의 영역이 점점 더 모호해지고 상호 교차하고 있습니다. 이러한 것을 가장 잘 반영하고 있는 조직은 미군입니다. 전 세계를 무대로 전쟁을 실시하고 얻은 교훈을 토대로, 미군이 이론과 개념을 정립하면 기업이 벤치마킹하기도 하고, 기업의 전략적, 전술적 이론과 개념을 미군이 도입하여, 실제 전쟁을 통해 적용해보고 기업과 교류를 확대하기도 합니다. 현대전이라고 불리우는 걸프전쟁, 이라크전쟁 등에서는 기업이 군과 직접 계약을 맺고, 설비, 급식, 운송, 보관, 세탁 등 전투(교전)를 제외한 다양한 분야에 참여하였고, 이제는 더 나아가, 민간군사기업 [民間軍事企業, (Private Military Company : PMC)]들이 직접 전투(교전), 전략 수립, 첩보 활동, 기술 지원 등으로까지 영역을 확대하여, 군의 임무수행에 없어서는 안 될 존재로 평가받기에 이르렀습니다.

**― Episode ―**

SCM을 추진하는 어떤 기업은, SCM을 통해 실제 높은 효과를 보고 있는 대기업의 사례와, 대기업에서 근무했던 최고 경영자의 제안으로, SCM에 대해 새롭게 눈을 떠보려고 하는 중견기업 규모였습니다. 하지만, 기존 구성원들은 SCM에 대한 교육을 받아본 적이 없었으며, SCM이 수면으로 드러난 상태에서 업무를 해본 경험이 없었기에, 외부에 보이는 것과는 다르게, SCM에 대한 이해도는 Zero에 가까웠습니다. 그리고 조직전체가 SCM에 대한 이해도가 부족하다 보니, SCM을 추진하는 입장에서, 현실적으로 가장 중요한, 추진 조직과 구성원, 각종 여건들 또한 준비되거나 검토되어 있지 않았습니다. 그래서 우선적으로, 추진을 위한 기반 조직과 각종 여건들을 검토하려고 하였지만, 역시 예상대로 현실은 그리 넉넉하지 않았습니다.

국내 차량 운송에만 국한된 부서를 "물류"라고 칭하고 있었으며, 물류에 대한 이해 또한 매우 낮았습니다. 그리고 그동안 어떤 논리였는지 알 수는 없지만, 1PL을 유지하고 있었는데도, 중장기적 조직 운영에 대한 개념을 정립하지 못한 상태에서 물류 소속을 수시 변경해온 탓에, 물적유통 프로세스 또한 안정화되어 있지 않았습니다. 수출입은 계획과 현장의 구분이 모호한 상태로 영업 조직에 있었고, 자재(스페어 파트 포함)는 제조와 구매 조직에, 유통 기능보다는 단순 보관 기능에 치우친 상태의 저장소들이 제조, 품질, 구매 조직에 두루 걸쳐 있었으며, 출하(Packing, Picking 등) 분야는 제조 조직에 소속되기도 하다가, 품질 조직에 소속되기도 하는 것이 반복되고 있었습니다.

그리고 전체 프로세스(공정) 중에서, 제조 프로세스(공정)의 구분과 역할이 명확하지 않았으며, Forward와 Reverse 흐름 모두 공존하고 있었으나 Reverse 흐름에 대한 인식이 매우 낮아, 많은 이슈가 수면 아래에 가라앉아 있었습니다. 또한 프로세스 개념과 융합된 데이터를 활용하는 수준과는 전혀 거리가 먼 상태의 생판(판생)회의가 진행되고 있었으며, 전체 프로세스(공정)상에서 일부 구간만이 부각된 부분 최적화로 인해, 전 구간에서 이슈는 끊이지 않았습니다.

정보시스템 또한 전체 프로세스를 대상으로 구축했다고 하지만, 실제로는 일부 구간만을 위한 부분 최적화 수준에서 운영되고 있었고, 정보시스템을 통한 관리지표도 명확하게 정립되어 있지 않았으며, 데이터 또한 Visibility가 낮아 수집이 제한

될 뿐만 아니라, 그나마 수집되는 데이터에서 의미나 가치를 찾기도 어려웠습니다. 이러하다 보니, 당연히 서로 다른 언어로 이야기를 할 수밖에 없는 상황 또한 자주 발생되었습니다. 어느 곳에 베이스캠프를 두고 시작을 해야 할지, 어디서부터 손을 대야 할지 난감한 상황이었기에, 우선 최소한의 베이스캠프라도 확보해 보려고 교통 정리를 시도하였습니다. 하지만, "올바른 방향과 속도가 발생하도록, 그리고 전체 최 적화를 추구하는 관점에서 R&R이 진행되도록" 하려고 하기보다는, 일부 구성원들 의 고착된 사고방식이었던 "무조건 인원을 많이 보유하여 자신의 조직을 비대하게 형성하려는 습성"과 본인들보다 "업(業)종에 경험이 없어 SCM을 하기 힘들다"는 오 도된 논리를 내세우는 "텃세", "상, 하, 수평을 막론하고 SCM에 대한 이해도가 부족 한 점" 등으로 인해 어느 것 하나 쉽게 진행할 수 없었습니다.

게다가 SCM의 범위가 방대한 탓에 시시콜콜 많은 사람의 입에 오르내릴 수밖에 없고, 제가 SCM의 단점 중에 하나로 꼽고 있는 부분이기도 합니다만, 본인만의 철 학을 갖지 않은 상태에서 피상적으로 "많이 아는 것처럼", "역량이 있는 것처럼" 이야 기하기 쉽다 보니, 마치 SCM에 대해 전문가인 것처럼 행동하고 이야기를 하며, 직 책보다는 직급에 의해 결정하고 업무를 진행하려고 하는 구성원들과 폐쇄적 조직문 화에 의해, 크고 작은 집을 지어서 다시 무너뜨려야 하는 행위를 반복해야 했습니다. 그리고 설상가상으로, 직급과 경력에 비해, 시스템적 사고 역량이나 전체 최적화 관 점의 시각을 보유하지 못한 구성원들이, 자만심과 사심에 사로잡혀, 여기저기 "감 놔 라, 배 놔라" 간섭하는 경우 또한 자주 발생하여, 방향과 속도는 지연되거나 틀어지 기 일쑤였습니다.

하지만 이대로 한없이 지연하거나 포기할 수는 없어, 우선 조직에 적합한 유통[물 적유통(物的流通) = 물류, 상적유통(流通産業)]과 SCM 관련 개념을 정리하고, 전체 프 로세스상에서 물적유통(物的流通) 분야부터 우선 자리 잡을 수 있도록 시도하였습니다. 하지만 제대로 R&R과 조직이 갖추어지지 않은 상태에서 교통정리를 하려다 보니, "텃세와 핑퐁 게임 등으로 인해", "관리하기 귀찮거나 제대로 관리 안 되는 분야", "힘들게 일해야 하지만, 상대적으로 티는 잘 나지 않는 분야" 위주로 업무를 부여받을 수밖에 없었습니다. 심지어 어떤 기능의 자산관련 업무를 인수받아야 했던 경우에는, 인수를 위한 자료를 요청하였지만, Visibility 미흡으로 인한 비협조적 상황만 장기화할 뿐, 답이 없었습니다. 그래서 하는 수 없이 인수를 받는 입장인 저와 소수 구성원들이 계획을 수립 후, 해당 기능의 여러 현장에 약 1개월 동안 방문하여, 수량에 대한 Visibility를 실시하고, 인수하는 제가 인계 인수서를 직접 작성한 후, 인계자에게 사인만 해달라고 하여, 인계 인수서를 마무리한 적도 있습니다. 아주 기본적인 업무부터 하나하나 다시 시작하고 정립하는 과정에서, 때론 괴리감과 상대적 박탈감이 쓰나미처럼 몰려오기도 하였습니다.

그리고 명확한 이유는 알 수 없었지만 SCM 추진 조직의 조직명칭, R&R, 소속기능, 구성원들의 상당수가 매년 변경되었습니다. 또 보편적인 시각에서, 소속된 이유와 존재 이유를 이해하기 쉽지 않았던 기능에 소속되기도 하였습니다. 특히 어떤 기능에서는, SCM을 부분 최적화 달성을 위한 경영기법으로 생각하고 접근하여 답답함을 금치 못한 적도 많습니다. 우여곡절 끝에 SCM 명칭의 전문 조직을 구축하고, 전체 최적화를 위한 걸음마를 떼기 시작하기까지 5년이 소요되었습니다.

하지만, SCM을 추진하면서, 꼭 SCM 명칭의 조직이 필요하고, 반드시 SCM 명칭의 조직을 구축해야만 SCM이 잘된다고 말씀드리는 것은 아닙니다. 다만, SCM에 대한 이해도가 매우 부족하고, Logistics Management 수준이 매우 낮으며, 소수인원과 특정기능, 부분 최적화 등에 의해 조직이 오랜 기간 운영됐다면, SCM 명칭의 조직 구축이 반드시 필요합니다. 왜냐하면 이러한 조직에서는, 기능과 구성원들이 유기적으로 네트워크화되어, SCM상의 다양한 이슈들을 취급하고 조치하는 것은 거의 불가능했기 때문입니다. 5년이라는 시간도 시스템, 전체 최적화, Process, KPI 등에 대해, 제대로 이해하고 있는 극소수 경영진의 판단과 도움이 있었기에, 그나마 가능하였습니다. 반면에 조직 안에서 5년 동안 떠돌이처럼 돌아다니며 적지 않은 인고(忍苦)를 해야 했지만, 조직 명칭과 R&R 4회 변경 그리고 소속기능 5회 변경은, 짧은 기간에 기업 전반 프로세스와, 조직문화, 수면 아래에 위치하여 해결은 잘 안 되고 잠식되어 있던, 각종 이슈들을 제대로 볼 수 있게 해주었습니다. 이제 와서 가장 어렵고 힘들었던 것을 꼽으라고 하면, 매년 조직명칭, 구성원, R&R, 소속기능이 변경되고 여건이 부족했던 것보다는, 일부 구성원들의 매너리즘과 고착된 습성, SCM에 대한 이해 부족에서 잘못 파생된 개인적 조직적 간섭과 저항, 그리고 사심에 사로잡혀 본인의 역량을 과시하려는 수단으로 SCM을 활용하려고 하거나, 부분 최적화를 위한 수단으로 SCM을 이용하려고 했던 과정들, 그리고 이러한 모든 상황에서 끊임없이 반복되었던 속칭 "아집"과 "딴지" 등을 그저 지켜볼 수밖에 없었던 시간들이었습니다. 그리고 SCM 명칭 조직이 우여곡절 끝에 구축되었지만, SCM을 물류, 그 안에서도 국한된 운송이나 저장관리로 치부하는 구성원들이 여전히 존재하였습니다.

## ▪ Episode ▪

SCM은 복잡하고 방대하여, 이를 표준화, 단순화하는 과정에서 끊임없이 잡음이 발생하므로, 이를 조율하고 중재하며 강력한 추진력을 형성하기 위한 최고 경영자의 의지는 무엇보다 중요합니다. 하지만, 기능중심 운영 방식이 강하게 자리 잡아 온 조직, 시스템이 아닌 사람에 의해 운영되어온 조직 등에 영입된 최고 경영자인 경우,

기존 기득권들의 강력한 저항에 부딪히게 됩니다. 그리고 이에 굴하지 않고 최고 경영자가 강력한 의지를 발휘한다고 할지라도, 기존 기득권들은 "잠시 소나기만 피해 가자"는 심정으로 "보여주기"식, "눈 가리고 아웅"하는 식으로 SCM을 받아들일 가능성이 큽니다. 설상가상으로 SCM에 대해 강력한 의지를 갖고 있던 최고경영자가 그만두고 새로운 최고 경영자가 영입되었는데, 새롭게 영입된 최고 경영자의 SCM에 대한 의지가 상대적으로 부족하다면, SCM은 "불화만 일으키지 제대로 하는 것이 없다"는 취급을 받는 처지로 전락하여 설 자리가 없어 것입니다. 그리고 최고 경영자의 SCM에 대한 의지도 중요하지만, 최고 경영자가 SCM에 대한 본인만의 철학을 형성하고 있지 않다면, 기존 기득권들의 조직운영방식과 저항에서 방향을 제대로 잡지 못하게 되어, SCM은 혁신이 아닌 타협 수준으로 진행될 것입니다. 이러한 경우, 겉으로는 SCM을 하는 것처럼 보이겠지만, "보여주기"식, "눈 가리고 아웅"하는 식을 벗어나지 못한 채 "일을 위한 일"을 하고 있을 가능성이 매우 크며, 당연히 내실 또한 없을 것입니다."

- **Episode** -

Logistics Management를 이해하고 운영하는 수준이 "춘추전국시대"에 비유될 수 있는 조직이나, "Zero에 가까운" 조직에서 SCM을 하는 것은, 정말 끊임없는 도전과 인내, 수많은 고민과 좌절이 수반되었기에, Logistics Management를 이해하고 일정수준 이상 시스템화되어 있는 조직에서 SCM을 한다는 것 자체가, 얼마나 다행스럽고 행복한 것인지를 절실히 깨달을 수 있었습니다. 하지만, Logistics Management를 이해하고 운영하는 수준이 "춘추전국시대"에 비유되거나, "Zero"에 가까운 조직에서, 처음부터 하나하나 축적했던 경험들은, 정말 많은 깨우침과 교훈을 주기도 하였습니다. 하나부터 열까지 "맨땅에 헤딩"해가는 과정에서, 수없이 많은 상처의 발생과 아물기가 반복되었고, 이제는 가급적 상처가 발생하지 않으려면 어떻게 해야 하는지, 발생한 상처는 어떻게 치료해야 하는지 알게 되었습니다. 정말 "아픔이 있어야 성장한다"는 이야기에 공감하지 않을 수 없었습니다. 하지만, 저만의 우스갯소리로 "너무 아프면 성장 못 할 수도 있다"는 생각이 들기도 하였습니다.

모든 조직에 해당하는 것은 아니겠지만, SCM에 대한 이해도가 부족한 조직에서, SCM의 본질과 가치를 이해시키고 정립해 나가는 과정, 그리고 SCM을 올바른 방향과 속도로 구축해 나가는 과정은, 끝이 보이지 않는 높은 절벽을 등반하는 것처럼 인고의 시간과 노력이 필요하고, 조직 전반에 공감대가 형성되어 추진된 SCM이 아닌, 영입된 최고 경영자에 의해 추진된 SCM이라면, 그리고 영입된 최고 경영자마다 SCM에 대한 이해도와 철학이 상이하다면, SCM을 추진하는 전문 조직의 현실은, 절벽을 등반하는 데 필요한 각종 안전장비나 물자들이 부족한 상태이거나, 각종 안전장비나 물자들의 안전성이 검증되지 않은 불확실한 상태에서 "언제 추락할지 모르는 절벽을 등반하고 있다"고 해도 과언이 아닙니다.

### ― Episode ―

인과관계에 있다고 명확하게 이야기할 수는 없겠지만, SCM 수준이 교육여건에 영향을 미칠 수 있다고 사료됩니다. 모든 기업에 공통으로 해당하는 것은 아니겠지만, 대기업군(Group)을 기준으로, 중견, 중소기업군으로 갈수록 업무와 프로세스에 대한 Visibility가 제대로 되어 있지 않을 가능성이 큽니다. 이는 대기업 군을 기준으로, 중견, 중소기업군으로 갈수록 SCM 수준이 낮을 수도 있다는 것을 의미합니다.

Visibility가 제대로 되어 있지 않은 기업일수록, 프로세스가 빈약할 뿐만 아니라, 빈약한 프로세스로 인해 R&R(Role and Responsibilities) 또한 제대로 정립되어 있지 않을 가능성이 매우 크며, 부서 간, 개인 간 경계선에 애매하게 있으면서 수면 아래에 가라앉아 있는 이슈들이 다수 존재할 가능성 또한 매우 높습니다. 그리고 이러한 수면 아래의 이슈들은, 관리가 된다고 하더라도, 대부분 "수박 겉핥기" 수준에서 지속 유지될 가능성이 커, "관리되고 있다"고 생각할 수도 있지만, 실제는 곪고 있을 가능성이 매우 크며, 만약 곪아 터지게 된다면, 기업 운영 전반에 예기치 못한 악영향을 미칠 수도 있습니다. 혹 어떤 분들은 "Proactive를 활성화하면 되지 않겠냐?"는 이야기를 하실 수도 있겠지만, Proactive도 프로세스와 R&R이 일정 수준으로 유지되면서, 간헐적으로 발생하는 이슈들에 한정하여 가능한 것이지, 그렇지 못한 경우에는 현실의 장벽에 부딪히게 됩니다. 그리고 이렇게 프로세스가 빈약하고 R&R이 제대로 정립되지 않은 환경에서는, 피해의식에 사로잡혀 있거나 복지부동하려는 기능이나 구성원들이 반드시 존재합니다. 이로 인해, 상대적으로 선량한 구성원들은 모호한 업무를 추가로 해야 하는 경우, 미처 예상하지 못한 업무를 해야 하는 경우, 과중한 업무에 시달리게 되는 경우 등에 직면하게 됩니다. 따라서 교육을 받을 시간도 부족하고, 교육을 받게 된다 치더라도, 교육 종료 이후 밀린 숙제로 다가올 업무들을 생각하면, 자발적으로 찾아가며 "교육을 받아야겠다."는 의지를 갖기란 어렵기에, 항상 교육은 피동적이고 귀찮은 존재로 전락할 수밖에 없습니다.

# 3P 중에서도 Process

지금부터는 SCM에서 Process와, Process Networking, Process Collaboration 등이 왜 중요한지, 미군의 Military Logistics의 사례를 통해 간략히 알아보도록 하겠습니다.

조직을 경영할 때, 3P(People, Process, Product)의 중요성은 여러분들이 더 잘 알고 계실 것입니다. 21세기 현재, 국제질서와 강화된 윤리, 과학기술의 발달로 인해, 전쟁에서 이긴다고 하더라도 쌍방이 적지 않은 타격을 있을 수 있기에, 물리적 전투나 전쟁 양상이 과거에 비해 쉽게 발생하고 있지는 않지만, 20세기 중반까지는 물리적 전투 또는 전쟁을 통해 상대방을 정복하고 빼앗아 경쟁우위를 높이려는 상황이 자주 발생하였습니다. 전투와 전쟁에서 패배한 조직과 국가는 많은 것을 희생해야 했기에, 패배하지 않기 위해 모든 가용한 수단과 방법, 그리고 자원을 동원하여 전투와 전쟁을 하였습니다. 이로 인해 오래전부터 전투나 전쟁에서 승리하기 위한 요건으로 3P가 매우 중요시됐으며, 20세기 중반까지는 3P를 인류 생활의 질을 높이기 위한 목적보다는, 전투와 전쟁에서 승리하기 위한 목적으로 활용하였다고 해도 과언이 아닙니다.

전체 인류역사를 보면 民·官·軍 중에서, 대부분 官이 우선이었고, 官이 세력 유지를 위해서는 軍을 적극 이용하였습니다. 따라서 모든 조직과 국가가 상대방에게 승리하기 위해 군의 3P 경쟁력 향상 노력을 지속해왔기에, 인류의 역사는 "3P를 이용한 전투나 전쟁의 발달 과정과 연관이 깊다"고 말씀드릴 수 있습니다.

**― Episode ―**

전투나 전쟁에서 People은 병력을, Process는 작전과 군사군수 분야 전술·전략을, Product는 다양한 무기를 나타낸다고 개략적으로 이야기할 수 있습니다.

『군사군수에서 Product는 필요로 조달된 다양한 군수품과 유, 무형의 전투력 또한 해당할 수 있으나, 본서에서는 무기에 국한하여 표현하겠습니다.』

과학기술이 발달할수록 국가 경제력과 연계된 첨단 무기 보유수준이, Process와 People에 큰 영향을 미치고 있습니다. 하지만, 과거 동일한 무기 보유수준에서는 Process와 People이 더 중요하게 작용하기도 하였습니다. 예를 들어 칼과 활만을 무기로 사용했던 시절에는, 병력의 수와 개인의 전투 능력, 제갈공명과 같은 지략가에 의한 전술, 전략 등이 매우 중요하였습니다. 실제로 칭기즈칸은 거대한 제국을 건설하는 데 Process에 해당되는 "속도"를 적극적으로 이용하였습니다.

『칭기즈칸 유럽 원정군의 일일 최대 이동 거리는 130km~150km였습니다.』

하지만, 과학기술의 발달에 따라 국가 경제력과 연계된 첨단 무기 보유수준이, 전투와 전쟁의 결과에 점점 더 큰 영향력을 발휘하고 있기에, 군은 3P를 각각 따로 분리하여 관리하기보다는, 무기체계라는 개념 정립을 통해 최대한 Package화하여 관리하는 것을 지향하고 있습니다.

『**무기체계**(武器體系, Weapons System) : 광의의 무기 체계는 특정한 운용 목적을 달성하기 위한 무기를 중심으로 구성된 주요 장비 및 관련되는 기재, 시설, 기술, 인원 등의 유기적 조직체를 의미. 협의의 무기 체계는 특정한 운용 목적을 달성하기 위한 무기를 중심으로 구성된 주요 장비 및 관련되는 기재의 총체를 뜻함. - 국방과학기술용어사전 -』

이러한 군의 무기체계 개념을, 기업에서는 Product 체계 개념으로 응용이 가능한지 검토해볼 필요도 있다고 생각합니다.

그리고 군의 경우, 전략, 전술 프로세스를 변화시킬 목적으로 무기를 개발하는 경우도 있으므로, 군의 입장에서 Process와 Product 중, "어떤 것이 더 중요한가?"에 대한 질문을 받게 된다면, "닭이 먼저냐, 달걀이 먼저냐?" 등의 딜레마에 빠질 수도 있습니다.

많은 국가들이 경제적, 효율적, 효과적 3P 통합이 가능한 무기체계 정립을 위해, 다각적인 노력을 기울여 왔습니다. 무기체계에서 무기를 적절히 사용하기 위해서는 작전분야의 전략과 전술, 교육훈련 등이 필요하지만, 무기를 획득하고 관리하기 위해서는 국가의 경제력과 연계된 군사군수분야가 필요하기에, 최첨단 무기체계를 지향하는 현대전에서 군사군수(Military Logistics)의 중요성은 더욱 증가했다고 볼 수 있습니다. 미군은 최첨단 무기체계를 구축하기 위해 "Life Cycle Logistics", "Acquisition Logistics", "Performance Based Logistics", "Integrated Logistics Support" 등의 군사군수(Military Logistics) 개념을 정립하고 관련 프로세스들을 발전시켰습니다. 그리고 미군의 영향을 받아, 한국군에서도 상당 부분 벤치마킹하여 현실에 맞게 적용하고 있습니다. 상기의 미군이 정립했던 다양한 군사군수 개념들은, 1·2차 세계대전부터, 6.25 한국전쟁, 베트남전쟁에 이르기까지 전쟁의 교훈을 통해서 대부분 정립된 것이지만, 공통적으로는 "Mass 중심을 완전히 벗어나지 못하였다"는 것이며, 이러한 상태에서 미군은 현대전의 시초라고 이야기하는 걸프전쟁(1991)을 치르게 됩니다.

걸프전쟁은 다양하고도 강력한 하이테크 무기들이 선을 보였던 무대이기도 하지만, 한편으로는 Logistics가 부각된 전쟁이었습니다. 전쟁은 국가 총력전 형태로 이어지기에, 군이 보유하고 있는 자원뿐만 아니라 민간의 모든 자원을 최대한 활용할 수 있는 것 또한 매우 중요한데, 걸프전쟁은 1·2차 세계대전 때보다 더 많은 물자와 장비를 필요로 했기에, Logistics의 역할이 매우 중요하게 대두하였습니다. 그 결과 걸프전쟁은 "Logistics War"라는 칭송 또한 받게 되었고, "William G. Pagonis"라는 Logistics 영웅을 탄생시키기도 하였습니다.

걸프전쟁 당시 물동량 : 항공물동량 52만톤, 해상물동량 950만톤
[50만명이 넘는 부대 인원, 장비와 무기, 탄약, 식량, 의료품, 물 등 1백만 종목의 물자들]

『걸프전쟁 시 보급부대는 13억 갤런의 유류를 소모했으며, 1년이라는 짧은 기간 동안 보급부대와, 그 보급부대와 계약한 운전사들은, 전쟁터에서 약 5천200만 마일의 거리를 운전해야 했고, 이들이 운행한 거리는 달을 100번 이상 완주한 것과 같은 거리였습니다. 군사군수 지원 담당자들은 이러한 임무 외에도 무수히 많은 임무들을 수행하고 달성해야 했으며, 운송과 보급, 창고보관, 유지, 물품 조달, 계약, 그리고 자동 설비가 일률적으로 제 기능을 발휘하도록 총괄적인 책임을 지고 있었고, 이러한 활동을 통해 주어진 목표, 목적, 임무 달성이 가능한 여건 또한 조성해야 했습니다. 그리고 군사군수는 불확실한 것을 다루어야 하기에, 군사군수 지원 담당자들은 예상치 못한 놀라운 일들의 발생 가능성을 제거했다는 확신이 들 때까지, 불확실한 것들을 하나씩 하나씩 제거하는 시도를 해야만 했습니다. - Wil-laim G. Pagonis 저 『Moving Mountains』 번역(로지스올) -』

하지만 미군은 걸프전쟁을 통해, 그동안 유지해 오고 있던 물량 (Mass) 중심의 Logistics 전략과 전술에 문제가 있다는 것을 인지하게 됩니다. 1·2차 세계전쟁과 6.25 한국전쟁을 통해 미군은 물량 (Mass)이 Logistics에서 중요한 역할을 한다는 것을 깨닫고 연합, 합동 등의 "네트워크화"가 이전의 전쟁들보다 더욱 두드러진 걸프전쟁에서도 여전히 물량 중심에서 접근하고 진행하였지만, 각종 전력체계와 전력지원체계의 최신화·다양화로 인해 소요되는 군수품의 양과 종류가 엄청나게 증가한 상태에서의 물량 중심은, 사용하지 못한 많은 군수품을 발생시켰습니다. 예를 들어 컨테이너에 무엇이 들어 있는지 확인하려면 하나하나 개방을 해야 했고, 적기에 개방하지 못한 것은 방치되어 경제성과 효율성 저하로 이어졌고, 때론 전투 환경에 영향을 미치기도 하였습니다.

『1·2차 세계대전, 6, 25 한국전쟁을 통해 축적한 물량 중심의 개념을, 그대로 베트남 전쟁에 적용하였지만 승리하지 못하고 철수하였습니다. 이로 인해 미군은 물량 중심 개념에 대해 고민을 하기 시작하였지만, 여전히 물량 중심 Logistics는 유지되었고, 걸프전쟁에서도 물량 중심 Logistics를 적용하였습니다.』

"Container Unstuffing...What's in it?... Whose is it?"

"8만개의 컨테이너 중 절반을, 내부에 무엇이 들었는지 확인하기 위해 컨테이너를 개방해야만 했음"

전략적! 작전적! 전술적! Logistics 중 무엇이 문제인가?

이로 인해, 미국은 물량 중심에서 벗어나, 바코드, RFID, GPS 등을 활용한 자산 가시화, 자산 위치기반 Logistics 개념을 정립하고 프로세스 구축에 박차를 가하게 됩니다. 그 결과 이라크 전쟁에서 미군은, 자산 가시화, 그리고 위치기반을 이용한 군수품의 위치 추적, 경제성·효율성에 입각한 수요 관리 등을 걸프전쟁 시보다 상당 부분 개선합니다.

U.S. DoD

하지만, 이라크 전쟁(2003)도, 미군에게 작전분야는 물론이고 Logistics 분야에 또 다른 교훈을 주게 됩니다. 그 대표적인 것이 속도(Speed)이며, 속도를 향상하기 위해서는 "올바른 방향과 속도의 프로세스가 반드시 구축되어야 한다"는 것을 절실히 깨닫게 됩니다.

이라크 전쟁에서, 사막의 모래 먼지와 폭풍, 장비의 고장, 그리고 낮밤을 가리지 않는 게릴라의 습격과 엄청나게 늘어난 육상 보급로 (걸프전의 3배인 500km) 등의 제약 조건들은, 후방에 군수품이 있었음에도 이동 중이거나 전방에 위치한 부대들에게, 군수품 부족이라는 예상치 못한 어려움에 직면하게 하였습니다.

『보급품이 도착해 재보급을 받을 때까지 식사도 하루에 한 끼로 제한되었다. - 미 해병대 후안 곤살레스 하사 -, 전투부대 대부분이 고폭탄과 AA 전지가 필요했다. 하지만 보급은 늘 부족했다. - Usa Today 안드리아스톤 기자 - 『천년의 전쟁』에서 인용, 안성규 저』

그리고 최악의 상황에서는 Logistics 속도가 작전속도를 따라가지 못하게 되어, 전투부대가 기동을 하지 못하고 중간에 멈추어야만 했습니다. 따라서 각 군과 제대에 국한되어 지원되도록 구축된 프로세스는 올바른 방향과 속도로 구축된 것이 아니며, 이로 인해, 더 이상 유효하지 않다는 것을 깨달았습니다. 그리고 전쟁 간 유효하지 않은 Process는 People과 Product의 존재 이유 또한 무색(無色)하게 만들었습니다.

SARL Capability And Operation Iraqi Freedom

『육군 5군단(주공)과 해병 1기동군(조공)이 바그다드를 향해 진격하였습니다. 하지만 육군 5군단은 각종 물자의 부족과 예기치 못한 이라크군의 후방공격으로 인해, 나지프 근처에서 진격을 멈추어야만 했습니다. 이로 인해 해병 1기동군은 충분한 전력을 유지하고 있었음에도 불구하고, 지상 구성군 사령부의 지시에 따라 5군단과 수평선상에서 진격을 멈추었으며, 이로 인해 바그다드를 점령하는 데 많은 시간을 지체하였습니다.』

따라서 미 국방부는 미래에 예측불허의 환경과 거리가 늘어난 병참선에서는 지원속도가 작전속도를 따라가지 못할 것이라고 판단하였고, 이를 극복하기 위해서는 "네트워크화된 각 군별 상호지원 프로세스 구축이 필요하다"는 교훈을 도출하였습니다. 그리고 Logistics 지원에 있어 Mass, 그리고 가시성도 중요하지만 "어떠한 방향과 속도로 프로세스가 구축되어 있는지?"가 무엇보다 중요하다는 것을 깨달았습니다. 이를 실현하기 위해, 미 국방부는 다음과 같이 Joint Vision 2020에, SCM을 위한 Logistics 혁신 방향을 제시하고, 실제 구현을 위해 다각적인 노력을 기울이고 있습니다.

U.S. DoD, Department of Defense Logistics Transformation Strategy

**Joint Vision 2020 (Focused Logistics)**

| 물량중심 | 속도중심 |
|---|---|
| Logistics 부대 중심 | 전투(원)부대 중심 |
| 공급(분배)계통 개별 관리 | 공급(분배)계통 통합 관리 |

- **Army : Velocity Management, Single Stock Fund**
- **Air Force : Agile Logistics**
- **Navy : High Yield Logistics, One-Touch Support**
- **Marine Corps : Sense & Respond Logistics**

각 군별 노력

다음으로 이라크전쟁 이후 미군이 추진하고 있는 Logistics 혁신 중에서 Sense & Respond Logistics에 대해 간략하게 소개해 보겠

습니다. Sense & Respond Logistics는 Adaptive Enterprise에서
착안하였습니다. - Stephen H. Haeckel 저 『Adaptive Enterprise』 -

Adaptive Enterprise는 발생하는 즉시 알아내고, 새로운 기회가
사라져 버리기 전에 "빠르고 적절하게 대응하는 전략"을 이야기하고
있습니다. 즉, 기업은 인지(감지), 해석, 결정, 행동 등이 빠르고 적절
하게 진행될 수 있도록, 조직과 Process를 설계해야 하며, 이를 기반
으로 구축된, 정보시스템을 활용한 인지(감지), 해석, 결정, 행동하는
능력 여하에 따라 "성공과 실패가 좌우된다"고 중요성을 강조하고
있습니다.

특히 미 국방부에서는 Logistics 혁신 전략 중에서도, 상기의
Sense & Respond Logistics를 통해, Mass 중심의 지원전략에서
프로세스 중심의 지원전략으로 변화를 꾀하고 있습니다.

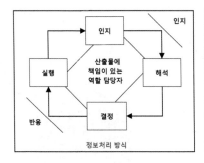

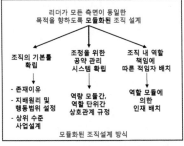

정보처리 방식 · 모듈화된 조직설계 방식

U.S, DoD, Department of Defense Logistics Transformation Strategy

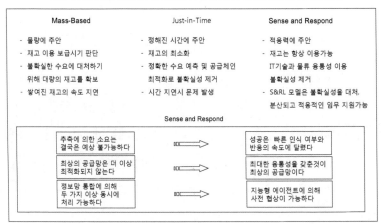

---

**— Episode —**

    미군은 이라크 전쟁을 통해, 작전 분야에서도 Process의 중요성을 깨닫게 됩니다. 단적인 예로, 이라크 전쟁에서는 중무장 상태의 기갑부대가 바그다드로 빠르게 진격하였고, 이와 동시에 대규모의 특수작전부대들이 중무장 기갑부대와 함께 여러 방향에서 빠른 속도로 진격하였습니다. 이러한 속도는 수적으로 훨씬 우세한 이라크 군의 사기를 떨어뜨리게 되었고, 이라크 군은 수적으로 우세함에도 불구하고, 방어나 반격을 할 수 없었습니다.

이것을 경험한 미국의 국방장관 "Donald Henry Rumsfeld"는 프로세스의 중요성에 대해, 다음과 같이 이야기하였습니다. "실제로 이러한 것이 혁신임. 1·2차 세계대전에 사용되었던 기갑부대가 2003년 다시 사용되고 있지만, 종전에는 상상도 할 수 없었던 방법으로 사용되고 있다. 이것은 군사 분야에서의 혁신이, 새로운 첨단 무기를 늘리는 것만을 의미하지 않음을 보여준다. 우리는 우리의 역량 및 전쟁에 대한 사고방식을 바꾸어야 한다. 모든 첨단 무기는 우리가 생각하는 방식, 훈련하는 방식, 싸우는 방식을 바꾸지 않는 한 미군을 변화시키지 못할 것이다."

### - Episode -

조직의 혁신 대상에는, 모든 Process가 포함되어 있습니다. 그리고 Process는 내·외부 환경변화와 연계되어, 보다 올바르고 높은 수준의 방향과 속도를 지향하도록 끊임없이 요구되기 때문에, 조직이 사라질 때까지 최종 완료된 Process는 절대 존재하지 않습니다. 이러한 점을 고려 시, 혁신의 완료 시점 또한 존재하지도 않고, 예측할 수도 없습니다. 그리고 Process는 오직 사람에 의해 다루어지므로, 여러분들은 조직이 추구하고자 하는 방향과 속도를 올바르게 이해하고, 지속해서 Process를 개선하기 위해 노력해야 하며, 더 나아가 개선의 수준을 넘어 혁신을 할 수 있는 열정과 역량 또한 갖추어야 합니다. Finding a Better Process! Everyday, Everyday….

음식의 맛은 재료의 신선함과 요리를 시작하여 음식이 완성되기까지의 프로세스에 의해 좌우됩니다. 대부분의 요리사, 조리사들은, 그들 나름대로 인고의 과정을 통해, 생각하는 방식, 행동하는 방식이 정립된 자신만의 프로세스를 보유하고 있습니다. 같은 종류의 음식을 판매하는 음식점이라도, 어떤 음식점은 고객에게 더 각광받기도 하는데, 비결은 가격, 청결, 친절, 편안함도 있겠지만, 요리사와 조리사가 음식을 만들면서 실행한 프로세스입니다.

아래의 프로세스는 많은 분들이 일상생활에서 겪고 있는 프로세스입니다. 어떻게 하면 혁신적으로 바꿀 수 있을까요?

Naver.com

# 보안, 안전, 환경

■ **보안**(保安)

· 안전을 유지함.

· 사회의 안녕과 질서를 유지함. - Naver 사전 -

■ **안전**(安全)

위험이 생기거나 사고가 날 염려가 없는 상태. 안전한 상태란 위험 원인이 없는 상태 또는 위험 원인이 있더라도 인간이 위해를 받는 일이 없도록 대책이 세워져 있고, 그런 사실이 확인된 상태를 뜻한다. 단지, 재해나 사고가 발생하지 않고 있는 상태를 안전이라고는 할 수 없으며, 잠재 위험의 예측을 기초로 한 대책이 수립되어 있어야만 안전이라고 할 수 있다. - 두산백과 -

■ **환경**(環境)

생물을 둘러싸고 있으며 생물에게 직간접적으로 영향을 끼치는 자연적, 사회적인 조건이나 상황을 말한다. 일상용어로는 가정환경이 좋다 나쁘다든가 사회적 환경이 원인이라는 것처럼, 인간 생활과 깊은 관계가 있는, 인간을 둘러싸는 외계(外界)를 말한다. 이렇게 인간이면 사회적·심리적·교육적인 의미가 있는 일이 많지만, 생물 일반에 대해서는 이들 문화적 환경에 대해 자연적(自然的) 환경이 문제가 된다. 즉, 생물을 둘러싸는 외위가 환경이다. - 두산백과 -

■ **환경**(環境)

인간을 포함한 생명체를 둘러싸고 있으면서 직간접으로 영향을 주는 외적 조건의 총체. 일반적으로 환경은 산, 들, 바다, 동식물, 공기, 물, 기후 등과 같은 자연과 동일시되나, 넓게는 정치, 경제, 사회, 과학, 문화 등 사회 환경과 도시, 공공시설물, 주택, 공장, 도로, 차량 등의 인공 환경까지도 망라하는 경우도 있다. - 중략 - 특히 환경오염과 생태계파괴 등을 이야기할 때 사용하는 환경은 주로 인간의 삶의 조건을 말한다. 환경이 '인간 생존유지를 위한 조건'으로 이해될 때, 환경은 인간 중심적 평가개념으로 된다. 따라서 최근에는 환경문제를 근본적으로 해결하기 위해서는 '환경'이라는 개념보다는 '자연' 또는 '생태계'라는 가치중립적 관계적 개념을 써야 한다는 주장도 제기되고 있다. - 철학사전 -

보안, 안전, 환경에 대해 몇몇 사전적 정의를 인용해 보았습니다. 사전적 정의에서 볼 수 있듯이, 보안, 안전, 환경은 사람과 매우 밀접한 관계에 있을 뿐만 아니라, 인류 문명이 발전하면 할수록 점점 더 중요하게 요구되고 있습니다. 어떻게 보면, 지구상의 모든 생물체, 그리고 사람이 구축해 놓은 모든 조직과 프로세스는 보안, 안전, 환경으로부터 결코 자유로울 수 없습니다.

Logistics는 사람을 포함한 모든 생물체와 사람이 만들어 놓은 모든 것들에 대해 전 지구적 이동이 가능하게 하였고, 기업의 생산지역과 소비지역의 분리 또한 가능하도록 만들었습니다. 하지만, 이로 인해 Logistics는 전 지구적이라는 광범위한 영역과 지역에서 보안, 안전, 환경을 저해하는 요인들로부터 끊임없이 위협을 받고 있으며, 결과적으로 많은 문제점 또한 발생시키고 있습니다. 그리고 이러한 Logistics 문제점들은 SCM에 크고 작은 영향을 미치고 있습니다. 아무리 전략적, 전술적 SCM 구축 방향에, 효율성, 경제성, 효과성이 기대된다고 할지라도, Logistics 문제가 예상된다면 SCM의 이념과 가치를 실현하기 어렵습니다. 따라서 보안, 안전, 환경에 위배되지 않도록 Logistics 개념을 정립하고, 보안, 안전, 환경에 위배되지 않으며 지속 실행 가능한 Logistics Process 구축이, SCM에 있어 매우 중요합니다.

『일부국가의 보호무역주의로 인해, 그리고 시대적 상황에 따라, 기업의 제조시설이 소비지역 인근에 있거나 소비지역으로 옮겨가기도 하지만, 전 지구적으로 제조지역과 소비지역의 분리는 여전히 기업들에게 Merit를 제공하고 있습니다. 이러한 이유로, Logistics는 전 지구적으로 끊임없이 보안, 안전, 환경 이슈에 노출되어 있다고 해도 과언이 아닙니다』

**— Episode —**

일반적으로 기업에서 Logistics를 떠올린다면, 물적유통, 그 안에서도 운송과 저장소 분야일 것입니다. 저장소의 경우, 자동화된 설비가 구축되어 있다면 상황이 다르겠지만, 자동화된 설비가 구축되어 있지 않다면, 운송과 마찬가지로 인력에 의한 의존도가 매우 높을 것입니다. 그리고 제조업인 경우, 운송과 저장소 분야는 TPM 관리영역에서 벗어날 확률이 높아, 체계적인 위험성 관리가 잘 안 될 수도 있습니다. 즉, 운송과 저장소 분야는, 위험성 평가, 매뉴얼 등이 디테일하지 않고 두리뭉실한 상태에서, 인력에 전적으로 의존하여 진행될 가능성이 크다는 것입니다.

　그런데 인력에 의존도가 높은 분야일수록, 사람이 바뀌면 혼란이 발생되며, 사람의 심신 상태나 숙련도에 따라 작업 결과도 다르게 나타날 수 있기에, 사람에 대해 그리고 사람의 손이 닿는 곳에 더 세심한 관심과 정성이 필요합니다. 하지만, 대체로 그렇지 않은 경우가 자주 발생합니다. 즉, "세세하게 어떻게 해라"보다는, "잘해라, 천천히 해라, 안전규정에 맞게 해라, 잘 올리고 내려라." 등 두리뭉실한 이야기를 하곤 합니다. 여러분들은 어떠하신가요? "안전규정대로 해라"라고 이야기할 때, 여러분들은 안전규정을 세부적으로 이해하고 있으며, 상대방은 안전규정을 어떻게 이해하고 있는지 알고 이야기하고 있나요? 인력에 의존도가 높은 분야일수록 체계적으로 교육하고, 어떻게 이해하고 있는지, 교육한 결과가 제대로 시행되고 있는지 끊임없이 확인 감독할 수 있는 프로세스가 필요합니다. 그리고 가능한 한 "어떻게 해라"가 구체적으로 내포된, 세부 매뉴얼을 구축해야 합니다. 어떤 분들은 "그렇게 어떻게 하냐고" 말씀하실 수도 있지만, 불가능한 것은 아닙니다. 이전에 소속되어 있는 조직에서는 장비, 설비에 의존하기도 하지만, 인력에 의존해야 하는 경우도 많았기에, 안전을 추구하며 동일한 결과로 이어지게 하기 위해서는, 어떻게 이해했는지 확인, 어떻게 행동하고 있는지 관찰, 어떤 결과로 이어지는지 평가하는 프로세스를 끊임없이 구축해야만 했습니다. 이러한 경험으로 볼 때, 재차 강조해서 말씀드리면 불가능하지 않습니다.

　예를 들어, 지게차가 있습니다. 지게차는 기업이 취급하는 품목을 한 번에 2개씩 이동할 수 있도록 사양이 갖춰지고 제작되어 있습니다. 그런데, 지나가는 사람이 보고 2개씩 이동하면 위험하니, 1개씩 이동하라고 하였습니다. 그래서 1개씩 이동하게 되었습니다. 그런데 2개씩 이동할 때와 1개씩 이동할 때를 비교해 보면, 안전사고 감소 효과는 없었습니다. 오히려 줄어들기보다는 더 자주 발생하였습니다. 인원과 지게차 증가가 없는 상태에서 1개씩의 이동은, 작업시간, 업무량, 심리적 중압감 등을 증가시켰습니다.

이러한 상태에서, 구성원 중에 급작스러운 이직이라도 발생 시에는, 더 과부하 된 상태로 업무를 해야 했으며, 새로 직원이 채용되더라도 다양한 환경과 현장에 적응하여 숙련되기까지 많은 시간이 필요하기에 과부하는 쉽게 줄어들지 않았습니다. 그리고 교육훈련, 관리·감독 체계, 숙련된 수준 등을 측정할 수 있는 기준도 없다 보니, 기존 인원뿐만 아니라, 신규 채용된 인원도 스스로 알아서 숙련하고 잘 적응해주기를 바랄 뿐이었습니다. "2개를 1개로 들어라"가 중요한 것이 아니라, 2개씩 들면 정말 위험한 것인지 현장과 연계하여 세부적 위험성을 파악하고, 정말 위험하다면 1개씩으로 변경하되, 이러한 변경으로 인해, 현장에는 또 다른 제약이 발생하여 또 다른 위험이 도사리게 되는 것은 아닌지를 검토하는 것이 중요합니다. 그리고 이와 연계하여, 교육훈련, 관리감독 등에 있어서도, 부족한 부분이 발생되지 않도록 체계적인 프로세스를 구축하는 것이 중요합니다. 여러분들은 인력 의존도가 높은 분야에서 깊이 생각해 보지도 않고 즉흥적, "보여주기"식으로 이야기를 하거나, 두리뭉실하게 "잘해라"라는 식으로만 이야기하고 계십니까? 아니면 디테일하게 검토하고 "세세하게 어떻게 작업해라"라고 이야기를 하고 계십니까?

인력 의존도가 높은 분야일수록, "애완견 물들이기"와 연계하여 생각할 필요가 있습니다. 여러분들은 애완견을 키워 보셨나요? 저는 동물을 좋아하는 편이라 애완견을 키워 보았습니다. 그리고 키우던 중에 하얀색 털을 가진 애완견을 갈색으로 보이게 하고 싶어, 갈색 염색을 해보았습니다. 그런데 얼마 되지 않아, 털이 자라면서 하얀색이 보이기 시작하였고, 시간이 지날수록 하얀색은 더 많이 보이기 시작하였습니다. 하얀색 털을 가진 애완견을 항상 갈색으로 보이게 만들기 위해서는, 끊임없이 상태를 확인하고 시간과 노력, 비용을 투자하여 갈색으로 염색해야 했습니다.

# 3장
# 다양한 SCM 숲

*- Various forests of SCM -*

# 뜻만 기억하고 요결은 잊어버려라!

『중국 무협영화 『의천도룡기(1994)』에서 사부 장삼풍(홍금보)은 제자이자 손자인 장무기(이연걸)에게 최단시간 내 태극권을 가르쳐야 하는 상황에 부닥칩니다. 왜냐하면 장무기는 태극권을 제외한 많은 다양한 무술을 연마한 무림 고수였지만, 장무기와 싸워야 하는 상대방이 다른 무술이 아닌 태극권만으로 승부하는 것을 조건으로 내걸었기 때문입니다. 장무기는 단시간에 태극권을 추가로 익혀야 하는 극한 상황이었기에 장삼풍은 긴급히 몇 가지 초식만을 보여주면서 이렇게 이야기를 합니다. "뜻만 기억하고 요결(要訣)은 잊어버려라. 모든 태극권의 요의(要義)를 버리거라. 기억나느냐!" 그러자 장무기는 "잊었습니다. 기억이 나지 않습니다."라는 말과 함께 태극권을 터득하여 상대방을 물리치게 됩니다.』

영화 『의천도룡기』에서, 장삼풍이 장무기에게 태극권을 가르치면서 했던 대사는, SCM을 하고 있는 우리에게 시사하는 바가 있습니다. 제가 1994년에 이 영화를 처음 보았을 때는 별 생각이 없었습니다. 하지만 제가 SCM을 경험하면 할수록, 장삼풍이 했던 대사들을 곱씹어 보게 되었습니다. 장삼풍이 바라보는 장무기는 이미 무술의 근본(根本)을 이해하고 다양한 무술들을 연마한 상태였기에, 장삼풍이 긴급하게 보여준 태극권의 몇몇 초식을, 태극권의 전부인 것처럼 생각하지만 않는다면, "장무기는 스스로 무술의 근본과 연계하여 태극권을 이해하고, 더 많은 초식을 스스로 구현할 수 있다는 것"을 장삼풍은 장무기에게 깨우쳐 주려고 하였습니다. 즉 "태극권을 포함한 각종 무술 나무들이 모여서 무림이라는 하나의 숲을 이루고 있으며, 숲을 구성하고 있는 나무들은 생김새만 다를 뿐, 모두 같은 땅에 뿌리를 내려 양분을 공급받고 있다"라는 것을 이야기하고 있습니다.

20대 중반부터 시작한 저의 지난날들을 돌이켜 보면, "여러 조직과 보직을 옮기면서" 근본을 생각하기보다는, 상황에 따라 어떤 특정 부분이 매우 중요한 것처럼 집착하고 진행하였던 기억이 있습니다. 즉 숲을 보고, 숲이 어떻게 이루어졌고, 숲이 어떻게 유지되고 있는지 등, 전체를 제대로 들여다보지 않은 상태에서, 특별히 눈에 띄는 큰 나무 중에서 썩은 나무만을 중요하게 생각하고 골라내는 방식이었습니다. 그리고 썩은 나무만 골라내면 숲의 나무 중에는 썩은 것이 더는 없으며, 향후 숲에는 더 이상 썩은 나무가 발생하지 않을 것처럼 생각하고 이야기하기도 하였습니다. 물론 썩은 나무를 제거하는 것도 중요하지만, 왜 숲에서 그 나무만 썩게 되었는지?, 썩은 나무로부터 영향을 받은 나무들은 없었는지?, 썩은 나무를 제거하면 나무 주위와 숲에 어떤 영향을 미치게 되는지?, 썩은 나무는 그동안 숲에 어떠한 영향을 미쳐 왔는지?, 또다시 썩은 나무가 발생할 가능성은 없는지?, 나무가 썩지 않게 하려면 어떻게 해야 하는지? 등이 더 중요하지만 역량을 집중하여 깊게 고민하지 않았습니다. 하지만 이러한 방식의 사고는 근본을 제대로 알지 못한 상태에서 "보여주기"식, 부분 최적화 등에 그치게 되는 경우가 많아, 시간이 지나면 지날수록 다른 병목(Bottleneck)들을 유발하기도 하였습니다.

지금껏 제가 경험한 SCM은 조직에 따라 각기 다른 모양의 숲을 형성하고 있었습니다. 숲을 이루고 있는 나무의 크기와 종류도 달랐고, 썩은 나무의 수량에도 차이가 있었으며, 숲의 규모도 달랐습니다. 하지만, 모든 숲은 땅을 근간으로 하며, 나무들이 땅에서 양분을 공급받고 있다는 사실은 동일하였습니다. 이러한 의미에서 볼 때, 어떤 조직이든 다양하게 적용할 수 있도록 SCM의 본질을 제대로 이해하는 것이 중요하지, 특정 기법들에 치우쳐 SCM을 생각하는 것은 바람직하지 않습니다.

『숲을 보지 못하거나 보려고 하지 않고, 잘 보이는 썩은 나무만 제거하는 것은, 상대방에게 빨리 뭔가 잘하고 있는 것처럼, 역량이 있는 것처럼 보일 수 있습니다. 이로 인해 썩은 나무만 제거하는 것을 주도했던 사람은 능력을 인정받게 되어, 승진하거나 보다 나은 직책과 조직으로 옮겨갈 수도 있는데, 문제는 썩은 나무만 제거됨으로 인해 발생하는 각종 이슈는, 주위에 남아있는 구성원들이 모두 부담해야 한다는 것입니다.』

SCM은 특정 조직이나 개인에 전적으로 의존해서 되는 것이 아니고, 끊임없이 조직 전체의 지대한 관심과 참여가 요구되기에, 조직 전반의 적극적인 동참과 공감대 형성을 위해, "SCM은 누구나 할 수 있고, 누구나 SCM을 하고 있기에, 누구나 SCM 전문가입니다."라는 이야기를 간헐적으로 한 적이 있었습니다. 그러자 전체 최적화보다는 부분 최적화 위주로 경험을 해왔던 일부 구성원 중에, "SCM을 이미 경험해 왔기에 SCM 역량을 충분히 보유하고 있다"는 태도로, SCM에 자신감을 나타내기도 하였습니다. 하지만 문제는, 시간을 가지고 SCM을 제대로 이해하고 전체를 보려고 하기보다는, 일부분에만 집착하거나, 단순히 큰 조직의 사례를 그대로 모방하는 데 그치거나, 겉으로 일하는 티가 나는 분야, 그리고 최고 경영자가 관심을 두는 분야만을 단기간에 집중 부각해, SCM이라는 명목으로 진행을 하려고 하는 것이었습니다. 이러한 과정에서, 빠지지 않고 등장했던 것은 정보시스템이었으며, 정보시스템을 마치 SCM인 것처럼 간주하는 현상이 두드러지기도 하였습니다. 하지만 정보시스템도 전체 최적화 관점이 아닌, 최고 경영자가 관심을 두는 일부 구간 데이터 구현에만 주안을 두었습니다. SCM은 단순 정보시스템 관리가 아닌 전체 Process를 관리하는 것이며, 정보시스템은 SCM을 조력(Support)하는 역할입니다. 따라서 일부 구간에 국한된 데이터만을 개선하고, 단기간 특정 구간에 지표를 설정해 놓는다고 해서 SCM이 되는 것이 아닙니다. 이러한 현상은 SCM에 대한 이해도가 낮고, SCM을 너무 단순하고 쉽게 생각해서 발생할 수도 있지만, 저의 경험으로 비추어 볼 때는, SCM 관련 교육이나 경험의 유(有), 무(無)와는 별개로, 부분 최적화 또는 편협(偏狹)화 위주의 경험과 사고에 장기간 길들어 있거나, 이기주의 또는 개인주의 등의 개인차에 의해, 그리고 숲을 바라볼 줄 모르고 시스템적 사고를 할 줄 모르는 안목이나 역량을 가진 구성원들에게서 자주 나타나는 현상이기도 하였습니다.

- Episode -

정보시스템이 구축되어 운영 중이었지만, 정보시스템에 반영된 프로세스의 부실과 일부 프로세스의 누락 등으로 인해, 경영정보로 활용될 수 없는 수준의 데이터가 생성되고 이슈들 또한 끊이지 않아, 정보시스템으로서의 존재 이유가 낮아진 상태였습니다. 이를 개선하기 위해 내부의 특정 기능에서 주관하게 되었고, 전사적으로 기능별 담당자가 지정된 후 처음 진행하는 자리에서, 회의를 주관하는 기능의 최고 상급자는 다음과 같이 이야기를 하였습니다. "기능별로 알아서 검토 후, AS - IS와 TO - BE에 대해 2주 뒤에 발표하세요." 이런 이야기는 계급의 고하(高下), 직급을 떠나 누구나 할 수 있는 이야기입니다.

정보시스템은 이미 구축되어 운영 중인데, 데이터의 신뢰성이 떨어지고 끊임없이 이슈가 발생한다는 것은, 정보시스템 구축 PI 단계부터, 기준 정보들과 프로세스에 대한 검토가, 기존 수준이나 관행을 벗어나지 못하고 미흡하였다는 것을 의미합니다. 그리고 아이러니하게도, 이렇게 만든 장본인은 내부 구성원들이라는 것입니다. 그런데 내부 구성원들을 모아 놓고 알아서 다시 해오라고 하는 것은 어불성설 아닐까요? 일하는 방식에 변화를 주지 않는다면, 결국 똑같은 일을 반복하게 되는 것이 아닐까요? 개략적으로 예를 들면, 이러한 경우 기능별 알아서 검토 및 발표하라고 하기보다는, 적어도 주관하는 기능과 상급자가 전체를 바라보며, 정보시스템 프로세스와 현실 프로세스를 모두 비교해 보기도 해야 합니다. 그런데 행사의 사회자 역할 수준에서 이야기하고, 알아서 해오기를 바라며 방관하는 자세로 임한다면 제대로 진행이 되겠습니까? 당연히 제대로 될 리가 없습니다. 결국 기능별 정해진 순서대로 발표하고 난 이후, 소리 소문도 없이 더 이상 진행되지 않았습니다.

여러분들은 어떻게 생각하시는지요? 혹시, 모든 원인이 기능별 담당자들의 능력 부족 때문일까요? 물론 기능별 담당자들의 능력 부족일 수도 있습니다. 하지만 방관 (傍觀)하면서, 주관한다고 생색은 내면서, 기능별 담당자들이 제대로 된 검토 결과를 가지고 오기만을 바라는, 주관 기능과 상급자의 태도도 문제입니다. 행사 사회자 역할 수준에서 진행하거나 결정하는 방식은 누구나 할 수 있습니다. 여러분들은 누구나 할 수 있는 수준의 생각과 말과 행동을 하면서, 주위에는 대단한 것처럼 이야기하고 있지는 않습니까? 그리고 여러분들은 생각하고 행동하는 수준에 비해, 과분한 직급과 직책을 부여받고 있지는 않습니까? 그리고 여러분들은 어떤 일을 추진할 때 얇고 좁은 시각에서 방향을 설정해 놓고, 잘 안 되면 타인과 하급자들을 책임의 대상으로 내몰고 있지는 않습니까?

# SCM 어떻게 해야 하나요?

우리는 대중매체 및 컨설팅 등을 통해, 수많은 기업의 성공과 실패 사례를 접하고 있으며, 성공과 실패의 사례 안에서 성공을 위한 대안 또는 실패의 원인으로, SCM을 몇 손가락 안에 꼽는 경우를 자주 접하곤 합니다. 그래서 SCM에 대해 조금이라도 직·간접적으로 접해보았거나 고민해 본 기업이라면, 높은 수준의 SCM을 희망할 것입니다. 하지만 SCM을 하면 좋아진다는 것은 알겠는데, SCM의 범위가 방대하고 복잡하다 보니 SCM을 어디서부터 어떻게 해야 할지 고민인 것이 현실입니다. 게다가 SCM에 대해 접할 수 있는 내용이 대부분 결과 위주의 사례이고, B2C 형태의 특정 분야에서 고객들과 성공적 SCM을 이루었다는 내용이 주를 이루다 보니, 벤치마킹을 검토하기도 쉽지 않습니다.

이로 인해, 특히 중견, 중소기업 입장에서는 이론과 사례 위주의 강의나 책을 통해, SCM을 이해하고 실천하는 데 적지 않은 어려움에 처하기도 합니다. 게다가 중견, 중소기업이 처한 현실은, SCM에 대한 연구나 검토를 자체 진행할 수 있는 구성원 수준이나 여건을 갖추지 못한 경우가 많아, 기존 기능(부분) 위주의 관행에서 벗어나, 전체 Process에 변화를 주고 일정 기간 수작업을 통해 검증하는 노력을 자체적으로 진행하기보다는, 우선 정보시스템 도입에 의존하려는 경향이 높습니다.

정보시스템 도입에 의존하는 경우, Package 안에 있는 단기간 PI에 의존하여 Process를 변화시키고 재정립해야 하는데, 생각보다 쉽지 않습니다. 왜냐하면, 기능별로 선발된 구성원이 기존에 하던 일들을 제쳐놓고 온전히 TFT에 집중하는 것은 제한되고, 갑작스럽게 단기간 진행되는 특성상 워밍업이 부족해 전사적 공감대 형성이 어려우며, 때로는 기능(부분)별 Process의 경계를 무너뜨리고 새롭게 정립이 필요한 경우, 결정권이 있는 상급자들이 올바른 방향과 속도로 합의나 의사결정을 해주어야 하는데, "책임 있는 결정"의 부재로 인해 기존 관행에서 크게 벗어나지 못한 수준으로 마무리될 가능성 또한 높기 때문입니다. 그래서 정보시스템을 구축했지만, 현실과 괴리감이 있고, 항상 이슈가 끊이지 않는 이유가 여기 있습니다. 따라서 SCM에 대해 눈을 뜨려고 할 때 무조건 정보시스템 구축을 떠올리기보다는, 우선 내부적으로 Process에 대해 고민하는 노력이 필요합니다.

단, 내부 각 기능(부분)에서 제각각 고민하는 것은 지양합니다. 왜냐하면 이러면, 전체 최적화 관점에서 연관성을 생각하지 않고, 자신의 분야만 보고 일을 진행하게 될 가능성이 매우 크며, 이로 인해 다른 부분에도 적지 않은 영향을 미치게 되어, 결국 또 다른 제약을 발생시킬 가능성이 존재하기 때문입니다. 이를 예방하기 위해서는, 전체 최적화 관점에서 Head Control을 할 수 있는 기능과 기능 간 역할과 책임을 정립하여, 각 기능(부분)이 상호 연계됨은 물론 통합적으로도 검토가 이루어질 수 있도록 해야 합니다.

간혹 어떤 분들은 몸담고 계시는 업종을 구체적으로 이야기하시면서, "SCM을 어떻게 해야 하는지." 구체적으로 물어보시는 분들도 계십니다만, 구체적 방향이요? 글쎄요, 저도 잘 모르겠습니다. 제가 20년간 다양한 조직에 몸담아 오면서 느낀 점은, 조직마다 Logistics Management를 위한 기반과 Logistics Management를 유지하는 수준과 방향 모두 달랐으며, 구성원들의 생각하고 행동하는 수준과 방향 또한 모두 달랐습니다. 어떤 조직에서는 당연히 받아들였던 것들을, 어떤 조직에서는 이해시키기조차 어려웠으며, 상식적 수준의 기반조차 마련되지 않아 맨땅에 헤딩해야 했던 적도 많이 있습니다. 따라서 많은 선구자 분들의 강의, 책, 컨설팅 등의 기반에, 저의 경험을 살짝 얹어서 일반적으로 이야기해 드릴 수는 있지만, 여러분들이 소속된 조직의 실정에 맞는 구체적 SCM 방향을 이야기해 달라고 하시면 글쎄요, 단시간에 말씀드리기 어렵습니다. 왜냐하면 SCM의 올바른 방향과 속도를 검토하는 데 필요한 것은 Process인데, Process를 들여다보지 못한 상태에서, 구체적인 SCM 방향과 속도를 이야기한다는 것 자체가 제한되며, 설상가상으로 예측 불가한 조직문화와 사람의 변수 또한 존재하기 때문에 쉽사리 말씀드리기 제한됩니다.

예를 들어 S&OP에서 Business Rhythm과 그나마 적절한 인원의 참석 정례화가 어느 정도 정착되기까지 1년 넘게 소요된 적도 있습니다. 설마 하시는 분들도 계시겠지만, SCM 본질을 제대로 이해하지 못하고 기능별 부분 최적화 형태를 유지해왔던 조직, 그리고 시스템이 아닌 사람에 의해 운영되었던 조직에서는, Business Rhythm과 적절한 참석 인원 정례화조차도 쉬운 일이 아니었습니다. 생산적 측면에서 앞으로 나아가기 위한 다양한 시도는, 그 이후에나 가능하였습니다.

따라서 당장 어떻게 해야 할지 모르겠지만, SCM에 눈을 뜨고 싶고 SCM을 잘하고 싶다면, 우선 Process에 초점을 맞추어 진행할 것을 권유드립니다. 특히, SCM에 대한 이해도가 낮고, 기능별 부분 최적화, 시스템이 아닌 사람, 관행과 매너리즘이 강한 조직일수록 Process부터 접근하는 것이, 혁신의 일환으로 여겨지는 SCM에 대한 거부감이 덜 할 수 있습니다. 왜냐하면 "서당개 3년이면 풍월을 읊는다."는 속담처럼, 조직과 구성원의 수준에 상관없이, 어떤 조직이든 "Process를 잘 구축해야 한다."와 유사한 이야기들을 많이 들어보았을 것이고, 3P 중에 People과 Product의 중간에 위치하는 Process를 새롭게 구축하고, 변화시키고, 소멸시키는 것은 People과 Product 양쪽 모두에 영향을 미치기 때문입니다.

**- Episode -**

SCM이 생소한 기업에 근무하시는 분들에, 다음과 같은 질문을 받을 때가 있습니다. "강의와 책을 통해, SCM을 제대로 하게 되면 긍정적인 효과를 볼 수 있다는 것은 알겠는데, 실제 현실에서 어떻게 적용을 해야 할지 모르겠습니다. SCM을 어떻게 해야 하나요?" 그러면 저는 다음과 같은 내용 위주로 말씀을 드리곤 합니다.

SCM에 대한 강의나 책에서는, 필요한 요소들 그리고 나아가야 할 방향들을 이야기합니다.

그런데 강의나 책에서 이야기하는 필요 요소들과 방향들은, 여러분들이 근무하시는 기업의 현실과 비교해 보았을 때, 여전히 이론과 이상에 가까울 수 있습니다. 왜냐하면 전체를 보라고 하는데, 전체를 보자니 조직운영 여건과 직급의 한계가 있을 수 있고, 이야기되는 내용의 대부분이 특정 B2C 분야이다 보니, 공감대를 형성하기에 어려울 수도 있기 때문입니다. 따라서 여러분들이 기업에 입사 후, SCM의 본질을 이해하고 추구하는 이념과 가치를 기업 현실과 연계하여 다양하게 고민해보지 않았다면, 여러분들께서 SCM을 "이론적이고 이상에 가깝다"고 느끼시는 것은 당연할 수 있습니다.

게다가 강의나 책에서 제시된 기업들의 사례는 결과 위주의 이야기를 하고 있습니다. 정작 여러분들이 궁금한 것은 그러한 결과가 나오기까지 "과정이 어떻게"가 궁금한 것인데, 대부분 보안상의 이유로 과정이 세부적으로 거론되지는 않습니다. 만약, 여러분들이 몸담고 있는 기업의 업(業)종과 고객과의 관계, 매출이나 조직의 규모, 조직문화와 CEO의 경영방침, 프로세스 등이 유사하거나 같다면, 결과만을 가지고도 보다 쉽게 이해할 수 있겠지만, 사례가 제시된 기업은 여러분들이 근무하는 기업과 어느 것 하나 동일하지 않기에 이해하기가 쉽지 않습니다.

여러분들이 기업생활을 하면서 이미 느껴 보았겠지만, 교육받은 이론을 현업에 그대로 적용할 수 있던가요? 그리고 경력직으로 입사한 경우, 현재 근무하고 있는 곳과 이전에 근무했던 곳을 비교 시, 프로세스와 조직문화가 같던가요? SCM은 업(業)종의 특성, 규모, 재무상태, 조직문화, 구성원들의 수준, 고객, 그리고 조직의 업무하는 방식과 생각하는 방식이 반영된 프로세스 등에 따라 다르게 나타날 수 있으므로, 여러분들이 근무하는 기업에 실제 적용하는 방법과 방향은 여러분들이 직접 고민하여야 합니다. 기술은 일정 수준까지 쉽게 모방할 수 있어도, 보다 나은 기술을 만들어 낼 수 있는, 생각하고 행동하는 방식이 내포된 Process와 조직문화는 쉽게 모방할 수 없습니다.

만약 여러분들께서 SCM을 인문학적 관점에서 제대로 이해하고 고민하기 시작하셨다면, 기업이 추구하는 업(業)종에서 경쟁력 있는 SCM을 구축할 수 있는 전문가는, 실제 몸담고 있는 여러분들이라는 것을 깨달았을 수도 있습니다. 왜냐하면, 여러분들이 몸담고 있는 기업의 업(業)종과 조직문화를 가장 잘 이해하는 주체도 여러분들이고, 프로세스의 장단점을 가장 잘 알고 있는 주체도 여러분들이며, 실제 구축을 해야 하는 주체도 여러분들이기 때문입니다. 아이돌 무대를 꾸미는 데 있어 소속사가 직접 기획하는 것보다, 해당 가수들이 직접 아이디어를 통해 기획하는 것이 더 좋다고 합니다. 짧게 주어진 무대에서 임팩트 한 인상을 주어야 하는 것은 소속사가 아니라 가수들인데, 소속사가 기획하게 되면 수동적이며 한계가 있고, 가수들 스스로 아이디어를 제시하고 기획을 하게 되면 능동적이며 창조적이기 때문입니다.

한국의 축구 국가 대표팀 성적이 부진할 때마다 고액 연봉을 제시하며 외국의 유명한 감독을 영입한 경우가 많습니다. 하지만 거스 히딩크 감독을 제외하고는, 월드컵에서 4강 이상의 신화를 이끌어낸 감독은 아직 없습니다. 다른 감독들은 거스 히딩크 감독보다 축구를 잘 몰라서 4강 진입을 못 하는 것일까요? 아니면 지금의 선수 개인별 실력이 월드컵 4강 신화 때보다 부족해서일까요? 헌법이나, 관습, 제도 방식 등을 한 번에 깨뜨리고 새로운 것을 급격하게 세우는 혁명이나, 북한 체제처럼 공포를 통해 불법적이고 강력한 힘을 이용하는 경우 등을 제외하고는, 외부에서 조직 내부의 생각하고 행동하는 방식을 급격히 변화시키는 것은 한계가 있습니다.

따라서 여러분들이 소속되어 있는 기업의 SCM은, Top Down 방식이든 Down Top 방식이든, 여러분들이 기업의 실정에 맞게 방향이 설정되도록 유도하고 직접 실행해야 하므로, 지금부터라도 SCM의 이념과 가치를 현실에 접목하여 다양한 고민을 시작해 보시는 것이 어떠하겠습니까? 그리고 여전히 어떻게 접근해야 할지 모르겠다면, 주위의 작은 프로세스를 시작으로 여러 기능에 넓게 걸쳐 있는 프로세스에 이르기까지 표준화, 단순화를 추구해 보는 것이 어떠할까요?

**- Episode -**

B2B 기업에 있는 B군이, SCM에 눈을 떠보고 싶어 수요예측과 CPFR(Collaborative Planning Forecasting & Replenishment)의 중요성에 대해 이야기하는 책을 읽었습니다. 그리고 뭔가 가슴 한구석에서 벅차오르는 느낌을 받았기에, 내외부적으로 다양한 문의를 통해 현실 적용 가능성을 검토해보았지만, 결국 현실의 제약으로 인해, 책에 있는 내용은 이상적인 방향일 뿐, 실현될 수 없다는 것을 깨닫게 됩니다. B군은 SCM을 어떻게 생각할까요?

B2B의 형태의 많은 중견, 중소기업들의 경우, 고객사에서 여건을 제공해주지 않는다면, 이상과 현실에서 많은 괴리감을 느낄 수밖에 없습니다. B2B보다 수요예측과 CPFR이 더 어려울 수 있는 B2C의 경우, 공급자 입장에서 다양한 시장조사와 마케팅, 전술·전략적 유통 프로세스나 시스템을 구축하는 등 자체 노력을 시도해볼 수도 있지만, B2B의 경우 고객사의 의지가 없다면 공급사에서는 노력조차 해볼 수 없습니다. SCM 관련 전공도서나 강의들을 통해 배운 것들을 여러분들의 현실과 한번 비교해 보십시오. 배운 내용을 그대로, 즉시, 손쉽고 간단하게, 현실에 적용할 수 있던가요? 이러한 이유로, 여러분들이 소속되어 있는 기업의 SCM은, 여러분들이 열정과 인내를 가지고 끊임없이 도전해야 합니다. 그렇지 않으면 이상과 현실의 괴리감

에 의해, SCM에 대해 눈을 새롭게 떠보려고 하더라도, 단기간에 포기하거나 흥미를 잃게 될 수 있습니다.

B2B에서는 공급사와 고객사가 상호 Win-Win 할 수 있도록 프로세스가 형성되어 있느냐, 아니면 갑과 을의 관계로 형성된 프로세스냐에 따라, SCM에 미치는 파급 효과에는 많은 차이가 있습니다. SCM을 기업 내·외부 Supply Chain의 최적화로 이야기하기도 하고, SCM의 출발점은 고객의 수요라고 하기도 하지만, 공급사와 고객사 간에 올바른 방향과 속도로 프로세스를 구축하기 어렵다면, 공급사인 중견, 중소기업의 SCM은 내부 또는 일부분에 국한된 수준에서만 진행될 수밖에 없습니다. 그리고 갑과 을의 관계가 심하고, 갑의 처지에 치우친 SCM이 유지되고 있고, 이러한 분위기에서 B2B를 하고 있는 중견, 중소기업의 경우, 고객사에게 배우고 영향받은 대로 본인들의 공급사와 SCM을 유지할 가능성이 큽니다. 왜냐하면 SCM에 대한 교육이나 경험이 부족한 중견, 중소기업의 경우, 대기업 고객사와 거래를 하는 과정에서 SCM에 대해 눈을 뜨게 되는 경우가 많은데, SCM에 대한 전문적 식견이 없다 보니, 고객사에게 배운 대로, 경험한 대로, 본인들의 공급사에게 행동할 가능성이 매우 크기 때문입니다. 즉, 배운 대로, 경험한 대로 SCM 또한 대물림될 수 있습니다. 그리고 좋지 않은 방향으로 SCM을 대물림하는 현상이 증가할수록, 소규모 기업들은 사업하기 어려운 환경에 처하게 된다는 것을 암시하며, 눈에 보이지 않을 뿐, 국가적으로도 Loss가 발생하고 있다는 것을 암시합니다.

# 4장

# S&OP에 대한 오만과 편견

*- Pride and prejudice against S&OP -*

# 오만과 편견

"오늘날, 사람들은 여전히 사랑에 빠지고, 사랑하면서도 여전히 상대에 대한 편견을 갖고 있으며, 여전히 자존심을 내세웁니다. 『오만과 편견(Pride & Prejudice, 2005)』은 사랑을 할 때 상대방을 이해하기 위해 어떻게 노력해야 하는지에 관한 러브스토리입니다." - 조 라이트 감독 -

Naver 이미지

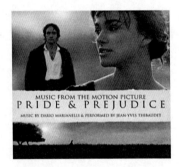

편견은 내가 다른 사람을
사랑하지 못하게 만들고,

오만은 다른 사람이
나를 사랑할 수 없게 만든다.

제인 오스틴, 오만과 편견 중

2005년에 개봉한 『오만과 편견』은 로맨스, 멜로드라마 장르로 키이라 나이틀리, 매튜 맥파든 두 영국 배우가 열연했던 영화입니다. 그냥 언듯 보기에는 사랑을 주제로 한 영화인 것 같아, 별로 관심이 없었다가 우연한 계기에 보게 되었습니다. 막상 보면서도 정말 지루할 거라고 예상했던 이 영화를, 저는 조 라이트 감독의 세심한 연출과 매튜 맥퍼딘, 개인적인 팬이기도 한 키이라 나이틀리 두 영국배우의 탄탄한 연기력 덕분에 지루하지 않게 볼 수 있었고, 오만과 편견을 가진 두 남녀가 "상대에게 어떻게 노력해야 하는지"를 보면서, 가족과 특히 아내에 대한 미안함을 느끼게 되었고, 주마등처럼 스쳐 지나가는 많은 기억에 대한 반성과 고민 또한 병행되었습니다. 그리고 가정생활, 개인생활, 조직생활을 하면서, 상대방을 이해하기 위해서는 어떻게 노력해야 하는지?, 스스로 많은 생각에 잠기게 한 영화였습니다. 여러분들께서는 S&OP를 이야기하는 부분에서『오만과 편견』영화 이야기가 등장하여 뜬금없다고 생각할 수도 있습니다. 제가 S&OP에 대해 이야기하는 대목에서『오만과 편견』영화 이야기를 먼저 꺼낸 것은, 영화를 보면서 이상하게도 SCM과 SCM 중에서 S&OP가 생각났기 때문입니다.

SCM에서 중요한 역할을 하는 분야들이 있습니다. 그중에서도 올바른 방향과 속도의 프로세스로 구축된 S&OP는 SCM에 매우 긍정적인 영향을 미칩니다. 하지만 구성원들의 다양한 오만과 편견으로 인해, S&OP를 현실에서 올바른 방향과 속도의 프로세스로 지향하기란 그리 쉽지 않습니다. 따라서 SCM에 대해 새롭게 눈을 뜨려고 하는 기업에서, S&OP 관련 흔히 발생할 수 있는 오만과 편견들에 대해 간략하게 몇 가지만 이야기하고자 합니다.

### S&OP는 제조업에서만 시행되는 것이다

국내에서 S&OP를 전문적으로 시행하는 조직은 주로 대기업 부류이며, 이러한 대기업 부류의 업종은 보편적으로 제조업 형태를 띠고 있습니다. 이로 인해 S&OP를 제조업의 전유물로 착각하는 경우가 종종 있습니다. 하지만, S&OP는 수요공급 간에 불확실성이 제거되도록 관리하는 프로세스로서, 기업에서 사용하는 용어가 S&OP일 뿐, 이념적으로 접근해보면, S&OP를 제조업의 틀에 한정하여 생각하는 것은 무리가 있습니다.

업종별 Sales를 개략적으로 나열해 보면, 제조업은 고객이 만족하는 제품을 생산하여, 유통업에서는 고객이 만족하는 상품을 유통해, 운송업에서는 승객과 화물을 목적지까지 이동시켜, 외식업에서는 고객이 만족할 수 있는 맛과 질의 음식을 제공하여, 병원은 양질의 의료행위를 제공하여 발생시키게 됩니다. 그리고 Sales를 위해, 유통업은 고객이 원하는 품질의 상품이 공급할 수 있도록, 운송업은 고객이나 화물이 신속하고 안전하게 목적지 도착이 가능하도록, 병원은 환자가 조기에 질병에서 벗어나 일상생활이 가능하도록 여건과 프로세스를 구축하게 됩니다. 이렇게 제조업뿐만 아니라 유통업, 서비스업, 의료업 등에서도 매출을 일으키기 위해 다양하게 수요를 검토하고, 공급 인프라 구축을 위해 다양하게 노력하는 것 자체가 S&OP를 하고 있는 것입니다.

그렇다면 공공기관과 군(軍)은 어떠할까요? 공공기관에서의 Sales는 국민이 불이익을 받거나 불편함을 느끼지 않도록 제공하는 양질의 서비스라고 할 수 있으며, 보다 나은 서비스 창출을 위해 각종 시설물과 제도를 개선하고, 편리화, 간소화가 가능하도록 운영 여건이나 프로세스를 구축하게 됩니다. 간혹 서비스가 좋지 않은 공공기관을 볼 수 있는데, 이러한 경우는, 구성원들이 생각하고 행동하는 근본에, 조직의 존재 이유가 명확하게 정립되어 있지 않으며, 조직 내부에 조직의 존재 이유와 연계된 S&OP 철학을 보유하지 못하고 있을 가능성이 큽니다. 군(軍)의 Sales는 평시에는 유리한 상황을 조성하여 전쟁을 억제하고, 전시에는 전투나, 전쟁에서 국가와 국민, 그리고 아군에게 유리하도록 적에게 효과적이며 치명적인 타격을 입히는 것입니다. 그리고 이를 위해 지휘, 통제, 협조 기구 성격인 CSSOC(Combat Service Support Operation Center), FSCC(Fire Support Coordination Center), COC(Combat Operations Center) 등 다양한 센터와 인프라를 구축 및 운영하고 있습니다. 지금까지 내용을 토대로 요약해 보면, 지구상에 존재하는 모든 조직은 "제대로 잘하고 있든 못하고 있든지 간에" 사용하는 용어와 시행하는 방식이 상이할 뿐, S&OP 근본이념을 실천하려고 노력하고 있습니다.

『군의 지휘통제협조 기구들은 기업의 S&OP보다 더 오래되었고, 단지 품목과 용어에 차이가 있을 뿐, 추구하는 이념과 Process적으로 운영되는 방식은 유사합니다. 그리고 기업의 S&OP 수준이 더욱 발전하기 위해서는, 군의 CSSOC, FSCC, COC 등의 개념이 모두 통합된 수준으로 S&OP가 구축 및 운영되어야 합니다. 이러한 의미에서, 기회가 된다면, 기업의 S&OP를 운영하는 구성원들이, 군의 지휘통제협조체계를 제대로 이해할 수 있는 교육을 받는 것도 나쁘지 않다고 판단됩니다.』

## 수요·공급 관련 협의는 약속된 S&OP 회의에서만 하는 것이다

APICS(American Production and Inventory Control Society : is a professional association for supply chain management and a provider of research, education and certification programs.)에서 이야기하는 S&OP는, 사전 계획된 비즈니스 리듬에 의해 진행되는 월 단위 Cycle 프로세스이지만, 실제 기업에서는 월 단위 외에 주 단위 Cycle 프로세스로도 진행되고 있습니다. 하지만, 주 단위로 시행하든, 월 단위로 시행하든 기업에서 정립한 S&OP 프로세스가, 그 기업의 여건과 수요공급 특성에 적합한 상태로 구축되어 있다면, 주 단위, 월 단위 시행에 있어 "어떤 것이 더 좋다"를 구분하는 것은 그리 중요하지 않습니다. 즉, 월 단위, 주 단위 등의 주기는 기업의 특성에 맞게 정립하여 시행하면 되는 것이고, 중요한 것은 월 단위, 주 단위로 S&OP 프로세스를 정립하고 시행하면서, 정례화되거나 협의된 날짜에만 수요공급 결정 이야기를 하는 것처럼 S&OP를 바라보지 않도록 하는 것입니다.

예를 들어 "주 1회 S&OP를 하는 경우" 어떤 이슈가 발생하면 "돌아오는 S&OP 시 이야기를 하자"고 대수롭지 않게 이야기하거나 실제 그렇게 생각하고 행동하는 경우가 종종 발생합니다. 며칠 있으면 S&OP가 돌아오니 그때 이야기해도 그리 문제 되거나 급할 것이 없다고 생각하는 것일까요? 외국인 노동자들이 작업 현장에서 배우는 한국말 중의 하나가 "빨리빨리"입니다. 그런데 현장은 "빨리빨리"보다는 작업 매뉴얼에 맞게 해야 합니다. 오히려 "빨리빨리" 해야 하는 것은 현장이 급하게 돌아가지 않도록 계획하고 의사 결정하는

Step에서 올바른 방향과 속도로 "빨리빨리" 해야 합니다. 실시간 발생하는 크고 작은 이슈를 가지고 있다가 S&OP 회의에서만 이야기를 하려고 한다면, 이슈마다 조직에 미치는 영향은 다르겠지만, 조직 전반의 인지·대응 속도에 좋지 않은 영향을 미칠 가능성이 큽니다. 그리고 굳이 S&OP에서 이야기할 필요가 없는, 즉 실무자 선에서 협의하고 결정할 수 있는 수준의 자잘한 이슈까지 한꺼번에 몰아서 거론된다면, 회의가 매끄럽지 않게 운영될 수 있으며, 설상가상으로 회의 구성원들에게 사전에 인지나 협의가 되지 않은 이슈들인 경우에는, 회의에 참석한 구성원들의 소감을 듣는 수준에서 "결정되는 것도 없이" 대부분 만담이나 난상토론 수준에서 끝나게 될 가능성이 매우 큽니다. 결국 S&OP 회의 종료 후, 결정을 위해 따로 협의를 진행해야 하는 수고를 감수해야 할 것입니다.

따라서 Sales & Operations와 조금이라도 연관이 있는 이슈 중에, 꼭 S&OP 회의에서 다루어져야만 하는 수준의 이슈는 S&OP에서 진행하고, 그렇지 않은 이슈들은 실시간 연관된 구성원, 부서 및 팀 간에 능동적이고 자율적으로 협의하고 결정하는 하는 분위기가 조성되어야 합니다. 만약에 각종 발생하는 수요·공급 이슈들에 대해, 능동적으로 경중을 판단하고 결정하며, 후속조치까지 진행하기 어려운 수준의 업무방식과 조직문화 등을 유지하고 있다면, 기능별 구성원 중 가장 우수한 인원을 선발하여 새롭게 조합하거나, 경력직 채용 등으로 구성한 S&OP 조직을 반드시 구축하여야 합니다. 왜냐하면 이러면, 기능 간에 능동적 조치나, 자율적 협의, 책임 있는 결정 등은 불가했기 때문입니다.

그리고 S&OP 조직을 구축하게 된다면, "고객을 직접 만나는 행위, 제조의 현장 행위가 제외된" 수요·공급상의 모든 이슈가 S&OP 조직에 전달되도록 프로세스를 정립하고, S&OP 조직에서는 이슈별로 경중을 판단하여 어떤 이슈는 실시간 각 기능과 협의를 통해 결정 및 진행하고, 어떤 이슈는 S&OP 회의 시 결정되도록 운영 프로세스를 구축하는 것이 바람직합니다.

참고로 앞에서 언급한 군(軍)의 CSSOC의 경우, 최고 지휘관에게 의사결정을 받아야 하는 이슈와, 책임과 권한을 부여받은 참모들이 조치해야 할 이슈를 분류하여 후속조치를 진행하며, 최고 지휘관에게 의사결정을 받아야 하는 이슈에 대한 프로세스 주기는 가급적 12시간, 24시간 등 일정하게 유지되지만, 그 외 이슈들에 대한 프로세스는 실시간, 2시간, 4시간, 8시간 등 처한 상황에 따라 얼마든지 유동적입니다. 저의 경험에 비추어 볼 때, 전쟁 연습 간에 사전 정례화된 프로세스는 더 이상 유효하지 않았습니다. 각종 내 외부 환경과 상황은 끊임없이 변화되었고, 이에 대응하기 위해, 프로세스에 대한 재검토와 재정립을 끊임없이 반복해야만 했습니다. S&OP는 프로세스입니다. "수요·공급 관련 협의는 약속된 S&OP 회의에서만 하는 것이다"라고 이야기하는 구성원이 있다면 S&OP를 프로세스가 아닌, 단순 회의로 이해하고 있기 때문입니다.

**- Episode -**

- 하루, 이틀 인지 속도의 차이를 별 문제가 되지 않는다고 생각하며, 인지 속도가 늦었으니 실행지연은 당연할 수밖에 없다고 쉽게 생각할 수도 있지만, 인지 속도의 작은 차이에서 소중한 기회를 잃어버릴 수도 있습니다. 반면에 인지 속도 역량이 높은 수준에 있다고 할지라도, 해석(분석)하고 결정하는 수준이 낮다면, 뒤늦은 실행의 동반으로 인해, 이 또한 소중한 기회를 잃어버릴 수 있습니다. 따라서 조직 전반의 Sense & Respond 수준을 측정하고, 올바른 방향과 속도로 Sense & Respond가 유지되도록, S&OP 운영조직과 프로세스를 끊임없이 검토하는 것이 매우 중요합니다.

- 올바른 방향과 속도의 S&OP를 위해서는, 버스가 아닌 택시의 개념으로, 구성원들의 생각하는 방식과 행동하는 방식이 구축돼야 합니다. 버스는 교통이 막히면 막히는 대로, 손님이 없으면 없는 대로, 사전에 정해진 계획에 따라 정류장을 운행하지만, 택시는 교통이 막히면 막히지 않는 곳으로, 손님이 없으면 손님이 있는 곳을 찾아서 운행하는 특성이 있기에, 우리가 흔히 볼 수 있는 버스와 택시는 Sense & Respond 방식에 있어 차이가 있습니다. 『 - Adaptive Enterprise - 』

## S&OP는 기존의 생판, 판생 회의와 별반 차이가 없다

어찌 보면 맞을 수도 있습니다. 왜냐하면 프로세스 개념이 적용되지 않은 생판, 판생 회의를 S&OP라고 명칭만 바꾼 경우, 당연히 별반 차이가 없기 때문입니다. 하지만, 여러분들이 소속된 조직에서 S&OP를 도입하였고, 기존의 생판, 판생 회의 때보다 조금 더 비즈니스 리듬을 고민하기 시작하였고, 회의를 준비하는 데 프로세스가 조금 더 추가되었다면, 한번 시간을 내어 기존의 생판, 판생 회의와 S&OP를 비교해 보시기 바랍니다. 미비하게 보이는 차이라도 미래 지향적 관점에서 큰 의미를 부여합니다. 다음은 어떤 조직에서 주 단위 Cycle S&OP를 도입한 이후, 기존의 생판, 판생 회의와 비교해 차이 나는 몇 가지를 간략하게 나열해 보았습니다.

☞ 참여하는 구성원은 변경되지 않으며, 해당 구성원의 어쩔 수 없는 사정으로 일회성 또는 간헐적 변경 시에는, 사전 협의가 이뤄 대리자가 참석하되, 대리자는, 회의 내용을 이해할 수 있고, 필요하면 의사결정에 참여 또한 가능한 수준이어야 한다.

☞ 정례화된 비즈니스 리듬에 맞게 Agenda가 생성 및 집계되어 회의 이전에 충분히 공유된다.

☞ 하나의 기능이 독립적으로 생성한 Data를, 연설하듯 각각 발표하거나 이야기하기보다는, 가급적 융합된 하나의 데이터를 보면서 여러 기능이 의견을 교환한다…. 등

상기 내용을 보면 그리 감동을 할 정도는 아니라고 생각할 수 있지만, 위의 작은 차이가 우리가 많이 접해보고 들어보았던 PDCA(Plan - Do - Check - Action)나 PDCA와 유사한 개념인 Sense & Respond(SIDA : Sense - Interpret - Decide - Action)에 적지 않은 영향을 미치게 됩니다. 예를 들어 참여하는 구성원이 자주 바뀐다면, 회의의 집중도와 질이 낮아지는 것은 물론이고, 기능을 대표하여 참석하였

지만 결정해야 하는 상황에서 전혀 도움이 되지 않습니다. 그리고 설상가상으로 바뀐 구성원이 상급자이고 내용을 잘 모르면, 상급자를 이해시키는 회의로 진행될 가능성이 매우 크며, 상급자가 이해했다고 하더라도 기능별 독립적으로 생성한 데이터를 기반으로, 전사적 또는 여러 기능과 연계된 이슈들을 단시간에 결정하는 것은 어렵습니다.

그리고 생판, 판생 회의 명칭은, 어떻게 보면 영업과 제조에만 중요하게 해당하는 회의로 느껴지기에, 영업과 제조를 제외한 타 부서나 팀들에게 Ownership을 형성시키는 것이 쉽지 않습니다. 그리고 생판, 판생 회의가 일정 수준의 프로세스에 의해 준비되지 않았다면, 회의 시 거론되었던 내용들은 어쩔 수 없이 회의록을 작성해야 하는 극소수의 인원을 제외하고, 회의 종료 후 모두의 관심에서 멀어졌습니다.

**━ Episode ━**

타 기능과 연계를 고려하지 않은, 기능별 본인들 입장에서 생성한 데이터는 Announce 수준에서 벗어날 수가 없습니다. 그리고 Announce 수준의 데이터로는, 회의에서 올바른 방향의 합의와 결정을 유도하기 어렵습니다. Announce 했다는 것이 중요하기보다는, 무엇이 최선의 방책인지를 판단하고, 올바른 합의를 통해 어떻게 실행할 것인가를 명확하게 결정하는 것이 더욱 중요합니다.

여러분들의 생판, 판생 회의는 어떠한가요? 매번 유사한 수준에서, 만담이나 각자의 입장을 고수하기 위한 난상토론 위주로 진행되고 있지는 않습니까? 그리고 회의 종료 후, 회의를 주관한 기능의 하부 담당자가 회의에서 오간 이야기를 작성하고, Announce 수준에서 공지하며, 합의를 요청하고 있지는 않습니까? 그리고 다음 회의 때, 똑같은 이야기를 또다시 반복해서 이야기하고 있지는 않습니까? 이러한 상황이 반복된다면 회의록의 내용은 항상 애매하고 과거 지향적이게 됩니다.

우리가 흔히 대수롭지 않게 회의록을 작성하라고 이야기를 하곤 하는데, 회의록 작성이 중요한 것이 아니라, 어떻게 회의가 진행되었고 방향과 결론이 어떻게 되었는지가 중요합니다. 결론도 내용도 없는 회의결과에 대해, 꼭 구구절절하게 회의록을 작성해야 하나요? 그리고 회의록 작성 후, 합의의 중요성을 강조하면서 회의록에 합의 사인(Sign)을 하라고 전사적으로 문서를 공유하기도 하는데, 과연 합의에 의미가 있을까요? 이러한 경우, 진정한 의미의 합의를 실천하려고 하는 것인가요?, 아니면 "보여주기" 식인가요?, 아니면 책임을 회피하려고 하는 것인가요? 내용도 애매하고 올바른 방향으로 결정된 것이 없는데, 회의록을 작성하고 합의 사인(Sign)하는 것이 정상적인 건가요? 그리고 하부 직원들이 비생산적인 단순 타이핑(Typing)을 위해 입사했나요? 차라리 회의록을 "올바른 방향과 속도로 결정된 것이 없음"이라고 한 줄로 기재하고, 하부 직원들에게 타이핑(Typing)을 해야 하는 짐을 덜어주는 것이 낫지 않을까요? 애매모호한 말이 오간 회의일수록, 답도 없는 회의록을 작성해야 하는 하부 직원들은, 여기저기 물어보고 어떻게 작성해야 할지 고민하는데 많은 시간을 보내게 됩니다. 그리고 여건상 회의에서 결정이 어렵다면, 최단 시간 내 반드시 재협의를 통해, 올바른 방향으로 합의하고 결정을 해야 합니다. 왜냐하면, 시간을 끌면 끌수록 지속해서 발생하는 타 이슈들로 인해, 점점 생각의 중심에서 멀어지기 때문입니다. 이러한 문화가 지속될수록, "모여서 바쁘게 뭔가 한 것 같은데, 지속실행 가능한 상태로 된 것은 없습니다."

어떤 이슈로 회의했는데, 방향이 제대로 정립되지 않았고, 결정된 것도 없었고, 지속실행 가능한 상태로 이어지지도 않았다면, 차라리 그 시간에 다른 생산적 일들을 하는 것이 낫지 않을까요? 미래 지향적, 4M 또는 육하원칙이 명확한 회의를 하는 것이 왜 이리 어려운 것일까요? 혹, 데이터를 융합하는 프로세스와 책임감 있는 리더십이 없기 때문은 아닐까요?

## ▬ Episode ▬

### 회의하자고 이야기하는 구성원 유형

① 데이터 준비도 되어 있지 않은데 무조건 회의 먼저 하자고 하는 유형

② 철저하게 준비된 데이터를 가지고 회의를 하자고 하는 유형

③ 이 사람 저 사람 다 포함해서 회의를 하자고 하는 유형

④ 꼭 필요한 인원만을 참석시켜 회의하자고 하는 유형

⑤ 회의하자고 해놓고 정작 본인은 결정 못 하는 유형

⑥ 책임지기 싫어, 이슈만 생기면 무조건 회의하자고 하는 유형…. 등등

### 회의에 참석하는 구성원 유형

⑦ 집중하지 않거나 노트북 등을 이용해 다른 일을 하고 있는 유형

⑧ 묵묵히 내용을 적고 듣기만 하는 유형

⑨ 방향과 내용을 이해하지도 못하고, 엉뚱한 이야기를 하는 유형

⑩ 회의 방향에 적합한 의견을 제시하고, 상대방과 소통하는 유형

⑪ 하나하나 꼬치꼬치 캐물어가며 교육받고, 머릿속에 어느 정도 정리되면 이래

라, 저래라 하는 유형

⑫ 회의를 위한 자료 준비 및 참석이 적극적이지 않으며, 참석해도 본인의 분야 외에는 무관심하다가, CEO가 참석한다고 하면 반드시 참석하고, 상대방이 발표하는 내용 중(상대방을 봐가면서), 어떻게든 이슈를 찾아내어, 발표 도중에 "마치 많이 아는 것"처럼 이야기하여 맥을 끊거나, 업무에 "열정적 스타일"이라는 것을 CEO에게 보여주기 위한 목적으로, CEO가 참석하는 회의에서는 말을 많이 하는 유형…. 등등

회의하자고 이야기하는 하는 구성원 유형과 회의에 참석하는 구성원 유형 중에, 몇 가지만을 적어 보았습니다. 여러분들은 어떤 유형이신가요? 그리고 여러분들이 생각하기에, 긍정적 유형과 부정적 유형 구분이 되나요? 아마도 긍정적 유형과 부정적 유형을 딱 잘라 구분할 수 있기보다는, 본인이 처한 상황에 따라, 그리고 "그때는 그럴 수밖에 없었다." 등의 자기합리화를 어떻게 하느냐에 따라, 여러분들이 생각하는 긍정적 유형과 부정적 유형은 수시 변화될 것입니다. 저는 이런저런 이유를 핑계로, 상기 12가지 중, 많은 유형의 주체가 되어 보았습니다. 저에게 S&OP 프로세스를 정립하는 데 가장 부정적인 유형 5가지를 선택하라고 하면 ⑤번, ⑥번, ⑨번, ⑪번, ⑫번입니다. 특히 ⑤번, ⑥번, ⑨번, ⑪번, ⑫번이 혼합된 유형의 상급 구성원이, S&OP를 주관하거나, 기능을 대표해 의사결정에 영향을 미치는 자리에 있다면 정말 최악입니다.

왜냐하면 S&OP는 수요공급 전반의 이슈들을 취급하기에 내용도 방대하고 복잡한데, 잘 모르면서 참여하여 "이래라, 저래라" 간섭하기를 좋아하는 상급자가 있다면, 상급자를 이해시키는 데 많은 시간을 소비하게 되고, 명확히 정립된 전결 프로세스에 의해, 실시간 실행이 가능한 것은 실행되도록 S&OP 프로세스가 운영되어야 하는데, 제때 결정이 되지 않는다면 적응성이 떨어져 실행하는 시점이 항상 늦어지

기 때문입니다. 그리고 CEO가 핵심적으로 관심 두지 않는 분야라고 판단 시에는, CEO 앞에서는 "많이 아는 것처럼", "열정적인 것처럼" 쇼를 했을 뿐, 뒤돌아서면 무관심으로 일관하거나, CEO 앞에서 여러 가지 말을 했기에 발을 뺄 수 없는 상황이라면, CEO 핑계를 대며 하부 직원에게 떠넘기는, "재주는 곰이 부렸는데, 부와 명예는 사람에게 돌아가는 것"과 별반 다르지 않은 상황을 연출하기 때문입니다.

여러분들은 ⑤번, ⑥번, ⑨번, ⑪번, ⑫번에 해당한다고 생각하는 유형을, 주위에서 경험하신 적이 있나요? 그리고 이러한 유형의 구성원들로 인해, 답답함과 안타까움을 뒤로하고 생활하고 계시지는 않으신가요? 아니면, ⑤번, ⑥번, ⑨번, ⑪번, ⑫을 열연하고 계시지는 않으신가요? 추가로 조금 더 이야기하면, ⑫번 유형은 배우(Actor)입니다. 여러분들은 이러한 유형을 보면 어떠한 생각이 드시나요? "어떻게 그렇게 연기를 잘할 수 있는지 대단하다"는 생각이 드시지 않습니까?, 그리고 한편으로는, ⑫번과 같은 유형의 실상(實相)을 "주위, 특히 차상급자나 CEO가 제대로 알았으면 좋겠다."고 간절히 원할 수도 있지만, ⑫번은 배우(Actor)이기에 쉽지 않은 것이 현실입니다.

## ━ Episode ━

조직 전체가 SCM과 S&OP에 대한 이해도가 매우 낮은 상태에서, 생판(판생)회의를 S&OP로 명칭만 전환을 하게 되었습니다. 명칭 전환 후, 수요공급 특성상, 월 단위 Cycle의 S&OP 프로세스를 정립하려고 하였지만, SCM은 물론이고 S&OP에 대한 이해도가 매우 낮다 보니, 비즈니스 리듬을 협의하고 "조직과 업에 적합한 Agenda를 정립하는 것"조차도 하나의 도전이었습니다. 이러한 이유로, 모든 것을 단기간에 할 수는 없다고 판단되어, 우선 당장 피부에 와 닿는 분야부터 프로세스를 구축하려고 하였고, 주기는 주 단위 Cycle, 대상은 중장기 자원 운영 분야였습니다. 그리고 빠른 공감대 형성을 위해, 외부 컨설턴트의 도움을 받아 S&OP 교육 또한 진행하였습니다. 그런데 시간이 지나면 지날수록, 조금 배웠다고 마치 많이 아는 것처럼 이야기하거나 "앵무새 따라 하기" 수준에서 반응하고 참견하려는 구성원들이 발생하다 보니, 올바른 방향과 속도로 S&OP 프로세스가 정립되기보다는, 말만 많아지고 혼란스러워졌습니다. 그래서 외부 컨설턴트가 궁여지책으로 "S&OP라기보다는, 우선은 중장기 자원계획을 검토하는 회의"라고 쉽게 생각하고 접근하자고 이야기하였더니, 조직에서 영향력 있는 구성원이 S&OP 회의에 참석하여 다음과 같이 말을 했습니다. "S&OP가 아닌 중장기 자원 검토회의"이므로, "앞으로 회사에서 SCM과 S&OP라는 용어는 절대로 사용하지 않는다." 이러한 이야기를 듣고 무슨 말이라도 하고 싶었지만, 말을 할 수가 없었습니다. 눈치가 보여 말을 못 한 것이 아니라, SCM이 경영의 큰 방향 중 하나로 언급된 후, 상당한 시간이 지난 시점에 이러한 이야기를 듣고 나니, 굳이 이해시키려고 말을 하는 것 자체가 정말 무의미하게 느껴졌습니다.

### 업(業)종과 제품 성분 등을 모르면 S&OP(SCM)를 할 수 없다

모든 조직에는 합법적·비합법적 절차, 근속연수, 조직경험, 인지도, 업무 장악 정도 등에 따라, 다양한 형태의 기득권이 존재합니다.

『기득권이 무조건 나쁘다는 것은 아닙니다. 본서에서 이야기하는 기득권은, 오랫동안 조직에 근무하면서 변화를 포용하기보다는, 매너리즘과 아집에 사로잡혀 있는 유형을 의미합니다.』

특히 시스템, 프로세스, 원칙이 아닌 사람 중심으로 움직여 왔던 조직일수록, 바람직하지 않은 기득권들의 종류, 범위, 뿌리는 더욱 광범위하며 깊을 것입니다. 이러한 기득권들은 기존에 생각하고 경험했던 것과 다른 새로운 것이 등장했을 때, 혹 포용을 할 수도 있겠지만, 대부분은 저항과 거부감을 표출하게 됩니다.

특히 새로운 인원들이 입사하고 S&OP(SCM)에 대한 중요성이 드러났을 때, 기득권들이 쉽게 하는 말이 있습니다. "최근 입사한 사람들은, 업종과 제품을 구성하는 성분조차 제대로 모르는데 무슨 수로 S&OP(SCM)를 하겠느냐!" 하지만, 이러한 이야기는 우둔한 아집에 불과하다는 것을 기득권들이 결코 간과해서는 안 될 것입니다.

혹시, 현재 하고 있는 일들을 여러분들이 직접 창조하셨나요? 그래서 여러분들이 알려주지 않는다면 알 수 없는 분야인가요? 그리고 여러분들이 하고 있는 일들이, 위대한 과학자나 수학자들에게 요구되는 수준의 지식과 역량, 경험을 반드시 필요로 하나요? 혹, 시간이 지나면 누구나 할 수 있는 수준의 일을 가지고 트집을 잡고 있지는 않은가요? 조직에서 경력직을 왜 채용할까요? 특히, SCM을 향해, "제품을 구성하는 성분과 그 성분들의 특성, 제조 배합률 등을 모르면 S&OP(SCM)를 할 수 없다"라고까지 세부적으로 이야기하는 때도 있는데, 제품을 구성하는 성분과 그 성분들의 특성, 제조배합률 등을 이해하는 것이 그렇게 어려운 일인가요? 탐구에 대한 욕망이 강하고 일정 수준 이상의 학습능력을 갖춘 구성원이라면, 단기간에 파악하는 것이 불가능할까요? 혹, 여러분들은 세상을 자기중심적으로 생각하고, 본인의 역량이나 학습능력 수준이 대단하다고 오판하며, 많은 사람을 본인보다 아래 수준 또는 동일시하여 판단하고 이야기하는 것은 아닌가요?

세상에는 천차만별의 사람들이 존재합니다. 그리고 이러한 사람 중에는 여러분들보다, 저보다 일부분 또는 대부분에 있어 더 뛰어난 수준의 사람들도 많이 있습니다. 따라서 이러한 이야기는 SCM에 대한 본인의 무지(無知)와 아집에 사로잡힌 개인의 성향을 보여주는 것밖에는 안 되기에, 가급적 본인을 위해서라도 않는 것이 좋다고 생각됩니다.

SCM의 중요성이 부각되어 SCM을 전문적으로 시작하려는 제과회사를 간략하게 예로 들어보겠습니다. 이 기업에서 SCM을 함에 있어, 과자의 성분, 성분이 어떤 비율로 배합되어 제조되는지 등에 대한 데이터보다, 전체 프로세스(공정), 공정별 L/T, Capa 등에 대한 데이터가 더 중요합니다. 물론 오랜 기간 근무하며 세세하게 아는 것이 정말 많은 도움이 되겠지만, 제품을 구성하는 성분과 생산을 위한 성분의 배합 비율 등을 모른다고 "SCM을 할 수 없다"라고 단정 지어 이야기하는 것은 모순입니다. 이러한 기득권층의 근거 없는 이야기들은, 현재보다 좋은 방향과 속도로의 SCM 정착을 어렵게 합니다.

아무리 좋은 제도나 방법일지라도 내가 해오던 방식과 다르다면 "이질감과 반감을 품을 수도 있다"는 것을 이해하지 못하는 것은 아닙니다. 그리고 사람이 세상을 살아가면서 누구나 감추고 싶은 비밀이 있게 마련인데, 이에 반(反)하여 SCM은 Visibility가 기본이다 보니, "결코 달갑지 않다는 것" 또한 이해합니다. 하지만, 분명히 말씀드리고 싶은 것은 "해당 업종에 대한 경험이 없고, 제품을 구성하는 성분과 배합 비율 등을 모르니 SCM을 할 수 없다"라고 이야기하는 것은 "어불성설(語不成說)"이라는 것입니다. SCM에 대한 올바른 철학을 가지고 SCM을 업으로 하는 사람들이, 새로운 업종을 바라보는 시각은, 검토하고 취급하는 품목만 바뀌었을 뿐입니다.

『S&OP가 부분에 국한되지 않고 전체를 보는 개념으로, 그리고 올바른 방향과 속도의 프로세스로 정립되어 운영되기 위해서는, S&OP에 대한 올바른 이해뿐만 아니라, SCM에 대한 올바른 철학을 가지고 있어야 합니다다.』

### 정보시스템만 구축되면 S&OP 수준이 높아진다

SCM상에 존재하는 다양한 프로세스 중, 수작업에 의존하고 있는 프로세스에는 비효율성이 상존하며, 매뉴얼이 아무리 명확하다고 할지라도, 수집되는 데이터는 개인의 능력 차에 따라 다르게 나타나기도 합니다. 따라서 다양한 프로세스를 대상으로 정보통신기술(ICT : Information and Communications Technologies)을 적극 적용하는 것은 매우 중요합니다. 하지만, 프로세스가 명확하지 않고, 프로세스 경계선에서는 주인을 찾기 어려우며, 프로세스가 명시된 문서와 실행이 일치하지 않는 등, 프로세스상에 다양한 이슈가 존재한다면, 정보시스템 구축을 신중히 고민해야 합니다. 왜냐하면, 이러한 프로세스를 기반으로 구축된 정보시스템은, 데이터의 신뢰성이 떨어지기에, 올바른 데이터를 S&OP 프로세스에 제공할 수 없기 때문입니다. S&OP 프로세스 운영을 위해서는 여러 가지 선호 조건들이 필요한데, 그중에서도 중요한 부분을 차지하는 것이 Data의 신뢰성입니다. 만약, 신뢰성이 부족한 Data를 기반으로 S&OP 프로세스를 진행하게 된다면, 상호 비난의 목소리와 혼란만 가중될 것입니다.

많은 조직들에 아쉬운 것은, 우선 프로세스를 검토하고, 일정 기간 수작업을 동반하여 프로세스를 검증한 이후, 정보시스템을 구축하려고 하기보다는, 내부의 다양한 현실적인 제약으로 인해, "정보시스템 Package에 반영된 PI를 통해 프로세스를 검토하면 된다."라고 생각하고 "단시간에 프로세스와 정보시스템, 즉 두 마리 토끼를 동시에 잡으려는 경향이 있다"는 것입니다. 하지만, 이렇게 구축된 정보시스템은, 생각과 현실의 차이로 인해 많은 이슈를 발생시킵니다. 왜냐하면 구성원들의 수준, 오랜 관행, 좋지 않은 습관, 매너리즘, 주인 찾기, 결정지연 등의 난관을 극복하기에는 정보시스템 Package에 반영된 PI 기간이 너무 짧으며, 아무리 고객의 요구 사항을 정보시스템에 반영한다고 할지라도, 일정 부분 표준화된 프로세스와 프로그램의 한계를 벗어나면서까지 고객의 요구를 반영해줄 수는 없기 때문입니다. 그리고 이번 기회에 이상적인 방향과 속도로 프로세스를 변화시키고 혁신을 하겠다는 고객의 굳은 의지는, 본인들의 현실과 역량을 고민하기보다는, Package 정보시스템 구축 업체의 PI 유도 방향에 적극적으로 동참하게 만들어, 결국에는 탁상공론 수준을 벗어나지 못할 수도 있기 때문입니다.

제가 왜 탁상공론이라고 이야기할까요? 현실에서 어떠한 결과가 나올지?, 운영할 역량은 보유하고 있는지?, 인프라 구축은 가능한지? 등을 실제 검증을 해보지 않은 상태에서, 단지 "표준화"라는 구호에 솔깃하여 따라간 몇몇 사람들이 모여, "이렇게 하는 것이 맞다." 그래서 "앞으로 이렇게 하겠다."라는 것을 말로 변경한 것이라면, 탁상공론과 다를 바 없기 때문입니다. 예를 들어, 부실했던 프로세스를 표준화시키면, 현장에는 예전보다 더 많이 해야 할 일들이 수반될 수도 있고, 관리 포인트의 증가로 인해 더 많은 인력과 인프라가 필요할 수도 있습니다. 이러면 정보시스템을 구축했지만, 단기간에 제대로 활용할 수 있을까요?

## ― Episode ―

SCM에 대해 이야기를 하다 보면, SCM을 "Solution 시스템 도입 프로젝트" 정도로 생각하는 경우가 종종 있습니다. 특히 ERP의 도입이 SCM이며, ERP는 조직의 모든 가려움을 긁어 줄 수 있다고 생각하기도 하는데, 당연히 대답은 "NO"입니다. ERP상에서 운용되는 정보들은 Supply Chain상의 Mega 또는 Sub Process, Task, Activity 등에서 나오게 됩니다. 즉 Supply Chain상의 Mega 또는 Sub Process, Task, Activity 등에 존재하는 크고 작은 과정들이, ERP 정보의 실시간 신뢰성에 영향을 준다는 것입니다. 혹자는 "ERP를 구축하고 SCM을 하면 된다.", "ERP가 부실하니 정상화를 시키고 나서 SCM을 하자"라고 이야기하기도 하는데, SCM을 하려면 정보시스템이 먼저가 아니라, 프로세스가 먼저입니다.

따라서 ERP 구축이 SCM을 하기 위한 첫 번째 순서이자, 완벽한 해결책은 아니라는 것입니다. 단지, SCM을 함에 있어 ERP는 조력자일 뿐입니다. 만약 반대로 추진할 경우, 대내외적으로는 정보시스템 도입 및 구축으로 인해, 현대화에 동참한 것처럼 보일 수 있으나, 실제 운영이나 관리가 제대로 되지 않는 아이러니한 상황이 지속할 것이며, 점점 시간이 지날수록 "일부분에 국한되어 운영되는 수준"에 머물게 될 것이고, 최종적으로는 애물단지로 전락해 버리게 되어, 다른 Solution 시스템의 도입을 검토하자는 여론도 발생할 수 있습니다. 하지만, 프로세스의 중요성을 깨닫지 못한 상태에서는, 어떤 Solution 시스템을 도입해도 빛을 보지 못할 것입니다.

어떤 조직이든 새로운 Solution 시스템이 도입되면 "각종 업무와 인력운영에 효율을", 그리고 "신속하고, 투명하고, 신뢰성 있는 의사결정과 실행" 등이 가능할 것이라고 기대합니다. 그런데 막상 도입되면, ①Solution 시스템만을 위한 불필요한 일이 생기거나, ②업무와 인력에 있어 효율 및 효과가 없거나, ③신속하고, 투명하며 신뢰성 있는 의사결정이 불가능하거나, ④R&R 문제로 진통을 겪는 경우 등이 발생하기도 합니다. 그리고 새로운 Solution 시스템이 도입되면 일정 기간 디버깅(Debugging)을 통해 안정화를 위한 노력을 하게 되는데, 상기의 ①~④에 관련된 이슈는 디버깅(Debugging)과는 거리가 먼 이야기입니다.

예전에 제가 여러 조직에 소속되어 직간접적으로 경험한 Solution 시스템 구축 과정은, "처음에는 정보시스템 개발 고위 관계자가 방문하여, 실무 고위 관리자에게 개략적인 설명과 미팅을 하고 돌아갑니다. 그러고 나서 정보시스템 개발 중간 관계자가 방문하여 일정 기간 실무 중간 관리자들을 대상으로 미팅하게 됩니다. 그 이후 시스템이 개발되어 도입되고, 사용자 교육을 받게 되는 순"이었습니다. 그리고 왜 이렇게?, 어떻게? 등을 고민하기보다는 "별 생각 없이 사용한다"였습니다. 그리고 Solution 시스템이 도입되면, 상부에서는 인원 효율을 위한 계획을 수립하지만, 실무자 입장에서는 오히려 인원이 부족하였고, 실제 업무량 또한 줄어들지 않았습니다. 설상가상으로 정보시스템으로 인해, 일을 위한 일이 추가되기도 하였습니다. 게다가 개발 및 도입 과정에서 연관되어 있음에도 불구하고, "나의 일이 아니다."라고 생각하는 구성원들의 참여가 저조하다 보니, 핵심 중하위 몇몇 사용자의 부재 시, 업무 지연 또는 혼란이 발생하는 황당한 경우도 있었습니다.

이러한 이슈들이 발생된 원인을 굳이 꼽아보라고 하면 ①의사결정자들의 역할과 책임, 관심 부족, ②나의 일이 아닌, "아주 깊이 연관된 사람들만이 하는 일"이라는 생각, ③최종 사용자들의 의견이 반영되고 참여하게 되는 시점은, 프로그램 개발 후 사용자 교육 때부터라는 선입관, ④전략적 접근을 통한 Supply Chain 변경 시, 편제 [編制]의 축소 등을 우려한 자기 자리(Position) 보호 등이었습니다. 이러한 여건과 환경에서 개발 및 도입되었던 Solution 시스템은, 겉으로 보이는 것과 실제 운영하는 것은 달랐습니다. 심지어는 정보시스템이 프로세스와 Supply Chain을 이상하게 변형시키기도 하였습니다. 정말 아이러니한 것은, 이윤 추구와 거리가 먼 조직들에 소속되어 경험했던 현상들을, "이윤을 제일로 추구하는 조직들에 소속되어서도 경험하고 있다"는 것입니다.

## ─ Episode ─

SCM의 이념과 가치를 제대로 실현하려면, 조직 내부로 한정된 정보시스템 구축 형태를 뛰어넘어야 합니다. 그리고 지금까지는 대기업 중심의 SCM과 B2C 정보시스템이 주를 이루었다면, 앞으로는 중견기업 중심의 SCM과 B2B 정보시스템에 대해서도 많은 고민이 필요합니다.

왜냐하면 중견기업은 대기업과 중소기업을 연결하는 중간 역할을 하고 있기에, 중견기업의 SCM과 B2B 정보시스템은 중소기업의 SCM과 정보화에 많은 영향을 미칠 수 있기 때문입니다.

# 갈등(Conflict) 관리

『갈등(Conflict)이란 개인의 정서(情緖)나 동기(動機)가 다른 정서나 동기와 모순되어 그 표현이 저지되는 현상으로 요약될 수 있으며, 심리학 용어로, 이는 인간의 정신생활을 혼란하게 하고 내적 조화를 파괴한다. 갈등상태는 두 개 이상의 상반되는 경향이 거의 동시에 존재하여 어떤 행동을 할지 결정을 못 하는 것을 말한다.
- 두산백과 - 』

『2010년 한국의 사회갈등지수는 0.72로 터키(1.27) 다음으로 가장 높았다. 덴마크가 0.25로 가장 낮았고 독일 0.35, 영국·일본 0.41, 프랑스 0.43, 미국 0.47, 이탈리아 0.58 순이었다. 한국의 사회갈등으로 발생한 경제적 비용은 연간 82조~246조 원으로 추산되며, 한국의 사회갈등지수가 10%만 낮아지더라도 1인당 GDP가 1.8~5.4% 높아지고, OECD 평균수준(0.44)으로만 개선되더라도 7~21% 증가하는 효과를 가져 올 수 있다. - 삼성경제연구소 - 』

『한국의 사회적 갈등수준이 OECD 평균 수준으로 유지된다면 GDP는 0.2%포인트 상승하고 주요 7개국(G7) 평균 수준으로 유지된다면 GDP는 0.3%포인트 상승할 것이며, 한국의 잠재성장률 수준이 연 2.7%(2016년 ~ 2020년) 추정되는데 사회적 갈등수준이 G7 수준만큼 유지되면 3% 잠재성장률 달성이 가능할 것이다. -

여러분들은 어떠한가요? 소속되어 있는 조직에서 크고 작은 갈등에 자주 직면하는 편인가요? "태초에 갈등이 있었다."는 독일의 시성(詩聖), 괴테의 말과 같이, 인간의 역사에는 항상 갈등이 존재했었고, 인간의 역사에 갈등이 얼마나 불가피했다는 것 또한 알 수 있기에, 안타깝지만 여러분들의 미래에 다가올 수 있는 크고 작은 갈등들을 Zero화 시키는 것은 불가능할 것입니다.

그런데 만약 갈등이 발생되지 않는다면 어떠할까요? 여러분이 속한 조직에 갈등이 없다면, 좋은 의미에서는 사업에 위기가 없으며(비전이 있으며), 존중, 인정, 소통, 협력 등의 문화가 100% 완벽하게 갖추어져 있는 경우, 나쁜 의미에서는 경영악화로(비전이 없어) 갈등을 초래할 일 자체가 없거나, 상대방을 포기하여 더는 상반된 의견을 이야기하고 싶은 마음이 없거나, 삶은 개구리 증후군(Boiled frog syndrome)이 팽배해져서 아무 생각 없는 경우 등일 수 있습니다. 그런데 나쁜 의미에서 갈등이 없는 상태라면, 겉으로는 아무런 문제가 없는 것처럼 보일 수 있으나, 내부는 시간이 지날수록 서서히 곪게 될 것입니다.

현재 여러분들이 소속되어 있는 조직은 위기가 없으며(비전이 있으며) 존중, 인정, 소통, 협력 등의 문화가 100% 완벽하게 동반되어 있습니까? 그렇지 않다면 갈등은 발생하여야 하며, 발생한 갈등을 잘못된 것이나 건강하지 않은 것으로 생각해서도 안 됩니다. 발생한 갈등이 어떻게 진행되느냐에 따라, 조직의 성장에 직간접적으로 영향을 미치게 되므로, 중요한 것은 발생한 갈등의 잘잘못을 따지기보다는, 발생한 갈등을 "어떻게 이익과 기회로 연결할 수 있느냐"입니다.

기업의 경우, 모든 구성원의 업무가 수요공급 분야에 널리 분포되어 있기에, 기업 구성원 간에 발생하는 갈등은 모든 수요공급프로세스상에서 발생한다고 해도 과언이 아니며, 이러한 갈등의 대부분은 "불확실성으로 인해 발생한다는 것"입니다. 왜냐하면 기업 입장에서는 끊임없이 매출과 이익을 발생시켜야 하는데, 100% 정확한 수요 예측이 존재할 수 없고, 실시간 변화되는 수요에 적기, 적량으로 100% 공급할 수 있다는 보장도 없고, 고객이 원하는 수준의 품질과 신제품으로 100% 대응할 수 있다는 보장 또한 없기 때문입니다.

이렇게 불확실한 상황들에 대해, 기업의 모든 기능들은 자신들의 견해가 있고, 자신들의 입장에 치우친 효율·효과·경제성 등을 추구하며 일을 하려고 합니다. 문제는 각자 자신들의 입장으로 인해 갈등이 시작된다는 것입니다. 그리고 이러한 갈등이 해결되지 않고 더

깊은 갈등이나 분노, 불신으로 이어진다면, 의사결정이 지연되고 올바른 합의에 도달하는 시간은 장기화하여 기업의 속도는 저하되게 됩니다. 설상가상으로 분노와 불신이 너무 커져서 단절되는 경우로 이어진다면, 속도의 저하가 아닌, 제자리에 멈추게 되거나 기회 또한 사라질 것이고, 더 나아가 조직 이기주의에 의한 세력 다툼으로 번지게 되는 상황으로 이어지게 된다면, 그 기업은 걷잡을 수 없이 침체할 것입니다. 이러한 점에서 S&OP 프로세스는, 수요와 공급의 불확실성을 최소화시켜 갈등을 최대한 억제하며, 발생한 갈등에 대해서는 해결될 수 있도록 관리하는 역할 또한 담당하고 있습니다.

## - Episode -

여러분들이 경험을 해보았을 수도 있고, 안 해보았을 수도 있지만, 무슨 회의가 그렇게 많은지 모르겠고, 각종 회의에 불려 다니다가 하루가 끝나는 경우도 있습니다. 그런데 그 많은 회의들에서 데이터도 부족하고, 사소한 갈등이 발생되어 올바른 방향으로 합의나 결정된 것이 없다면, 아마도 "나는 오늘 무엇을 한 것인가?"라는 생각과 함께, 밀려있는 업무처리를 위한 야근을 준비해야 할 것입니다. 만약 기본 프로세스조차도 제대로 잡혀 있지 않은 기업이라면, 회의가 많다고 나쁜 것도 아니고, 회의가 적다고 좋은 것도 아닙니다. 프로세스를 구축하기 위해 많이 할 수도 있고, 적게 할 수도 있습니다. 중요한 것은 회의가 많고 적은 것이 문제가 아니라, 하나의 회의에서라도 제대로 올바른 방향과 속도로 검토되고, 합의되며, 의사결정 되는 것입니다. 이렇게 되면, 해야 할 회의 수는 점점 줄어들게 됩니다.

기존의 생판, 판생 회의에서 S&OP라고 용어를 변경한 기업 중에는, S&OP 외에 기능별로 수요공급과 연관된 회의를 별도 진행하는 때도 있습니다. 이는 프로세스 관점에서 S&OP를 이해하고 유지하는 것이 아닌, S&OP를 모여서 얼굴 보고 이야기하는 단순 회의로 잘못 이해하고, 기능별로 "나 홀로 데이터"를 생성 후, Announce 하는 수준으로 S&OP를 유지하고 있기 때문입니다.

S&OP는 프로세스라고 하였습니다. 여러분들도 아시다시피 사전적 의미의 프로세스는 "특정 결과를 얻기 위한 과정이나 절차"로 정의되고 있습니다. 이러한 관점에서 S&OP는, 불확실한 상황에서 고객의 수요에 대응(공급)할 수 있도록, 데이터들을 융합하며 자산화시키고, 전사적으로 같은 목소리와 언어가 구사되도록 만들어가는 과정과 절차입니다. 따라서 S&OP가 단순 회의 성격이 아닌, 기업 내 여러 기능과 연계된 프로세스로 자리 잡게 된다면, 그동안 다양한 사유로 기능별 진행해왔던, 수요공급과 연관된 각종 산발적 회의 숫자 또한 줄어들 수 있습니다.

**▬ Episode ▬**

아래는 단절을 바로 보여주는 것으로, 모 아파트에서, 집값이 상대적으로 낮은 인접 아파트 주민들이 놀이터에 진입하지 못하도록, 보행 통로를 장애물로 막아놓은 사진을 그려놓았습니다. 이러한 단절은, 많은 사람들을 힘들게 만들었으며, 저 개인적 생각으로는, 이를 보고, 느끼고 성장한 어린이들이나 청소년들이, 향후 사회에 어떤 유형의 갈등을 일으키게 될지 궁금하기도 합니다. 이와 마찬가지로, 발생한 갈등이 해결되기보다는, 대부분 단절의 상황으로 이어지는 경험만을 해보았거나, 갈등을 풀어가는 프로세스를 제대로 접해보지 못한 조직의 구성원들은, "개인적 성향에 따라 다소 차이는 있겠지만" 시간이 지나, 직급과 계급이 변화되더라도, 본인들이 경험한 수준 이하(以下)에서 행동할 가능성이 큽니다.

# 데이터 과학

『데이터과학은 복합적인 기술을 요구한다. 프로그래밍 지식이 있어야 하고, 수학과 통계학적 지식도 갖춰야 하며, 내용도 전문성을 갖춰야 한다. - 채만석 - 』

『데이터 과학은 생물학, 의학, 공학, 사회학, 인문과학 등의 여러 분야에 응용되고 있다. - 위키백과 - 』

『데이터 과학은 레드불과 같은 각성 음료에 의지해 날밤을 새우는 해킹과 에스프레소에 의해 영감을 받는 통계학의 혼합. - 마이크 드리스콜 - 』

4차 산업혁명에 대해 클라우드 슈밥은, "4차 산업혁명의 핵심인 로봇화를 기계 분야에 한정 지어 생각하는 경우가 많습니다. 하지만 로봇 자체는 기계적 장치에 불과합니다. 로봇이 인공지능, 빅데이터와 결합할 때 힘을 갖고 스스로 생각할 수 있습니다."라고 강조하여 이야기하였습니다. 현재, 빅데이터는 인간의 심리상태, 생활 및 소비 패턴 등의 분석이 중요한 마케팅 분야에서 발전되어, 점차 모든 분야에 빠른 속도로 확장되고 있습니다. 이로 인해, 자료를 수집하고 분석하는 과정 또한 과학적으로 변하고 있고, 데이터 과학이 별도의 전문분야로 자리 잡아 가게 되면서, 이제는 전문적인 직업의 한 분야로 데이터 과학자가 드러나고 있습니다.

『데이터 과학자는 기업이 가진 빅데이터를 저장, 처리, 분석하는 업무를 보는 전문가이며, 빅데이터에서 목적에 따라 유용한 정보를 추려 제품 또는 서비스를 개선하는 업무를 맡는 전문가로 빅데이터 분석가(Big Data Analyst), 데이터 과학자(Data Scientist)라고도 부른다. - 시사상식사전 -』

『2016년 미국의 인기 25개 직종 중에 데이터 과학자는 세금관리자를 제치고 미국의 최고 유망 직종으로 떠올랐다. - Glassdoor.com -』

데이터 과학은 단순히 컴퓨터와 프로그램만으로 발전되는 것이 아닌, 광대한 빅데이터를 분석하고, 인문학적 해석이나 통찰을 병행해야 하는 데이터 과학자의 역할이 동반되어야만 가능합니다. 이렇게 데이터 과학에서 매우 중요한 역할을 하는 데이터 과학자는, 컴퓨터와 프로그램에서 제공하는 빅데이터를 수집하고 분석하기 위한 정보화 운영 능력과 수학, 통계학적 지식을 가지고 있어야 하며, 수집하고 분석하고자 하는 해당 분야에 대한 전문적 지식과 경험, 그리고 사회학과 인문학을 기반으로 한 창의력 또한 보유하고 있어야 합니다. 데이터 과학자는 이뿐만 아니라, 별 의미가 없어 보이는 데이터에서도 새로운 의미와 가치를 찾아낼 수 있는 상상력도 갖추어야 합니다.

만약에 4차 산업혁명이 쓰나미처럼 빠르게 몰려오게 된다면, 로봇과 인공지능 등에 결합할 수 있는 빅데이터를 내부적으로 보유하고 있거나, 보유할 수 있는지에 대한 의문을 가짐과 동시에, 빅데이터에서 새로운 의미와 가치를 찾아낼 수 있는 데이터 과학자 또한 내부적으로 양성하고 있는지도, 심각하게 고민해 볼 필요가 있습니다. 오늘날 글로벌화되고 불확실한 경영환경에서, 제조, 영업, 구매, 재무, 품질, 개발, 물류 등, 각 기능별 독립적으로 생성된 데이터 공유만으로는 충분한 시너지를 발휘할 수 없습니다. 왜냐하면 기능별 독립적으로 생성된 데이터는 각 기능에 국한된 언어일 뿐이고, 내부는 물론, 외부에 전달 및 협의 가능한, 기업의 공통되고 공식적인 언어는 될 수 없기 때문입니다. 각 기능별로 생성된 데이터는 연계되고 상호 융합되어, 새로운 의미와 가치를 부여하는 데이터로 전환되어야만, 고객이 요구하는 품질로, 적기, 적소, 적량 공급을 유지하는 데 도움이 될 것입니다.

이러한 점에서 S&OP는 유능한 데이터 과학자들이, 각 기능별 생성된 데이터들을 융합하고, 새로운 의미와 가치를 부여하여 올바른 방향과 속도로 협의, 합의, 의사결정이 가능하도록 만드는 프로세스라고 할 수 있습니다.

처음 시작하는 S&OP에서, 각 기능별 기존에 유지하고 있던 정보시스템 데이터들과 수작업 또는 반 수작업으로 유지하고 있던 각종 데이터가, 단기간에 네트워크화되고 융합된 형태로 나타나는 것은 제한될 것입니다. 아마도 어떤 기업이든, 처음 S&OP를 도입하게 되면, 우선 Agenda와 비즈니스 리듬부터 재정립해야 할 것이고, 기능별로 생성한 데이터를 공유하는 수준으로 진행하다가, 차츰 데이터를 상호 융합시켜, 그 안에서 새로운 의미와 가치를 발견해 내는 과정 순으로 자리잡아갈 것입니다. 그리고 업무 환경 또한 기업에 따라 다르겠지만, S&OP를 위한 정보시스템을 우선 구축하기보다는, 다양한 시트를 제작 후, 수작업 또는 반 수작업에 의존하다가, 프로세스와 정보시스템을 발전시키게 될 것입니다. 또한, 초기 각 기능별 생성한 데이터를 공유하는 수준의 S&OP는, 기능별로 참석한 구성원들과 사회자 역할을 하는 주관 기능에 의해 운영은 될지 모르겠지만, 대부분 Announce 또는 Speech 수준으로 진행될 가능성이 매우 높기에, 회의 종료 후, 별도 추가 협의를 해야만 하는 상황 또한 자주 발생할 것입니다.

왜냐하면, 데이터의 양과 질이 부족할 뿐만 아니라, 데이터의 양과 질이 충분하다고 할지라도, 프로세스 성격이 아닌 단순회의 개념으로 유지되는 S&OP에 참석한 사람들이, 각 기능별 독립적으로 생성한 데이터를, 짧은 시간 안에 "충분히 이해하고, 능동적으로 융합하고, 결정에 이르게 할 수 있다"고 장담할 수는 없기 때문입니다. 따라서 S&OP를 처음 시작하는 기업이, 가급적 빠른 기간 내, 의미와 가치를 부여할 수 있는 데이터 취급과 자산화 구축을 위해서는, S&OP 주관 조직을 기능별 전문가들로 구성할 필요가 있으며, 더나아가, S&OP 주관 조직에게 데이터 구축 총괄센터로서의 역할과책임을 부여하고, 이러한 방향으로 지속 운영되도록 관심을 기울일필요가 있습니다. 만약 S&OP 주관 조직이 데이터 구축 총괄센터의역할을 하게 된다면, S&OP를 주관하는 조직의 구성원들은, 데이터분석가를 뛰어넘어 데이터 과학자 수준의 역량까지도 필요하게 되며, 조직이 경영목표 및 비즈니스 전략과도 연계된 다양한 지표들을정립하는 데 도움이 될 수 있도록, 데이터를 구축 및 운영해야 하는숙명에 처할 것입니다.

**— Episode —**

미래의 전쟁은, 지상·해상·공중·우주·사이버 등의 5차원 전쟁양상으로 전개될 것이며, 이러한 전쟁 양상을 준비하기 위해서는, 육·해·공군뿐만 아니라, 연계 필요한각종 기관들이 네트워크를 형성하고 데이터를 수집하며, 빅데이터 안에서 데이터를융합하고, 새로운 가치와 의미를 찾아낼 수 있어야 합니다. 예를 들어 이미 반세기전에 항공모함이 등장하면서, 해상에서의 전쟁패러다임은 급격히 변화되었습니다.기업과 연계하여 설명하자면, 휴대폰 회사의 경쟁상대는 더 이상 휴대폰 회사만이 아닌 상황이, 군(軍)에서는 이미 반세기 이전부터 발생하였습니다. 항공모함은, 연료 문제로 전투기가 도달할 수 없는 머나먼 해상에서, 해군 함정들이 공중전(空中戰)을 고민하도록 만들었습니다. 즉 해군 함정들은, 적 함정의 함포나 어뢰 공격에 대한 데이터와 전술만 필요한 것이 아니라, 전투기의 공격 양상에 대한 데이터와 전술, 그리고 적 함정과 전투기가 동시에 공격하는 양상에 대한, 융합된 데이터와 전술이 모두 필요하게 되었습니다.

# 모두가 이해하는 언어

『언어(language, 言語) : 생각이나 느낌을 나타내거나 전달하기 위하여 사용하는 음성 · 문자 · 몸짓 등의 수단 또는 그 사회 관습적 체계. - 두산백과 - 』

여러분들은 언어를 어떠한 역할로 생각하고 사용하고 계십니까? 상대방이 제대로 이해하든, 말든, 어떻게 받아들이든, 상관없이, "나는 이야기했어"라는 식으로 사운드(Sound) 전달 역할로 사용하고 계십니까? 아니면 상대방이 내가 생각하고 느끼는 방향으로 같이 공감하고 행동하도록, 유도하는 역할로 사용하고 계십니까?

여러분들은 소속되어 있는 조직에서, 업무에 대한 생각이나 느낌을 상대방에게 전달할 때 무엇을 사용하고 계십니까? 아마도 출력물이나 프레젠테이션을 준비하고, 그 위에 음성과 몸짓을 병행해 가면서 상대방에게 생각이나 느낌을 전달하려고 할 것입니다. 그런데 출력물, 프레젠테이션, 음성, 몸짓 등 다양한 언어를 준비하여 느낌이나 생각을 전달하였지만, 상대방이 제대로 이해하지 못하게 되는 경우가 발생하기도 합니다. 혹시나 해서 한 종류의 언어가 아닌 다양한 종류의 언어로 이야기했는데, 왜 그럴까요? 아마도 사유는 ① 서로 다른 데이터를 기준으로 이야기하는 경우, ②경험과 수준 차이에 의해 용어나 개념을 이해하거나 받아들이는 정도가 다른 경우, ③추구하는 방향이 다른 경우 등일 것입니다. ②와 ③의 경우에는 개인별 경험, 생각, 수준 등 주관적 관점의 차이로 인해, 내가 노력한다고 해서 쉽게 해결되지 않습니다. 하지만 ①은 내가 노력하면 쉽게 가능할 수 있습니다. 즉, 노력해서 데이터 기준을 다르지 않게 하면 됩니다. 하지만 우리가 업무하면서 많은 노력을 하는 것 같은데, 이것마저도 쉽지 않습니다. 왜 그럴까요? 데이터는 프로세스를 기반으로 생성되는데, 프로세스가 표준화, 단순화되어 있지 않고, 프로세스 간 제대로 연계되어 있지 않고 제각각이라면, 그리고 비즈니스 리듬을 통해 데이터를 생성하는 시점 또한 다르다면, 아무리 혼자 노력한들 가능할까요?

조직에서 데이터는 중요하며 가장 명확한 언어입니다. 즉, 구성원들의 주관적 관점에 구애(拘礙)받지 않고, 개인별 성향과도 무관하게, 모든 구성원들을 객관적인 관점에서 이해시킬 수 있는 언어는, 음성과 몸짓이 아닌 데이터입니다. 그런데 각 기능별로 수요공급 데이터를 구축하는데, 기준이 되는 프로세스가 다르다면 어떠할까요? 이러한 문제를 해소하는 데 도움이 되는 것이 S&OP 프로세스입니다.


**- Episode -**


- 기업의 수요공급 프로세스상에서, 구성원마다, 각종 개념이나 용어를 이해하는 수준과 상태는 다를 수 있습니다. 그런데 "구성원 간에 개념이나 용어를 이

해하는 수준과 상태가 다르다는 것"은, "구성원 간에 생각하고 행동하면서 차이가 발생할 수 있다는 것"을 의미할 수도 있고, 이로 인해, "기업의 인지반응 속도와 방향에 영향을 미칠 수 있다는 것"을 암시할 수도 있으므로, "구성원들 간에 개념이나 용어를 이해하는 수준과 상태를", "어떻게, 얼마나 좁힐 수 있느냐"가 매우 중요할 수 있습니다.

여러분들은 조직구성원들과 같은 용어와 개념을 이야기하면서 난색을 보였던 적은 없으신가요?

### "관리"

어떤 대상을 "관리한다."고 이야기하는 것은, "하나의 기능이 아주 세세한 부분까지 모두 포함하여 종합 관리할 수도 있다는 것", "하나의 기능이 Main 분야를, 그리고 또 다른 기능이 Sub 분야를 분담하여 관리할 수도 있다는 것" 등을 의미합니다. 예를 들어, 여러 기능에 두루 걸쳐 있지만, 책임에 대한 경계선이 명확하지 않은 A 분야가 있습니다. 이를 개선하기 위해, 향후부터 "A 분야를 관리하겠다"고 B가 이야기하였고, B는 여러 기능들에게, "A 분야에 대해 시간을 가지고 R&R을 재정립하자"고 하였습니다. 그런데 B가 이야기를 꺼낸 지 얼마 되지 않아, A 분야에 이슈가 발생하였습니다. 그래서 B가 여러 기능들에게 협조 회의를 하자고 하였습니다. 그러자 여러 기능들이 B에게 이렇게 이야기를 하였습니다. "B 당신이, 그리고 당신이 소속된 기능이 A 분야에 대해 관리하기로 하였으니, B 당신과 당신이 소속된 기능이 알아서 하면 되지 않나요?"

B가 "A 분야를 관리하겠다"고 이야기를 한 것은, A분야는 그동안 여러 기능들에 의해 분산 관리되고 있는 것처럼 보였지만, 책임의 경계가 모호하고, 이슈 발생 시, 주도적으로 나서는 기능이 없어, 빠르게 앞으로 나아가지 못하고 제자리에 머무르는

시간이 증가하기에, B의 생각에는 "주도적인 역할을 해야 할 기능이 필요할 것 같다"는 판단으로, 희생정신을 가지고 능동적으로 이야기한 것입니다. 그런데 모두 발을 빼고 책임을 회피하려고 하면서 "B 당신이 A 분야를 관리한다고 했지 않느냐?, 그러니 당신과 당신이 소속된 기능에서 모두 하면 되지 않느냐?" 식의 이야기가 나온다면, 이러한 분위기에서 과연 누가 Proactive를 실천하겠다고 나설 수 있을까요? 제 경험으로는, 조직마다 달랐지만, 어떤 조직에서는 "관리" 용어에 대한 이해와 공감대를 형성하기까지 정말 많은 인고의 시간이 소요되었습니다. "관리"라는 용어 모르시는 분은 없을 것입니다. 조직에서 정말 흔히 사용하는 용어입니다. 그렇다면 다른 용어들은 어떠할까요?

### "차이"

S&OP Demand Planner를 채용하는 면접에 참여한 인원들에게, 책에 있는 내용 말고 본인의 주관적 입장에서, Demand Planner의 역할과 SCM을 이야기해달라고 하였습니다. 면접에 참여한 인원마다 개략적이든, 구체적이든 이야기를 하였지만, 극과 극이었습니다. 정말 생각은 각각 달랐습니다.

우리가 태어나 부모님과 많은 시간을 같이 지내왔지만, 어느 순간부터 어떠한 이슈를 이해하고 생각함에 있어, 차이가 발생하기도 하고, 결혼 후 아내와는 하나부터 열까지 충돌이 일어나기도 하고, 자식은 여러분들이 이야기하는 대로 안 되는 경우가 발생하기도 합니다. 이러면, 소통과 공감대를 형성하기 위해 여러분들은 어떠한 언어로 이야기를 하고 계신가요?

제가 예전에 근무했던 조직에서는, 조직 특성상 1개월 마다 새로운 구성원이 전입을 합니다. 서로 다른 부모님에게 자랐고, 서로 다른 생활환경과 서로 다른 교육 수준, 서로 다른 경험 등으로 인해, 같은 내용이라도, 각자가 받아들이고 이해하는 정도에 차이는 분명하게 발생하였습니다. 이로 인해, 구성원들을 대상으로 하는 설문 조사는, 정말 극과 극이었습니다. 산포가 작은 것도 있었지만, 산포가 커서 신뢰성이 없는 경우도 많았습니다. 그런데 이렇게 산포가 많이 발생하는 것이, 온전히 구성원 들의 잘못이라기보다는, 다양한 구성원들이 동일하게 이해하지 못하도록 설문지를 작성한 저의 문제이기도 하였습니다.

여러분들은 이야기할 때, 어려운 말을 많이 사용하시는 편이신가요? 간혹 보면, 구성원들의 수준을 고려하지 않고 거창하게 화려한 말이나, 특정 분야에 국한된 전 문용어를 많이 사용하시는 분들이 계십니다. 이러한 경우, 구성원들이 제대로 이해 를 했을까요? 대학교 강의에서 사용하는 용어를 초등학생에게 이야기를 하면 이해 할 수 있을까요?

조직 생활에서 흔히 이야기하고 듣고 있는, Fool Proof 개념을 모르시는 분은 없 으실 것입니다. 그리고 많은 분들이 Fool Proof 개념을 현장 설비, 작업, 매뉴얼 등에 적용하라고 이야기를 합니다. 그런데 왜 S&OP 프로세스상에서 Fool Proof를 이야 기하시는 분들이 많지는 않을까요? 그리고 S&OP 프로세스상에서 Fool Proof 개념 을 제대로 적용하지 못하고, 상대방이 불편해하며 이해하기 어려운 언어를 주고받고 있는 것일까요? 개개인의 열정과 역량, 수준 차이, 조직문화 등에 의해, 이해를 못 하 고 못 시키고 있는 것일까요? 아니면 Visibility와 Process가 미흡하고, 이로 인해 불 확실성이 상존하고 있기 때문에, 이해를 못 하고 못 시키고 있는 것일까요? 아니면 둘 다일까요?

- 나의 입장에서 생각과 느낌을 전달하는 것도 중요하지만, 더욱 중요한 것은, 나의 생각과 느낌을 상대방에게 올바르게 이해시켜, 상대방으로부터 필요한 반응을 이끌어내는 것입니다. 나의 생각과 느낌을 상대방이 올바르게 이해하지 못한다면, 그리고 상대방이 나의 생각과 느낌에 부합된 반응을 하지 않는다면, 내가 현재 사용하고 있는 언어는 더 이상 언어로서 가치가 없습니다. 자신의 기준에 아무리 좋은 자료와 데이터를 준비했다고 하더라도, 상대방이 제대로 이해하지 못했다면 헛된 시간을 소비한 것이므로, 실시간 변화되는 상대방의 눈높이에 맞는 언어를 준비하고, 구사할 수 있는 능력을 반드시 갖출 필요가 있습니다.

- 개인의 간단한 일상대화에서부터 중요한 업무에 이르기까지, 각종 용어의 정의와 개념을 제대로 이해한 상태에서 대화와 행동을 해야 합니다. 만약 그렇지 않다면, 서로 이해하는 정도가 달라 대립이 발생할 수 있으며, 본래 취지와는 다른 방향으로 흘러가서, 의사결정이 지연될 가능성도 커집니다.

  여러분들은 각종 용어의 정의와 개념들을, 얼마나 정확하고 명확하게 알고 계십니까? 그리고 경험을 통해, 얼마나 여러분들만의 철학으로 형성하고 있습니까? 혹, 앵무새처럼 Announce하거나 따라 하는 수준은 아닌가요? 비견한 예로, 물건을 내줄 때, 분출이라는 용어를 사용하는 것을 보았습니다. 분출? 맞을까요?

# 5장

# SCM에 영향을 미치는 이슈들

*- Issues affecting SCM -*

# 사심

일반적으로 기업에는 입사 시점 관점에서, 크게 두 가지 부류의 구성원들이 존재합니다. 초창기부터 근무해온 OB, 조직이 성장하면서 새로 영입된 YB(본서에서 YB는 보다 큰 기업에서 근무했던 경력자). 그리고 이러한 구성원들이 SCM에 대해 느끼는 감정은 포용, 무관심, 귀찮음, 무지(無知), 친숙함, 당연함 등 다양할 수 있습니다. 그런데 OB와 YB가 공존하고, 구성원들 간에 SCM에 대한 생각이 서로 다른 상태의 기업이, SCM에 대해 새롭게 눈을 뜨려고 한다면, 주의해야 할 상황들이 있습니다. 그중에서도, 두 가지만 예를 들어 이야기해 보겠습니다.

"하나", OB 중에 SCM을 사리사욕의 도구로 이용하려는 구성원이 발생할 수 있다는 것입니다.

일반적으로 "대기업 군에서 SCM을 전문으로 하는 구성원은, 직급의 수직이동에 있어 긍정적인 결과로 이어질 확률이 높다"고 대기업군에 근무했던 인원들이 이야기를 하곤 합니다. 이런 이야기를 "왜 하는지", "뭘 어쩌자고 이야기하는 것"인지는 모르겠습니다만, 이러한 이야기를 들은 OB 중에는, SCM을 함에 있어 갖추어야 할 역량은 전혀 고려하지 않고, 계급과 기득권의 이점만을 이용하여 SCM을 주도하려는 구성원이 나타나기도 합니다.

그런데 SCM은 기능별 부분 최적화에 오랫동안 길들어 있는 사람일수록 잘할 가능성이 낮습니다. 왜냐하면 부분 최적화 위주로 생각하고 행동하던 사람이, 갑자기 전체 최적화 위주로 생각하고 행동하는 사람으로 변화되기란 정말 쉽지 않기 때문입니다. 기존 조직의 업무를 많이 아는데 부분 최적화 관점에서 오랜 기간 길든 사람과 기존 조직의 업무는 많이 모르는데 전체 최적화 관점에서 사고와 행동을 할 수 있는 사람, 두 사람 중에 SCM을 잘할 수 있는 사람은 후자입니다. 차라리 기존 업무를 모르는 것이 낫습니다. 왜냐하면 SCM은 기존 관행 중, 올바른 방향과 속도로 되어 있지 않은 부분을 타파하기 위해 새로운 시각으로 프로세스를 들여다보아야 하는데, "기존 관행에 익숙해져있는 것"은 그리 도움이 되지 않습니다. SCM은 업종과 관계없이, 시스템·전체 최적화 관점에서 하나의 프로세스라도 제대로 세분화하고, 표준화, 단순화를 구현해 본 사람이 더 잘할 수 있습니다.

그리고 SCM은 빨리 되지 않습니다. 기존 구성원들의 생각하고 행동하는 방식이 녹아있는 프로세스를, 올바른 방향과 속도로 단기간에 풀어가는 것은 결코 쉬운 일이 아닙니다. "기다림의 미학"을 가지고 단기적, 중기적, 장기적 계획을 수립하여 상당 기간 인고의 과정과 시간을 거쳐야 합니다. 그런데 SCM을 처음 접하며 "SCM을 사리사욕에 이용하고 싶은 OB 구성원"은, "기다림의 미학"이 필요하다는 것을 제대로 알지 못하기에, 단기간에 성과를 나타내려고 "눈 가리고 아웅"하기와 "보여주기"식에 치중할 가능성이 매우 큽니다. 이로 인해, 피상적으로는 뭔가 하는 것 같은데 실제 내실은 없고, Supply Chain이 더 이상하게 꼬였는데 해결될 기미는 보이지 않고, 시간이 지날수록 수면 아래에서 곪아가는 이슈들만 증가할 가능성이 상존하게 됩니다.

"둘", YB 중에 SCM에 대한 경험이 귀동냥 수준임에도 불구하고, 마치 "SCM을 잘 알고 역량이 높은 것처럼 과시하는 구성원이 발생할 수 있다"는 것입니다.

보다 큰 기업에 소속되어 있다가, 그보다 작은 기업에 소속되게 되면, 바다에서 생활하다가 작은 호수에 온 느낌을 받을 것이고, 작은 호수의 물고기들에게 그들이 경험하지 못한 바다에 대해 이야기할 것입니다. 문제는, 본인은 태평양에 있었고, 인도양, 대서양은 귀동냥으로 들었는데, 모두 잘 아는 것처럼 이야기하는 것입니다. 저도 유사한 경험이 있습니다. 이전 직장에서 수만, 수십만 명을 대상으로 업무를 수행해야 하는 조직에 소속되어 있다가, 수백, 수천 명을 대상으로 하는 하부 조직으로 보직을 옮기게 되면, 하부 조직 구성원들에게 많이 아는 것처럼 이야기하기도 하였습니다. "지금은 반성을 많이 하고" 있습니다. 그래서 다른 분야는 제가 경험해 보지 못해서 잘 모르겠으나, SCM에 대해서는 다음과 같이 말씀드리고 싶습니다. "일정 수준의 지식을 보유한 상태에서, 다양한 직간접 경험을 통해 본인만의 철학을 형성시키지 못하였다면, 아무리 큰 조직에서 생활했다고 할지라도, SCM에 대해서 정말 잘 아는 것처럼 이야기해서는 안 된다"는 것입니다. SCM에서 보편적으로 간주하는 전략적, 전술적 이슈들 외에도, 조직의 특성에 부합된 전략적, 전술적 이슈들이 존재할 수 있습니다. 그런데 조직의 특성을 고려하지 않고, 보편적인 기준에 맞추어 일괄적으로 진행하거나, 전략적으로 해야 할 것을 전술적으로 생각하고 추진하거나, 전술적으로 해야 할 것을 전략적으로 생각하고 추진하게 된다면 어떻게 될까요? 아마도 뒤죽박죽될 것입니다. 특히, 한번 구축 또는 정립되면 장기간 영향을 줄 수 있는 전략적 이슈들을 잘못 판단하는 경우, 다시 되돌리기 쉽지 않으며, 오랜 기간 Supply Chain에 악영향을 미치게 됩니다.

집을 짓는 데 기초공사의 중요성을 모르고, 집을 짓는다면 어떻게 될까요? 아마도 얼마 되지 않아, 건물에 다양한 문제가 생길 것입니다. 이와 유사하게, SCM도 조직의 환경에 맞는 기초공사가 매우 중요하며, SCM상에서 발생하는 이슈들의 대부분은 여러 기능들과 연결되어 있을 가능성이 높기에, 단편적으로 보고 접근하게 되면 근본적으로는 해결되지 않고 또 다른 제약을 발생시킬 수도 있습니다.

따라서 앞에서도 말씀드린 것처럼, SCM은 스펙트럼과 같기에, YB가 이전에 소속되어 있던 조직의 SCM이 전부인 것처럼 생각하고, 이를 그대로 모방하여 "현재 소속되어 있는 조직에 맞는 SCM 방향이라고 이야기하는 것"은 큰 의미가 없습니다. 조금은 도움이 될지 몰라도 절대적이지는 않습니다. 절대적 당위성을 강요하게 되면, 오히려 혼란만 가중할 수 있습니다.

A라는 사람이 "큰 조직에 있다거나, 큰 조직에 있었다"고 하면 작은 조직에 있는 사람들의 대부분은 조건 없이 A를 우러러보는 경향이 있기도 합니다. 이러한 현상이 발생하는 원인은, 큰 조직 Brand와 사람을 일치시키기 때문입니다. 아이러니한 것은 "큰 조직 Brand 안에도 천차만별 수준의 사람들이(Leadership, 업무 전문성 등) 존재한다"는 것입니다. 따라서, 무조건 큰 조직 Brand와 사람을 일치시키려고 하지 말고, 실제 해당 직무에 유능한(적합한) 사람인지는 시간을 가지고 확인해볼 필요가 있습니다.

• 가장 최악의 시나리오는, SCM을 본인의 사리사욕 도구로 이용하려는 OB와, SCM에 대한 경험이 귀동냥 수준임에도 불구하고, 마치 SCM을 잘 알고 역량이 있는 것처럼 과시하며, 이전에 소속되어 있던 조직의 SCM 운영방식이 절대적인 것처럼 그대로 모방하고 이야기하는 YB가, 서로 의기투합하는 것입니다. 이러한 경우, 조직을 위한 SCM이라기보다는 두 사람만을 위한 SCM이기에, 내실보다는 "보여주기"식을 벗어나지 못할 가능성이 매우 큽니다.

그리고 소수 인원이 입신(立身)을 위해 설정했던 방향이 잘못되었음을 조직이 뒤늦게 깨달았다면, 그래서 다시 되돌리려고 한다면, SCM 특성상 되돌리는 데 걸리는 시간은, 그동안 경과된 시간의 최소 두 배 이상입니다.

- YB가 이전에 소속되어 있었던 조직의 정보시스템 운영방식 중, 귀동냥 수준에서 경험했던 사례를 제시하자, "부실한 프로세스를 기반으로 정보시스템이 구축 및 운영되고 있었음에도", OB는 단기간에 정보시스템을 부분 수정하여, YB가 이야기한 부분들이 제대로 되는 것처럼 발표하였습니다. 특히, 특정 기능에 국한된 관리지표를 획기적으로 개선하여 마치 전체가 개선된 것처럼 지속 공유하였고, YB, OB 두 사람은 "정보시스템을 통해 프로세스를 개선했다"는 성취감에 도취하여 있었습니다. 하지만 자화자찬과 별반 다르지 않았습니다. 왜냐하면, 프로세스가 근본적으로 개선된 것이 아니라, 그때그때 "지속실행 가능성이 희박한", "임기응변식"의 Task와 Activity를 끼워 맞추는 등, "유동적으로 조직을 운영하여 단기간에 정보시스템 데이터가 개선된 것처럼 보여준 것"이기 때문입니다. 즉, 정보시스템에 나타나는 데이터를 개선하기 위해, 근본적으로 프로세스를 검토하기보다는, 정보시스템 데이터에 목표를 두고, 임기응변식으로 현장을 움직였으며, 이러한 행위는 다른 부분에 또 다른 제약을 발생시켰고, 당연히 정보시스템에 나타나는 데이터는 인과관계를 왜곡하고 있었습니다. 왜 하는지? 이해가 되지 않았으며, 한편으로는 수년 동안 "눈 가리고 아웅"할 수 있는 역량 또한 대단하다고 느껴졌습니다.

  그리고 많은 사람들에게 공유되었지만, 관심을 갖는 사람은 YB, OB, 데이터 구축 역할을 담당한 일부 구성원뿐이었습니다. 정보시스템에 관리지표를 설정해 놓고, 관리지표를 통해 정보시스템과 프로세스를 개선하는 방법을 흔히 활용하고 있지만, 아이러니하게도, 부실한 프로세스를 기반으로 구축된 정보시스템에서는, 어떤 방식으로든 왜곡할 수 있습니다. 왜냐하면, 시스템·전체 최적화 관점에서 프로세스가 단순화, 표준화되어 있지 않기에, "코에 걸면 코걸이", "귀에 걸면 귀걸이"와 같은 개념으로, 프로세스를 얼마든지 변화시킬 수 있기 때문입니다.

그리고 근본적 프로세스 개선이 아닌, 정보시스템 Display에만 초점을 두고 단기간에 집중하는 방식은, 임기응변식 행위가 추가되어, 다른 프로세스들에 영향을 미치기도 합니다.

설상가상으로 상급자나 주위 구성원들이, 전체 최적화, 시스템, 프로세스, 데이터 과학 등에 경험이나 철학이 없다면, OB가 "눈 가리고 아웅 하기"에 더 쉬운 환경을 제공하게 됩니다.

『상급 조직에서, 하위 A, B, C, D 조직들이 보유하고 있는 F 물자에 대한 점검계획을 수립하였습니다. 그리고 각 하위 조직들에게 점검하겠다는 공식문서를 통보하였습니다. 그러자 각 하위 조직의 F 물자 담당자들은 걱정이 앞섰습니다. F라는 물자를 제대로 관리하지 않아, 100% 보유하지 못하고 있었기 때문입니다. 하지만, 점검 일자를 보니, 걱정은 사라졌습니다. 왜냐하면, A, B, C, D 조직별 점검 일자가 상이하여, 점검 때 잠시 빌려다 놓으면 문제가 없기 때문입니다.』

• OB 분들을 무조건 좋지 않은 시각으로 보고, 저(低)평가 취지로 말씀드리는 것이 아닙니다. OB 분들 중에서도 SCM을 제대로 할 수 있는 분들이 얼마든지 계실 것입니다. 다만 SCM을 주관해보려고 하는 OB 분들이 계신다면, 계급과 기득권의 이점만을 이용하여 SCM을 주도하고 주관하려 하지 말고, SCM을 할 수 있는 역량을 제대로 갖추고 있는지 스스로 한 번쯤 뒤를 돌아볼 필요도 있지 않을까요?

SCM은 부분이 아닌, 기업 내·외부 Supply Chain 전체를 대상으로 하기에, SCM에 눈을 뜨기 시작한 기업은 "다양한 현실의 난관을 어떻게 극복해야 할지"에 대해 많은 고민을 하게 될 것입니다. 그런데 아이러니하게도, "SCM 수준을 높이기 위해 어떻게 해야 할지?" 판단하기는 어려우나, 상대적으로 "SCM을 해야 한다"고 이야기를 꺼내기는 쉬울 수 있습니다. 많은 기업 중에 시스템과 프로세스가 정말 잘 구축되어 있으며, 경제성, 효율성, 효과성이 극대화되고, 수요공급이 최적화되어 운영되는 기업이 얼마나 될까요? 그리 많지는 않을 것입니다. 이러한 현상으로 인해, 각종 교육, 대중매체, 컨설팅을 통해 SCM에 대해 조금이라도 맛을 보았거나, SCM을 전문적으로 하고 있는 기업에 근무하면서 직간접적으로 SCM을 접해본 사람이라면, "SCM이 필요하다는 당위성"을 얼마든지 이야기할 수 있습니다.

특히 중견, 중소기업의 SCM은, 대기업에서 이직한 전문경영인의 영향으로 시작될 확률이 매우 높습니다. 하지만, 전문경영인이 다양한 직간접적 경험을 통해 "어떻게"에 대한 자신만의 철학을 가지고 있지 않다면, 신중히 접근해야 함은 물론이고, SCM을 본인 과시의 수단이나, 단기간의 업적으로 가지고 가려고 해도 안 됩니다. 반드시 다음 전문경영인에게 공을 돌릴 수 있도록, 중장기 계획을 수립하여 진행해야 합니다. 왜냐하면, 꼭 규모를 떠나 SCM이 내부에서 화두가 되지 않았던 기업들은, 시스템과 프로세스들이 빈약하고, 사람에 의존하여 오랜 기간 진행됐을 확률이 높기에, 겉으로 보이는 것과는 정말 다를 수 있기 때문입니다.

조직이 거대해질수록, 올바른 방향과 속도로 운영하기 위해서는, 우수한 프로세스와 시스템이 밑바탕에 깔려있어야 합니다. 그래서 대기업일수록, 중견, 중소기업에 비해, 올바른 방향과 속도로 결정을 내리는 데 도움이 될 수 있는 우수한 시스템이나 프로세스가 구축되어 있습니다. 그런데 대기업이 단기간에 이러한 환경을 구축하게 되었을까요? 대기업으로 성장하면서 각종 몸살을 앓았고, 몸살에 걸리지 않도록 체질을 개선하기 위해, 나름대로 많은 시간과 비용을 투자하며 피나는 노력을 했을 것입니다. SCM 수준을 향상했다는 것은, "체질 개선을 위한 혹독하고 피나는 노력이 수반되었다"는 것을 의미하기에, 이제 막 SCM에 눈을 뜨려고 하는 중견, 중소기업에서, 전문경영인이 단기간에 성과를 나타내려고 한다면, 지나친 욕심일 수 있습니다. 자칫 잘못하면, 조직을 위한 것이 아닌, 전문경영인과 기회를 잡으려는 일부 OB들의 SCM으로 전락할 수도 있습니다.

한옥에서 가장 중요한 부분을 "구들장"이라고 흔히 이야기합니다. 그리고 어떤 목수는 항상 다 만들어진 구들장 위에 집만 지어 보았습니다. 만약 이 목수에게 구들장을 포함하여 한옥을 한 채 지어보라고 한다면, 제대로 지을 수 있을까요? 아마도 제대로 짓지 못할 것입니다. 왜냐하면 한옥 한 채를 온전히 지어본 경험이 없어, 한옥에 대한 본인만의 철학이나, 사상이 있을 수 없기 때문입니다. 이와 마찬가지로, 기존에 구축되어 있는 SCM을 운영만 해본 사람은, 철학이나 사상이 부족하여 새로운 환경에서 SCM을 구축하기가 쉽지 않을 것이며, 특히 조직 내부와 조직 하부의 상태를 제대로 알지 못하면서 당위성만을 가지고 구축을 시도한다면, 이는 조직문화만 더 좋지 않게 만들 수도 있습니다. 따라서 SCM의 시작은 필요하지만, "어떻게"에 대해서는, 조직이 처한 여건과 상태, 수준에 따라 신중하게 고민 후, 진행할 필요가 있습니다.

상당 기간 SCM과 S&OP를 리드하려고 하고, 항상 대내외적으로 SCM과 S&OP의 중요성을 강조하던 극소수의 구성원이 다음과 같은 이야기를 꺼냈습니다. "실제 해보니 이 조직에는 SCM에 대한 비전이 없고, S&OP가 판생 회의, 생판 회의와 별반 차이가 없으므로, 이 조직에 SCM과 S&OP는 쓸모가 없다." 물론 SCM과 S&OP의 운영되는 수준을 빗대어 이야기를 할 수도 있지만, SCM과 S&OP를 "어떻게 해야 하는지" 정말 모르는 수준에서 이야기하거나, "사심에 의한 뒷다리"를 걸기 위함일 수도 있습니다. 왜냐하면 상당 기간 마치 많이 아는 것처럼 이야기하고, 대내외적으로 SCM과 S&OP가 중요하다는 것을 강조하다가, "SCM과 S&OP에 더는 밀접해지지 않는 시점"에 꺼낸 말이었기 때문입니다. 처음 이야기를 들었을 때는 "어떤 의미로 이야기하는 것"인지 이해가 되지 않았습니다. 하지만 시간이 지나니, SCM과 S&OP를 "제대로 이해하지 못한 상태"에서 "사심을 가지고 접근했다"는 확신이 들었으며, 한편으로는 "못 먹는 감 찔러나 본다."의 속담 또한 느끼게 되어 씁쓸하기도 하였습니다. SCM은 어느 순간 종료되는 것이 아니라, 조직의 사업이 없어지는 그 날까지 진행되는 것이기에, 조직의 이익과 시스템·전체 최적화 개념에 입각해, 객관적이고 투명하게 운영되어야 합니다. 절대로 개인의 역량 과시나, 사사로운 이익을 위해 존재하거나 운영되어서는 안 됩니다.

# 앵무새와 빨간펜

## 앵무새

조직이 거대해지고 성장을 하면 할수록, 경쟁해야 하는 대상과 환경이 다양해지고, 광범위해지기에, 이전의 운영방식으로는 더는 감당해낼 수 없다는 것을 깨닫게 됩니다. 이로 인해, 외부에 의존한 다양한 교육과 컨설팅을 진행하게 됩니다. 하지만 많은 기업들이 다양한 현실적 제약으로 인해, 모든 구성원들을 대상으로 세세하게 진행할 수는 없으므로, 전체를 대상으로는 Announce 수준에서, 일부(주로 중간계층)는 보다 구체적인 수준으로 진행할 것입니다. 그리고 조직이, 이렇게 외부 교육과 컨설팅을 시행하는 목적은, "참가하는 구성원이 교육이나 컨설팅 내용을 완전히 흡수하고 실제 업무 적용을 통해 완전히 조직의 것으로 만들었으면 하는 것"과 "참여하는 구성원이 교육이나 컨설팅을 통해 기존 매너리즘이나 잘못된 관행을 타파하고, 조직 구성원들을 올바른 방향과 속도로 변화시켰으면 하는 것" 등일 것입니다.

여러분들이 소속되어 있는 조직은 어떠한가요? 여러분들이 소속되어 있는 조직의 구성원들은, 교육이나 컨설팅 등을 통해 배우고 경험한 내용들을 완전히 소화하고, 노력을 통해 실제 업무에 적용하거나, 완전히 조직 것으로 만들어 지속 실행하고 있나요?

　교육과 컨설팅 내용이, 올바른 방향과 속도의 과정, 결과로 이어지기 위해서는, 교육이나 컨설팅에 참여한 구성원들이, 끊임없이 수평, 수직에 위치하는 주위 사람들과 학습공동체를 형성하고 탐구하며, 때론 Facilitator의 역할도 해야 합니다. 그리고 주위의 구성원들은, 이에 적극적으로 동참하여 네트워크화된 학습공동체를 형성하고, 인고와 축적의 과정을 통해 실행으로 이어질 수 있도록 다 같이 노력해야 합니다. 하지만, 계급의 한계(직책이 아닌 계급으로 일하는 분위기), 눈치보기, 개인적 성향 등 다양한 이유로 인해, 교육이나 컨설팅에 참여한 구성원 개인의 습득 상태로 끝나거나, 타 구성원들에게 단순히 홍보하는 상태로 종료되기도 합니다. 이러한 경우가 지속한다면, 직접 실행하는 구성원보다는, 마치 많이 아는 것처럼 행세하려는 구성원만 증가할 것입니다. 그리고 조직 내, 이러한 앵무새가 증가할수록, 말만 무성하지 실행력은 부족한 조직으로 거듭 발전하게 될 것이며, 앵무새가 상급자일수록 조직에 미치는 부정적 영향은 더 크게 됩니다.

**▬ Episode ▬**

　어떤 상급자가 교육과 컨설팅을 통해, 문제를 해결하는 데 도움이 되는 전략적, 논리적 사고 Tool을 경험하였습니다. 그동안, 본인도 제대로 들어보지도 경험하지도 못

하였지만 좋다는 것을 느껴서, 하부 구성원에게 어떤 문제를 전략적, 논리적 사고 Tool을 통해 검토해서 가지고 오라고 하였습니다. 그리고 하부 구성원은 몇 날 며칠을 끙끙대다가 검토해서 가지고 왔습니다. 그리고 그것을 가지고 많은 사람이 모여서 회의를 하였습니다. 과연 결론이 제대로 날까요? 본인이 상급자인데 전략적, 논리적 사고 Tool을 제대로 경험하지 못했다면, 본인이 소속되어 있는 조직의 하부 구성원들 또한 전략적, 논리적 사고 Tool을 업무에 제대로 활용해 본 해본 적이 없습니다. 그런데, 하부 구성원에게 본인이 아는 수준에서 대충 설명하고, 알아서 해 오라고 하면, 하부 구성원이 제대로 검토해서 가지고 올 수 있을까요? 그리고, 하부 구성원이 검토해온 내용에 부족한 부분이 있더라도, 회의에 참석한 구성원들이 토의 과정에서 바로잡고 결정으로 이어지게 만들 수 있을까요? 물론 하부 구성원을 포함한 구성원들의 분석 역량이 정말 뛰어나고, 평소 전략적, 논리적 사고 Tool의 활용을 생활화하며 다양한 문제를 해결해온 상태라면 가능할 수도 있습니다.

전략적, 논리적 사고 Tool을 이용한 문제 해결은, 단순히 직급과 계급이 높다고, 나이가 많다고, 특정 분야에 경험이 많다고 잘할 수 있는 것이 아닙니다. 평상시 업무에서, 논리적, 시스템적, 전략적 사고를 생활화하고, 전략적, 논리적 사고 Tool을 이용하여, 실제 다양한 문제를 해결해 본 경험이 있어야만 일정 수준에서 진행할 수 있습니다. 결코 쉽지 않습니다. 그리고 문제마다 문제의 복잡성, 난이도, 경중에 따라 전략적, 논리적 사고 Tool 또한 다양하게 적용해야 할 필요성도 있습니다. 왜냐하면, 어떤 것은 간단한 사고 과정을 통해서도 해결이 가능하지만, 어떤 이슈들은 복잡한 사고 과정을 통해야만 근본원인에 도달할 수 있기 때문입니다.

저의 경우를 말씀드리면, 어떤 이슈의 근본 원인을 찾기 위해 전략적, 논리적 사고 Tool을 이용하여 몇 날 며칠을 고민해 보았지만, 잘 풀어내지 못했던 적도 있었고, 이제는 어느 정도 Tool 활용에 익숙해졌다고 생각되었지만, 새로운 이슈들을 직면할 때마다 항상 낯선 느낌을 지울 수가 없었습니다. 그리고 같은 문제라도, Tool에 따라 "근본 원인에 접근하는 정도에" 차이가 발생하여, 다양한 Tool의 적용을 고민해야 했던 적도 많이 있습니다.

즉, 본인이 전략적, 논리적 사고를 많이 해보지 않았고, 다양한 Tool을 활용해 본 경험이 없다면, 하부 구성원에게 "전략적, 논리적 사고 Tool을 통해 문제를 해결하라"라고 이야기만 하지 말고, 본인도 전략적, 논리적 사고를 키우기 위해 노력을 해야 하고, 때로는 다양한 Tool을 통해 문제를 직접 해결해 보기도 해야 합니다. 왜냐하면, 상급자가 전략적, 논리적 사고에 대한 능력이 부족하다면, 하부 구성원이 만들어 온 자료를 제대로 검토할 수 없으며, 혹, 갈팡질팡하다가 잘 안 되면, 결국에는 하부 구성원의 수준만을 탓할 가능성 또한 높기 때문입니다.

그리고 문제의 복잡성, 난이도, 경중 등을 고려하여, 하급자가 "성취감과 의욕을 가지고 천천히 학습"할 수 있는 과정을 겪게 해주어야 하며, 하부 구성원이 소화하기 어렵다고 판단되는 문제는 본인이 직접 해야만 합니다. 여러분들 본인은 제대로 실행하지 못하면서, 하부 구성원이 만들어 온 자료에 감 놔라, 배 놔라만 하다가, 결론에 이르지 못하면 "하부 구성원의 능력이 부족해서 안 된다."는 식의 이야기를 하고 있지는 않은가요?

제가 경험했던 어떤 조직에서는, 문제의 복잡성, 난이도, 경중에 따라 전략적, 논리적 사고 Tool을 다양하게 검토하기보다는, 벤치마킹을 통해 알게 된 5 Why만을 이야기하며, 5 Why만을 자주 활용하였습니다. 이 조직의 상급자들은 하급자들의 5 Why 결과에 대해 "왜 이렇게밖에 못 하냐며" 자주 불만이 있었고, 상급자 본인들은 5 Why 전문가라고 이야기를 하였습니다. 우연한 기회에 해당 조직의 상급자들이 모여서 직접 5 Why를 한 결과를 보았습니다. 글쎄요….

오늘날 소통, 협업, 합의가 유행처럼 강조됨으로 인해, 많은 사람들이 소통, 협업, 합의를 흔히 이야기하고 있고, 경계선상에 어떤 이슈만 있으면, 소통, 협업, 합의가 필요하다고 빗대어 이야기하고 있는데, 중요한 것은, 소통, 협업, 합의를 실천하는 것처럼 보여주기 위한 미팅이나 회의를 개최하는 것이 아닌, 올바른 방향과 속도로 소통, 협업, 합의되어 결정으로 이어지고, 지속실행 가능한 상태로까지 연계되는 것입니다. 여러분들은 어떠하신가요? 주위에서 많이들 이야기하니까 단순히 따라 하거나 "보여주기"식의 소통, 협업, 합의를 이야기하고 있지는 않은가요?

담당자 선에서 해결이 가능한, 굳이 기능별로 모여서 소통, 협업, 합의 필요 없는 당연한 이슈들에 대해서도, 기능 간 경계선으로 인해, 마치 대단한 일인 것처럼 자료를 준비하고, 회의를 진행하며, 기능 간 최고 상급자들이 최종 이야기를 해야만 종결되는 등, 기능 간의 이슈로 가지고 가는 현상을 볼 때마다 정말 안타깝습니다. 특히 기능 간 소통, 협의, 합의를 외치며, 이러한 안타까운 현상을 불러일으키는 상급자를 볼 때마다, 조직 관리에 대한 이해, 경험, 철학, 역량에 대한 의구심이 들 정도입니다. 합의, 소통, 협업을 외치기 이전에, 담당자들에게 전결권을 어떻게 부여하고 운영할 것인지?, 선조치 후보고 체계를 어떻게 구축 및 운영할 것인지? 등을 고민하고, 정립만 잘해놓으면 해결될 수 있는데, 언제까지 올바른 이해, 경험, 철학 없이 따라만 할 건가요?

## 빨간펜

우선 오해가 없으셨으면 합니다. "빨간펜"은 사교육 학습지 분야에서 사용되고 있는 용어이기도 하기에, 강조하여 말씀드리고 싶은 것은, 사교육 학습지 분야와 연계하여 이야기하는 것이 아닙니다. 단지, 예전 초등학교 시절에, 선생님께서 시험 문제지를 빨간펜을 이용하여 채점하고 돌려주셨던 기억과 연계하여 사용하는 용어임을 재차 강조해서 말씀드립니다.

가끔 기억이 납니다. 열심히 문제를 풀고 문제지를 선생님에게 제출하면, 선생님께서 빨간색 펜을 이용하여 채점을 하고, 문제지 상단에 크게 점수를 표시해서 주셨습니다. 그런데, 현재 기준에서 아쉬운 부분은, 선생님은 제가 왜 틀렸는지 알려주지 않으셨고, 저 또한, 점수를 잘 맞았느냐, 잘못 맞았느냐가 중요하였지, 왜 틀렸는지를 중요하게 생각하거나 고민하지 않았다는 겁니다. 그런데, 왜 틀렸는지를 고민하지 않았던 습관이, 중학교에 진학하면서 저의 학업에 부정적인 영향을 미쳤고, 왜 틀렸는지를 고민하고 별도 정리하는 습관을 형성하기까지, 많은 노력을 해야 했습니다. 여러분들은 어떠하신가요? 아마도 어떤 분들은 저와 같은 기억이 있을 수도 있습니다. 그렇다면, 여러분들이 소속되어 있는 조직에서는 어떠하십니까? 하부 구성원이 검토해온 업무에 대해서, 빨간펜으로 채점만 하고 계시지는 않으신가요? 그리고 업무의 난이도와 하부 구성원의 수준은 고려하지 않고, 미흡한 부분은 하부 구성원이 알아서 하면 된다고 생각하고 계시는지요?

여러분들은 소속되어 있는 조직에서, 다양한 직급과 직책에 있으실 것입니다. 혹시 여러분들께서는 어떤 직급, 직책부터 기안(起案)을 놓아도 된다고 생각하고 계신가요? 파트장?, 팀장?, 과장?, 차장?, 부장?, 임원? 등 다양한 생각이 있을 것으로 판단됩니다. 제가 생각하는 "기안을 놓아도 되는 직급과 직책"은 "없다"입니다. 왜냐하면 어떠한 업무나 이슈 등에 대해서, 조직의 구성원들이 충분히 해결해낼 능력이 있다면, 기안을 고민하지 않아도 되겠지만, 조직의 구성원들이 충분히 해결해낼 능력이 없다면 직접 기안해야 합니다. 그런데 많은 사람들이 일정 직급이 되면, 기안은 "하부 구성원이 해야만 하는 것"이라고 생각하는 경향이 있습니다. 물론, 하부 실무담당자가 해야 하겠지만, 업무와 이슈의 긴급성, 난이도, 경중에 따라, 누가 기안을 해야 할지는 융통성 있게 접근해야 합니다. 그리고 하부의 구성원들이 기안을 하더라도, 적기에 제대로 할 수 있도록, 필요하다면 방향도 제시해주고 일정 부분 같이 고민도 해주어야 합니다.

그리고 큰 규모 조직의 부장과 작은 규모 조직의 부장은 외부로 보이는 직급은 같은 부장이지만, 내면적으로는 같은 부장이 아닐 수 있습니다. 제가 이전에 근무했던 조직에서는, 같은 직급이었음에도, 보직 이동을 통해 큰 조직에 소속되느냐, 작은 조직에 소속되느냐에 따라, 경험하게 되는 업무 범위, 업무의 다양성, 업무의 Quality 등은 상이하였고, 조직이 저에게 요구하는 수준도 극과 극이었습니다. 예를 들어 같은 동기생이지만, 규모가 작은 말단 조직에서 오랫동안 근무했던 인원과 규모가 큰 상부 조직에서 오랫동안 근무했던 인원 간에, 생각과 경험의 폭, 행동방식, 업무 수준 등에서 차이가 발생했습니다. 이러한 점에서 중견, 중소기업의 부장이 대기업 부장과 같은 수준을 유지하려면, 현실에 안주하기보다는 능동적으로 더 많은 업무를 접해보면서 생각과 경험의 폭을 넓혀 가야 합니다. 그런데, 겉으로 보이는 직급을 기준으로 "너나 나나 동일한 부장이다"라고 생각하며 현실에 안주하려는 경향이 발생하게 된다면, 얼마 되지 않아 "우물 안 개구리"가 될 것입니다.

여러분들은 어떻게 생각하시나요? 여러분들의 경쟁상대는 동종 업체인가요? 글쎄요, 경쟁상대를 흔히 동종 업체로 생각하곤 하는데, 이러한 생각은 구시대적 발상입니다. 경쟁상대가 더는 동종 업체만이 아닙니다. 예를 들어 "과거에 카메라 제조사의 경쟁상대는 카메라 제조업체였지만, 지금은 카메라 제조사의 경쟁상대는 스마트폰과 아이패드 제조사도 포함될 수 있습니다. -경쟁우위의 종말-" 즉, 각종 첨단 과학기술의 발달과 글로벌화, 전 지구적으로 교육수준이 높아지면서, 어떤 분야의 업체가 경쟁상대로 등장하게 될지는 아무도 장담할 수 없습니다. 따라서 이제는 경쟁상대를 동종업계로 제한하기보다는, 경쟁상대를 고객으로 확대하여 생각해야만 합니다. 최소한 고객의 수준에서 또는 고객을 뛰어넘게 되면, 경쟁상대가 누구이든지 간에 고객으로부터 신뢰받고 선택받을 수 있습니다. 이러한 관점으로 볼때 조직 내부와 동종업계의 현실에 안주하고 복지부동하며, 말로만 그리고 펜대만 굴리려고 하지 말고, 중견, 중소기업에 근무하는 부장은 대기업의 과장, 차장 정도의 열정을 가지고, 중견, 중소기업의 과장은 대기업의 사원, 대리 정도의 열정을 가지고 끊임없이 생각하는 방식과 행동하는 방식의 Quality와 범위를 증가시켜 나아가야 합니다. (부장, 과장에만 국한되는 것이 아닙니다.) 그리고 이에 추가하여, 다양한 자기계발을 위해 끊임없는 노력 또한 기울여야 합니다.

**— Episode —**

"성공을 보게 되면 과정을 잊게 된다."는 말처럼, 겉으로는 선의의 노력과 경쟁을 통해 성공한 사례로 비추어졌었던 개인이나 조직의 이면에, 많은 불법적 과정이 있었음이 사실로 확인되었을 때, 여러분들은 어떠한 생각이 드시나요? 아마도 기본과정정당한 노력, 선의의 경쟁, 그리고 합법적인 과정 등에 내재한 가치들이 무의미하게 느껴질 수도 있습니다. 하지만, 시대적 기류와 연계되어 발생하고 있는 산업혁명의 계단이 올라갈수록, 이전보다는 투명하고 합법적인 과정을 사회 전반이 점점 요구하고 있다는 점은, 그나마 희망적이라고 보입니다. 하지만 산업혁명의 계단이 올라가고 시간이 지날수록, 개인이나 조직이 선의의 경쟁이나 합법적 과정을 통해, 우위에 올라설 수 있는 능력을 구축하는 것은, 점점 더 어려워지고 있는 것도 현실입니다. 왜 그럴까요? 점점 문명이 발달할수록 생활이나 교육 수준이 높아지고, 각종 기술과 데이터를 수집 및 응용할 수 있는 환경 또한 평준화되면서, "백지장 차이"라는 말이 실감 날 정도로 비슷한 수준의 사람과 조직들이 전 세계적으로 많이 형성되고 있기 때문입니다. 게다가 다른 업종의 조직이 경쟁상대가 될 수도 있는 불확실한 상황에 놓여 있기도 하기에, 앞으로는 영원하고 절대적인 우위는 없을 것이며, 언제든지 따라잡을 수도 언제든지 따라잡힐 수도 있을 것입니다.

『The End of Competitive Advantage(경쟁 우위의 종말)』의 저자인 Rita Gunther McGrath 교수는, 지난 30년간 경영 전략의 신기원(新紀元)처럼 자리 잡은 Michael Eugene Porter 교수의 How Competive Forces Shape Strategy 관련 이론과 주장을 반박하였습니다. - 정선양(역자)에 의해 번역된 내용 인용 -

"경쟁의 속도에 대한 대응에, 도움을 줄 것으로 추정되는 경영기법들이 확산되었음에도, 경영진은 그것들을 사용하지 않았다. (....) 그 결과, 과거에 그들이 이미 경험했던 수단들을 점점 더 고수하고 있다고 하였다. 흥미롭게도 경영기법과 접근방법의 많은 혁신이 있었음에도 불구하고, 기업들은 과거로부터 물려받은 전략기법들에 더 의존하게 되었다. 따라서 비록 그들이 더 세련된 접근법들을 사용하는 것에 관하여 이야기를 하고 있긴 하지만, 그들이 실제 일하고 있는 것을 들여다보면 SWOT(Strength, Weakness, Opporrnity, Threat) 분석, 산업분석, 전통적인 경쟁력 분석 등을 발견할 것이다. 경영진이 비록 전략에 대한 새로운 접근법들의 필요성을 느끼지만, 여전히 과거의 것들을 사용하고 있거나, 심지어는 새로운 접근방법을 전혀 사용하지 않고 있었다." - 12 Page-

"지속적 우위라는 가정은, 치명적일 수 있는 안정(stability) 쪽으로의 편견을 낳는다. (....) 극도의 역동적 경쟁 환경에 있을 때는 변화가 아니라 안정이 가장 위험한 상태이다." - 27p -

『McGrath 저 『The End of Competitive Advantage』에서 인용[번역(정선양)]』

　크리스 고팔라크리슈난(Kris Gopalakrishnan)의 학습가능성(Learnability)의 개념
은, 주로 기존 역량을 가진 사람을 고용하는 것에서, 새로운 기량을 확보하는 능력
을 갖춘 사람을 고용하는 것으로, 기업의 인적 자원의 구성에 대한 강조를 바꾸어
놓았다. 일시적 우위의 세계에 어떤 종류의 인력이 필요할지 항상 알 수는 없으므
로, 당신이 보유한 인력을 재구성할 수 있는 능력은 큰 도움이 된다. 기업 리더십
(Leadership)의 확장 가능성은, 우위에서 우위로의 이동 능력의 중요한 추진체가 될
것이다. 이는 특히 조직이 인재들을 보유하길 원한다면, 리더십 개발에 상당한 투자
가 필요할 것임을 말한다. 예외적 성장을 이룬 기업들(Outlier Firms)에서 우리는 필
요에 앞서, 리더들이 반드시 준비를 갖추게 하도록 엄청난 투자를 하는 것을 분명히
보았다. 그들이 얻는 개발은 또한 상황이 바뀌어도 전략적 일관성(Strategic Coher-
ence)을 이루는 가치들의 강화에 도움이 된다. 예를 들면 인포시스(Infosys)의 경우,
리더십의 개발(Leadership Development) 철학은 "기업은 캠퍼스이고, 사업은 교육과
정이며, 리더들이 가르친다."이다. 각 최고 경영진은 차세대 리더들을 지도하는 것을
개인적 책무로 여긴다.

**- Episode -**

여러분들은 S사에서 방영되었던 K팝스타를 시청해보신 적이 있습니까? 저는 K

팝스타 시즌 6까지, 6년에 걸쳐 1회도 놓치지 않고 모두 보았을 정도로 열혈 시청자 였습니다. 처음에는 평범한 일반 참가자들의 경연 과정에 호기심이 발생하여 보게 되었지만, 시간이 지날수록, 과연 "노래와 음악은 무엇인가?"에 대한 궁금증과 심사 위원들의 어록에 더 많은 호기심이 증가하였습니다. 특히, 참가자의 노래가 끝나고, 심사위원들이 하는 말들에서 정말 많은 것을 느낄 수 있었습니다. 특히, "노래가 본 인하고 맞지 않는다.", "원가수가 부른 느낌을 벗어나지 못했다", "억지로 기교를 부려 서 잘 보이려고만 한다.", "잘못된 습관이 형성되어 있다.", "기성 가수들을 따라 하는 것보다, 차라리 안 따라 하고 노래를 못 부르는 것이 훨씬 낫다.", "다른 가수들이 불 렀던 노래처럼 들리지 않았다. 정말 본인의 노래처럼 들렸다.", "본인을 떠올리게 하 는 무언가가 없다.", "노래를 잘 부르는데 그 정도 부르는 사람은 많다, 본인만의 색깔 이 없다." 등의 어록들은, SCM과 연관 지어 많은 생각을 하게 만들었습니다.

K팝 스타의 심사위원들은, 일정한 수준으로 가공된 보석을 찾는 것이 아니라, 무 한한 잠재 역량이 있으며, 앞으로 어떠한 사이즈와 모양으로 빛나게 될지 궁금하고 기대가 되는 원석을 찾으려고 하였습니다. 그리고 참가자들에게 학습 기회를 주고, 스스로 깨달음을 통해 해결책을 찾을 수 있도록, 조력자의 역할도 하였습니다. 매 시 즌 최상위 랭킹에는, "기성가수를 흉내 내거나", "기존에 많이 보았던 일정 패턴에 길 들어 있는" 참가자보다는, "잠재능력을 보유하고 있고", "다양한 상황에 대한 학습 역 량이 높으며", "다양하게 학습한 것을 단순 모방하기보다는 완전히 본인의 것으로 소 화하고 새롭게 탄생시켰던" 참가자가, 최상위 랭킹에 이름을 올릴 수 있었습니다. 그 리고 성별과 나이, 국적 등은 제약 요인으로 작용하지 않았습니다.

기업에서도, 특정 기능에 국한되어 오랫동안 길들어 왔거나, 기존 관행이나 편협 된 사고에서 벗어나지 못한 구성원보다는, 잠재능력을 보유하고 있으며, 다양한 상 황에 대한 학습역량이 높은 구성원이, 그리고 다른 사람들이 하는 이야기를 단순히 흉내 내기보다는, 완전히 본인 것으로 만들어 현실에 적용하려는 성향을 가진 구성원이 SCM을 더 잘할 수 있습니다.

**- Episode -**

　　다양한 전쟁영화를 보신 경험이 있으실 것이기에, 전쟁영화에서 가끔 볼 수 있는 장면 중, 두 가지만 예로 들어 보겠습니다. ①전장공포로 인해, 상관이 올바른 판단과 행동을 하지 못하게 되어 부하들을 사지로 몰아넣게 되는 경우, ②상관이 전사해서 아랫사람 중 최고 선임자가 임무를 수행해야 하는데, 갑자기 수행하게 된 직책에서 어떻게 해야 할 줄을 몰라, 부하들을 사지에 몰아넣게 되는 경우입니다. 여러분들은 이러한 장면을 보고나면 어떠한 생각이 드십니까? 안타깝고, 때론 원망스럽고, 분노가 치밀지 않으시던가요?

　　그렇다면, 여러분들은 전쟁에서만 이러한 상황이 발생된다고 생각하시나요? 글쎄요, 아마 여러분들이 소속되어 있는 조직에서도 실제 발생하고 있지 않을까요? 만약 여러분들 스스로, "내가 조직과 구성원들에게 피해를 끼치고 있지는 않은지?", "객관적 역량은 부족한데 무조건 욕심을 내어 높이 올라가려고만 하고 있지는 않은지?", "내가 정말 지금보다 높은 직책과 직급을 수행할 수 있는 준비가 되어 있는지?" 등을 항상 고민하고, 그에 적합한 역량을 보유할 수 있도록, 오랜 시간 노력하지 않았다면, 여러분들은 전쟁영화에 등장하는 "안타깝고, 원망스럽고, 분노가 치미는 대상"과 별반 다르지 않을 것입니다.

이전에 근무했던 어떤 조직에서는, 특정 계층에 대해서, 나이가 많거나, 근무기간이 오래되었다는 이유만으로, 시간이 지나면 자동적로 선발하고 발탁하는 문화를 유지하였습니다. 이러한 문화는, "어차피 조금 빨리 가나, 조금 천천히 가나 뭔 차이가 있느냐?"는 식으로 생활하는 구성원들을 증가시켰고, 이러한 구성원들이 하나둘씩 증가할 때마다, 조직 또한 역동적이고 능동적으로 나아가기 어려웠으며, 학습 공동체 또한 썩은 사과들로 인해 서서히 오염되었습니다.

이러한 점을 고려해 볼 때, 조직에 소속되어 있는 모든 구성원들이, 상, 하, 수평 구분 없이 존중을 받고 공평한 기회를 보장 받아야 하는 것은 당연하나, 나이와 근속연수를 기준으로 인정하기보다는, 구성원마다 잘하는 분야를 적극 발굴해주고, 개개인의 역량에 맞게 직급과 보직을 부여하는 문화를 유지해야만 합니다.

저는 외국군의 조직문화를 통해 많은 점을 느낄 수 있었습니다. 어떤 외국군의 경우, 더 이상 진급하지 못하고 일정 계급으로 상당기간, 또는 정년퇴임 때까지 지내는 것에 대해 결코 이상하게 생각하지 않습니다. 꼭 진급을 해서 높이 올라가려고 하기보다는, 자기만족 안에서 본인이 잘하는 분야, 본인의 능력과 역량에 적합한 직책과 직급의 수행을 더 당연하게 여겼습니다.

**▬ Episode ▬**

여러분들의 주위를 한번 둘러보십시오. 앵무새와 빨간펜 유형의 구성원(상, 하, 수평)이 존재하고 있나요? 그리고 여러분들은 앵무새와 빨간펜 유형은 아니신가요?

피상적으로 보이지 않을 뿐, 하부와 수평에 뛰어난 잠재역량과 여러분들을 평가할 수 있는 수준의 시각을 보유한 구성원들이 얼마든지 존재합니다. 따라서 여러분들은 스스로를 돌아보고 부족한 역량이 있다면, 지속적으로 역량을 키울 수 있도록 노력해야 합니다. 하지만 "모든 역량은 직급에서 나온다!, 내가 상관이니 내가 하라는 대로 하라!"고 하는, "계급이 깡패 식"의 권위적이고 구시대적 발상에 젖어 있는 분들과 "좋지 않게 이야기를 하든지, 말든지 상관없다"고 이야기하시는 분들에게는 드릴 말씀이 없습니다.

혹 여러분들은, 보다 도전적이고 창의적으로 일을 할 수 있는 수준의 하급 구성원들에게, 계급만을 앞세워 여러분들의 수준에서, 여러분들만을 위한, 그리고 비생산적인 "일을 위한 일"을 강요하고 있지는 않으십니까?

## ▬ Episode ▬

"무능한 지휘관은 적보다 무섭다"는 말이 있습니다. 전쟁터에서 여러분들이라면 어떤 지휘관과 상급자를 따르겠습니까? ① 나하고 사이는 좋지 않지만, 뛰어난 역량을 보유하고 있어, 같이하면 생존할 수 있는 확률이 높은 지휘관과 상급자, ② 나하고는 정말 둘도 없이 친한 사이인데, 역량이 저조해서 같이 하면 생존에 대한 확률이 매우 낮은 지휘관과 상급자.

다음은 리더(상급자)의 유형을 크게 네 가지로 구분해 보았습니다. ① 지혜롭고 현명하며 부지런한 리더(상급자), ② 지혜롭고 현명한데 게으른 리더(상급자), ③ 지혜롭고 현명하지 않은데 부지런하기만 한 리더(상급자), ④ 지혜롭고 현명하지 않은데 게으른 리더(상급자), 이 중에 어떤 리더(상급자)가 최악일까요? 어느 조직이든, 상부에서 지시한 내용에 대해 빠르게 대응하려고 하거나, 부지런히 움직이는 사람을 보면 눈에 띄기 마련입니다. 특히 인력난을 겪는 작은 규모의 조직일수록, 부지런히 움직이는 사람에게 일을 맡기는 경우가 잦을 것입니다. 그런데 문제는 SCM을 함에 있어, "부지런하게 움직이는 사람을 조심해야 할 필요도 있다"는 것입니다. 왜냐하면, 지혜롭고 현명하고 부지런한 스타일이 아닌, 지혜롭고 현명하지 못한데 부지런하기만 한 스타일은, SCM을 대혼란에 빠뜨릴 수 있기 때문입니다.

제가 20년 동안 경험한, 지혜롭고 현명하지 못한데 부지런하기만 한 스타일의 구성원들에게서 발생한 공통점들은, 시간을 가지고 근본 원인을 탐구하고, 하나를 하더라도 제대로 하기보다는, 단기간 "보여주기"식, "눈 가리고 아웅" 하는 식으로 처신하며, 온 사방에 티내면서 일을 벌려 놓기만 하고, 수습은 하부 구성원들이 알아서 해야 했으며, 그나마 벌려놓은 일들도 지속 실행 가능성이 있기보다는, "반짝 행사"에 그치는 경우가 대부분이었습니다. 그리고 항상 본인의 보고 및 발표만을 위한, 그리고 비생산적인 "일을 위한 일"이 끊이지 않았습니다. 결국 하부 구성원 중, "역량 있는 구성원들은 이직을 결심"하게 되는 경우가 잦았습니다. 따라서 20년간 SCM을 경험해온 제 기준으로 말씀드리면, SCM에 있어 가장 최악의 스타일은 "지혜롭고 현명하지 못한데 부지런하기만 하거나, 부지런한 척하기만 하는 스타일"이었습니다. 바꿔 말하면 "무능한데 부지런하기만, 무능한데 부지런한 척하기만 하는 스타일"이었습니다. 만약 여기에 "책임 있는 결정을 잘하지 못하는 것"까지 추가된다면, 글쎄요, 여러분들이라면 조직에 계속 있고 싶으신가요?

# 사기, 배임

사기 (詐欺) : 나쁜 꾀로 남을 속임. - Naver 사전 -

**배임**(背任)

주어진 임무를 저버림. 주로 공무원 또는 회사원이 자기의 이익을 위하여 임무를
수행하지 않고 국가나 회사에 재산상의 손해를 주는 경우를 이른다. - Naver 사전 -

　SCM에서 가장 중요한 것은 올바른 방향과 속도의 프로세스를 구
축하고, 이를 기반으로 구현되는 데이터를 자산화하고 언어로 활용
하는 것입니다. 혹 여러분들은 사기와 배임에 대해 어떻게 생각하십
니까? SCM에서는 데이터도 자산이자 언어임을 생각해 볼 때, 회계
나 금전적 문제만 사기와 배임에 해당할까요? 아래에 몇 가지 예를
들어보았는데, 이러한 경우, 사기와 배임에 해당하지 않을까요?

　☞ 의사결정과정에서 잘못된 데이터를 제공했다면?

　☞ 데이터를 가공하여 문제가 없는 것처럼 숨긴다면?

　☞ 프로세스를 올바른 방향과 속도로 개선하려고 하지 않는다면?

여러분들은 정의와 정의로운 행위가 무엇이라고 생각하시나요? 나한테 이득이나 도움이 되면 정의롭고, 정의로운 행위인 것이고, 나한테 이득이나 도움이 되지 않는다면 정의롭지 않고, 정의롭지 않은 행위라고 생각하고 계시나요? 다음은 데이터 조작에 대해 이야기하고 있는 책의 일부 내용을 인용해 보았습니다.

2013년 6월, 국가통계국은 경제규모에 있어서 중국최대 도시 중 하나로 꼽히는 광둥성에서 자료수집과정의 위법 행위를 발견했다고 발표했다. 조사가 이루어지는 동안 국가통계국은 광둥성 내 한 도시의 경우 대부분의 통계가 지방정부 사무실에서 조작되었다는 것을 알아냈다. 지방정부관리들은 지방경제 규모에 대한 자료를 조작하기 위해 지역 기업의 직원 행세를 하며 자료수집센터에 전화를 걸기까지 했다. 심지어는 지역별 자료에서 지방산업의 GDP를 21억 위안에서 84억 위안으로 400%나 부풀린 경우도 있었다. - 중략 -

2014년 1월 초, 3개 성이 아직 2013년의 지역별 GDP를 보고하지 않은 시점에서, 28개 성의 GDP 합계가 국가통계국이 보고한 중국의 공식 GDP를 넘어서는 상황이 벌어졌다. 한 번 일어난 이례적인 일이 아니다. 사실 1985년 국가통계국이 국가 GDP와 지역별 GDP를 발표하기 시작한 이래, 지역별 GDP의 합계는 항상 국가 GDP보다 컸다. 10% 이상 차이가 난 적도 있다. 그 차이는 2009년에 2조 6,800억 위안, 2010년에 3조 2,000억 위안, 2011년에 4조 6,000억 위안, 2013년에 5조 7,600억 위안으로 GDP 성장의 속도만큼이나 빠르게 증가했다. 31개 성급 지역 중 베이징과 상하이를 제외한 모든 지역이 국가경제성장의 속도보다 빠른 경제 성장 속도를 보고했다. 통계학에서 거의 불가능한 묘기를 보여준 것이다. - 중략 -

일부 지역은 지역경제의 규모를 과장하기 위해 자료를 수집하는 국가통계국의 직원이 매우 안정적인 사업 부문에서만 표본자료를 추출하도록 유도해서 전 지역의 표본이 상향되게끔 만들었다. 지역에 연고가 있는 국내외 기업에게 국내매출을 모두 해당 지역의 매출로 잡으라고 요구하기도 했다. 전기사용 자료를 조작해서 전기사용의 증가속도를, 부풀린 성장속도와 일치하게 만든 지역도 있었다. 어떤 지역에서는 영업시간이 끝난 뒤에도 사무실과 쇼핑몰의 조명, 에스컬레이터, 냉난방 장치를 켜두도록 함으로써 지역 전기사용을 늘렸다. 몇몇 경쟁 지역은 GDP성장 수치에 대해서 미리 합의를 해두고 다른 지역의 동료들보다 뒤떨어져서 면목을 잃게 되는 일이 없도록 했다는 소문도 있었다. 국가통계국이 자료의 질을 보장하겠다고 약속하고 자료조작에 대해서 처벌하겠다는 입장을 밝혔는데도 매년 전국에서 비슷한 관행들이 포착되고 있다. 이런 상황에서는 통계가 편향되게 마련이고 신뢰할 수도 없다. 따라서 이것이 지속가능한 경제발전을 저해하는 요소가 되고 마는 것이다. - 중략 -

자신의 경력에 신경을 쓰는 지방정부의 관리들이 의도적으로 지역경제의 규모와 경제성장의 속도를 부풀린 것이다. 국가통계국이 의도적으로 통계자료를 조작한 몇몇 사건을 조사·발표하면서 세간의 의혹은 사실로 확인되었다. - 중략 -

- 주닝 저, 이은주 번역, 예고된 버블, 프롬북스 -

**- Episode -**

우리는 그동안 프로세스와 데이터에 대해, 너무 관대하게 생각해 온 것은 아닐까요? 앞으로는 정보를 첩보처럼, 첩보를 정보처럼 이야기하거나, 프로세스를 개선하지 않거나, 데이터를 속이거나, 데이터를 인위적으로 가공하거나, 데이터를 인위적으로 가공해서 "보여주기"식의 각종 경연대회에 참가하는 행위 등에 대해, 패러다임의 전환이 필요하지 않을까요? 특히 인위적으로 데이터를 가공해서 경연대회에 참가하고 시상까지 하게 되는 경우, 과연 조직을 위해 공헌한 것일까요? 아니면 개인의 영달을 위한 것일까요? 겉으로 잘되는 것처럼 보이지만 속은 곪아가고 있는데 말입니다.

# Fellowship

  여러분들도 잘 아시다시피, 조직생활에 있어 리더의 역할과 리더십은 매우 중요합니다. 저는 이전 직업 특성상 수많은 전쟁역사를 통해, 좋든 싫든 리더십에 대해 오랜 기간 공부를 할 수밖에 없었고, 실무에 나와 여러 직책을 옮겨 다니면서 리더십에 대해 많은 고민을 하지 않을 수 없었기에, 리더십에 대한 생각은 매우 남다르며 애착이 가는 분야입니다. 하지만, 그동안 여러 조직에서 다양하게 경험을 해본 결과, Leadership 못지않게 Fellowship 또한 중요하다는 것을 깨달았기에 본서에서는 Fellowship에 국한하여 개략적으로 이야기하고자 합니다.

  조직은 목적지를 향해, 험난한 파도를 헤치며 항해를 하고 있는 커다란 하나의 Ship과도 같습니다. 그리고 이 커다란 하나의 Ship은, 세 개의 작은 Ship(Leadership, Followship, Fellowship)들로 구성되어 있으며, 세 개의 작은 Ship들은 올바른 방향과 속도로 항해하는 데 지대한 영향을 미치고 있습니다. 왜냐하면 세 개의 Ship이 어떻게 조화를 이루느냐에 따라, 항해를 위한 방향과 속도가 달라지기 때문입니다. 저는 이 세 개의 Ship 중에 SCM 측면에서 가장 중요한 것은 Fellowship이라고 생각합니다. 왜냐하면 SCM은 결코 Leader

혼자 할 수 있는 것이 아니기 때문입니다. SCM에서 Leadership이 개략적 방향에 영향을 미칠 수 있을지 몰라도, Leadership이 구체적인 방향과 속도에 영향을 미칠 수 있다는 보장은 없습니다. 하지만 Fellowship은 구체적인 방향과 속도에 영향을 미칠 수 있습니다. 즉, 리더의 개략적 방향을 구체화할 수 있는 것은 Fellowship이며, Fellowship을 통해 형성된 Collaboration은 구성원들 간 경계를 허물어 속도 또한 향상하게 됩니다.

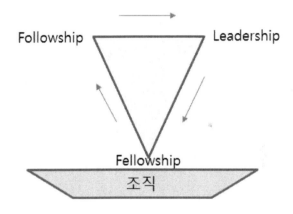

시대적 상황, 처한 환경, 구성원 등에 따라, Leadership 안에서도 강조되었던 분야가 달랐음을, 수많은 전쟁역사는 직간접적으로 보여주고 있습니다. 즉 Leadership에 있어, 리더의 무예와 용맹함이 중요한 부분을 차지할 때가 있었고, 리더의 카리스마가 중요한 부분을 차지할 때도 있었고, 때론 리더의 지혜가, 때론 리더의 가슴이 더 중요한 부분을 차지할 때도 있었습니다. 더 세부적으로 예를 들어 말씀드리

면, 21세기 현재, 미사일 버튼 하나면 적을 제압할 수 있는데, 예전처럼 지휘관이 적 앞에 나가 용맹하게 싸워야 하는 Leadership이 중요하게 요구될까요? 이렇게 시대적 상황, 처해진 환경, 구성원 등에 적절한 Leadership을 발휘함에 있어, 리더가 더 중요하게 갖추어야 할 요건들은 변화하기도 하였지만, 변화되지 않았던 것이 있습니다. 바로 Fellowship이며, 이러한 Fellowship의 기반하에 Leadership 발휘 또한 가능했습니다.

조직에는 다양한 구성원들이 존재합니다. 이 구성원들은 각자 다양한 색깔을 가지고 있고, 지식, 경험, 생각, 행동, 기호 등에 차이가 있으며, 업무하는 수준에도 차이가 있습니다. 따라서 이렇게 다양한 구성원들에게 무조건적이고 획일적인 성향의 Leadership은 바람직하지 않습니다. 물론, 윤리, 성실, 책임, 협력 등 조직생활을 함에 있어, 기본적으로 밑바탕에 깔려 있어야 하는 요소들에 대해서는, 당연히 획일적인 Leadership을 발휘해야 하겠지만, 간단히 예를 들어, 일을 스스로 찾아서 하며, 혼자의 힘으로도 종결 상태에 도달할 수 있는 유형의 구성원에게는, 디테일하게 간섭하기보다는, 개략적인 수준에서 방향을 제시하며 일을 할 수 있는 여건 조성과 격려 위주로, 일을 스스로 찾아서 하지 못하며 시작한 일들의 대부분이 종결상태에 이르지 못하는 구성원에게는, 아주 세부적으로 방향을 제시하고, 필요 시 토의 방식으로 교육을 진행하며, 종료할 때까지 수시로 일의 진행 상태를 확인 점검해주고, 도와줄 것은 없는지 등을 확인해야 합니다.

그리고 구성원들은 다양한 각자의 색깔을 가지고 있기에, 구성원 상호간에 물과 기름의 관계가 형성되어 있을 수도 있고, 크고 작은 마찰도 있을 수 있기에, 리더나 상급자는 물과 기름 관계를 잘 섞이게 해주고, 마찰을 완화시켜주는 노력 또한 해주어야 합니다. 어떤 분들은 "내가 그런 것까지 해주어야 하는지?", "그런 것은 본인이 알아서 해야 하는 거 아닌지?"라고 이야기하며, 나와는 상관없는 일이라고 생각하시는 분들도 계실 것입니다. 하지만, 궁극적으로는 여러분들을 위한 조치라는 것을 아셔야 합니다.

구성원 간에 물과 기름의 관계, 그리고 다양한 마찰의 발생은 Fellowship을 상당히 좋지 않게 만들고, 이는 업무의 방향, 특히 속도에 지대한 영향을 미치게 됩니다. 만약 Fellowship이 좋지 않다면 어떻게 될까요? 여러분들이 추진하는 업무가 생각한 대로 잘 진행이 될까요? Fellowship이 제대로 형성되지 않은 조직은, 상대방을 보고 "어떻게 도와줄까?"를 고민하는 것이 아니라, 상대방을 보고 "어떻게 이용할까?"라는 생각부터 하는 조직문화가 형성이 되어 있을 가능성 또한 높기에, 이러한 조직일수록 SCM을 하는 것은 정말 어렵습니다. 리더나 상급자가 "너는 너", "나는 나", 그리고 사심을 형성하고 권위를 내세우기보다는, 하부 구성원들과 조직 공동의 목표를 위한 Fellowship 형성에 노력한다면, 올바른 방향과 속도가 수반된 Fellowship이 구축될 것이고, 이러한 Fellowship 위에 막대기 하나만 올려놓으면, 막대기가 가리키는 방향으로 자연스럽게 나아가지 않을까요?, 여러분들이 소속된 조직(Ship)은, 내부를 구성하고 있는 세 개의 Ship을 어떠한 상태로 유지하면서 목적지를 향해 가고 있습니까? 지금부터라도 다양한 색깔을 가지고 있는 구성원들을 대상으로, 구성원들이 고민하는 부분을 하나라도 같이 시작해 보는 것은 어떠할까요?

# 백조의 다리

여러분들은 호수를 떠다니는 백조를 보신 적이 있으십니까? 수면에 떠다니는 백조의 자태에 대해, "멋있지 않다"고 생각하시는 분들은 없을 것입니다. 그런데 백조가 자태를 뽐내며 유유히 떠다니는 데 중요한 역할을 하는 것은, 머리도 몸통도 아닌, 바로 수면 아래에 있는 다리입니다. 다리가 없다면 백조가 자태를 뽐내며 유유히 떠다닐 수 있을까요? 이렇게 다리의 역할이 중요한데도, 우리는 수면 아래 보이지 않는 다리에 대해서는 별로 관심이 없습니다. 오로지 수면 위 백조의 몸통과 머리에만 관심이 있을 뿐입니다. SCM도 마찬가지입니다. SCM을 한 마리의 백조라고 하면, SCM에는 백조의 머리와 몸통에 해당하는 분야들도 있고, 백조의 다리에 해당하는 분야들도 있습니다.

여러분들이라면, 어떤 분야를 하고 싶으십니까? 아마도 머리와 몸통에 해당하는 분야를 하고 싶으실 것입니다. 왜냐하면, 머리와 몸통에 해당하는 분야들은, 남들이 보기에도 확실하게 티가 나고, 뭔가 대단하게 하는 것처럼 보여서, 좋은 평가나 인정을 받는 데 유리할 것이기 때문입니다. 하지만, 다리에 해당하는 분야들을 절대로 간과해서는 안 됩니다. SCM의 수준이 낮거나 잘 안 되는 다양한 이유 중 하나는, 다리에 해당하는 분야의 프로세스들이 관심 밖으로 밀려나, 제대로 실행되고 있지 않기 때문입니다. 머리와 몸통에 해당하는 분야들은, 항상 많은 사람들이 관심을 갖게 되고, 누구나 하려고 합니다. 하지만 다리에 해당하는 분야들은, 기능 간 경계선에서 애매하게 위치하고 있거나, 수면 아래에 방치되고 있거나, 핑퐁 게임에 의해 주인을 찾지 못하고 떠돌아다닐 수 있기에, 여러분들이 SCM의 수준을 높이고 싶다면, 다리에 해당하는 분야들에 대해 Visibility를 병행하면서, 올바른 방향과 속도의 Process가 구축되도록 노력해야 합니다. 어떤 분야들이 다리에 해당하는지 궁금하실 수도 있는데, 글쎄요, 조직마다 다르겠지요. 여러분들이 한번 찾아보시기 바랍니다. 뒤에 나오겠지만 SCM 사례에서 언급한, 다품종 소량 공급형태 Special Gas(장치산업)업에서, 대표적인 백조의 다리는 용기관리 분야입니다.

# 디테일

여러분들은 부여된 각종 업무를 함에 있어, 얼마나 정성을 다해서 하고 계시는지요? 여러분들도 경험해보셨겠지만, 예를 들어, 학창시절에 50점을 맞다가 95점을 맞는 것이, 95점에서 100점을 맞는 것보다 쉽습니다. 어떻게 보면, 50점에서 95점을 맞기 위한 노력과 사고 과정을 아마추어라고 한다면, 95점에서 100점을 맞기 위한 노력과 사고 과정은 프로라고 할 수 있습니다. 95점에서 100점을 맞기 위해서는, 95점을 맞기까지 실천해왔던 기존의 공부 방식과 많은 시간이 필요하기보다는, 짧은 시간이라도 기존과는 다른, 보다 전문적이고 디테일한 노력이 필요합니다. 그리고 100점을 맞아본 경험이 있다면, 어떻게 하면 100점을 맞을 수 있는지 또한 경험했기에, 다음에도 100점을 맞을 수 있는 가능성은 높아질 수 있습니다.

어떤 TV 프로그램에서, 개인이 운영하는 제과점을 소개한 적이 있었습니다. 그 제과점의 빵은 항상 오후 2시 이전에 모두 매진이 되었고, 빵을 구매하기 위해 사람들은 항상 줄을 서야 했습니다. 그리고 사람들은 이구동성으로, 빵이 가지고 있는 식감의 매력에 대해 이야기하였습니다. 이러한 식감이 유지되는 빵을 만들기 위해, 제과점 주인은 다른 제과점과는 차별화된 프로세스들을 가지고 있었는데, 그중 하나가 밀가루 반죽 온도와 관련된 프로세스였습니다. 제과점 주인은 빵의 식감을 위해, 밀가루 반죽 온도를 항상 26도로 유지하였습니다. 정말 26도가 되어야만 식감이 좋아지는지 확인해 보기 위해, 24도와 26도의 온도로 만들어진 반죽으로 각각 빵을 구 워보았습니다. 확인 결과 2도 차이지만, 26도의 온도로 반죽된 빵 은 내부에 많은 기포가 형성되어, 24도의 온도로 반죽된 빵과는 식 감에 상당한 차이가 있었습니다. 제과점 주인은 밀가루 반죽의 온 도를 26도로 유지하기 위해, 밀가루 반죽을 만드는 통이 돌아가는 동안, 수건에 뜨거운 물을 적셔서 통에 밀착시키는 프로세스를 추 가하고 있었습니다. 그 모습은 최고 식감의 빵을 만들기 위해, 고되 지만 정말 최선과 정성을 다하는 모습이었고, 보는 이들마저 감동 을 금치 못하였습니다.

왜 사람들이 바쁜 일상생활에도 불구하고, 30분 기다리는 것을 감수하면서까지 특정 제과점의 빵을 먹으려고 할까요? 이러한 점을 고려해 보면, 우리가 흔히 대수롭지 않게 생각할 수도 있는 작은 차 이가, 고객을 만족시키는 데 결정적인 역할을 할 수 있으며, 항상 모 든 일에 정성을 다하고 최선을 다한다면, 언젠가는 고객이 스스로 찾아오게 만들 수도 있다는 것입니다.

수, 우, 미, 양, 가 중에 95점도 "수"이며, 100점도 "수"입니다. 여러 분들은 두 가지 모두 정말 잘한 것이고, 같은 "수"라고 생각하실 수 도 있겠지만, 여러분들이 고객이라면 95점 "수"를 택하겠습니까? 아 니면 100점 "수"를 택하겠습니까?

다음은 영화『역린』에서 "갑수 -정재영-"의 대사입니다. - 네이버 이미지 -

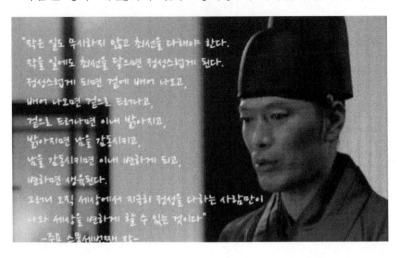

『작은 일도 무시하지 않고 최선을 다해야 한다. 작은 일에도 최선을 다하면 정성스럽게 된다. 정성스럽게 되면 겉에 배어 나오고 배어 나오면 겉으로 드러나고 겉으로 드러나면 이내 밝혀지고 밝혀지면 남을 감동시키고 남을 감동시키면 이내 변하게 되고 변하면 생육된다. 그러니 오직 세상에서 지극히 정성을 다하는 사람만이 나와 세상을 변하게 할 수 있는 것이다. - 중용 23장 내용 풀이, 영화『역린』- 』

『그 다음은 한쪽으로 치우진 것을 지극히 하는 것이니, 한쪽으로 치우진 것이 능히 성실하게 되면 성실한 것이 겉으로 드러나고, 겉으로 드러나면 더욱 드러나고, 더욱 드러나면 밝게 되고, 밝게 되면 상대를 감동시키게 되고, 상대가 감동되면 상대가 따르게 되고, 상대가 따르게 되면 자연스럽게 변하게 된다. 오직 천하에서 지극히 성실하여야 능히 자연스럽게 변하게 된다. - 중용 23장 내용 풀이, 차성섭 - 』

# ~데요

여러분들은 어떠하십니까? 다음의 문장을 자주 활용하고 계신가요? 조직 생활 간에, 정말 많은 "~데요"가 발생합니다. 그중 몇 가지만 나타내 보았습니다.

☞ **메일 보냈는데요…**

메일 보내놓으면 끝나는 것일까요? 상대방이 내가 생각하는 대로 움직이지 않았다면 어떻게 될까요?

☞ **예전부터 이렇게 해왔는데요…**

좋은 전통은 계승하고 답습하면 됩니다만, 좋은지 나쁜지도 모르고 무조건 답습하는 것이, 과연 올바를까요?

☞ **얼마 전에 확인했을 때는 안 그랬는데요…**

얼마 전부터 현재 시점까지의 기간 동안, 변동되는 상황이 발생하지 않으리란 법이 있나요?

☞ **담당자가 부재중이라서 안 된다고 하는데요…**

진행되지 않아도 괜찮은 일만 취급하고 계시나요?

☞ **직접 확인하고 통보해 주면 가능할 수 있는데요….**

불확실한 상황에서 시시각각 변화되는 일을 처리하기 위해 요청했더니, 본인
은 결정권이 없다면서, 본인의 상급자에게 직접 확인하고 결과를 통보해 달
라고 하는 경우, 그 사람은 해당 직책과 직급으로 거기에 왜 있는 것일까요?
전화 교환원인가요?

파트장 : 오늘이 화요일입니다. 지난주 목요일에 이야기한 일이 어
　　　　떻게 되고 있나요?

파트원 : 지난주 금요일에 협조 메일 보내 놓았는데요

파트장 : 메일 보냈는데 어떻게 답변이 왔나요?

파트원 : 답변이 오지 않았습니다. 지금 바로 T 부서에 확인해 보
　　　　겠습니다….

파트원 : 확인해보니, 그쪽도 일이 바쁘고, 중간에 주말이 끼어 있
　　　　다 보니 미처 확인 못했다고 합니다. 지금부터 검토해 본
　　　　다고 합니다.

파트장 : 메일 보내놓으면 끝인가요? 일의 긴급성과 경중을 따져서
　　　　생각하고 행동해야 하지 않을까요?

파트원 : 다음부터 메일을 조금 더 빨리 보내겠습니다.

파트장 : 그게 아니고요~~~상황에 따라 메일로 할 게 있고, 만나
　　　　서 구두로 이야기할 게 있고, 공식 문서로 할 게 있고, 전

화로 할 게 있다는 겁니다...ㅜㅜ..

A : 왜 이렇게 하고 있죠?

B : 예전부터 이렇게 해왔는데요….

A : P 방향으로 생각을 바꿔보면 어떨까요? 더 긍정적으로 판단됩
니다….

B : 글쎄요.. P 방향으로 변경하는 것은 생각해 보지 않았고, 언
뜻 보기에도 변경점이 발생되는 것이라 검토하고 준비할 게 많
아 보이는데요….

A : 그렇다면 이번 기회에 검토와 준비를 해보는 것이 어떨까요?

B : 업무가 바빠서, 그럴 여유가 없어요…. 저 그렇게 한가하지 않
은데요….


과장 : L팀에 보낸 문서내용 어떻게 진행 중인가요?

사원 : 담당자 휴가로 인해, 일 처리할 사람이 없다는데요.

과장 : 아~~그래요? 그럼 진행 안 되고 있다는 거네요?
시간이 별로 없는데….

사원 : 네…. 그 당시 이야기하기론 담당자가 내일 복귀한다고 했
어요. 그리고 복귀 후, 며칠 안에 진행결과를 알려주겠다고
는 했어요….

과장 : 음~~~ L팀에 문서 언제 보냈죠?

사원 : 일주일 전에요….

과장 : 그럼 안 된다는 것도 일주일 전에 알았겠네요? 그런데 왜 나에게 사전에 이야기해주지 않았죠?

사원 : A팀 담당자가 안 된다고 하기에, 되면 말씀드리려고 했는데 요….

과장 : 안 된다는 것을 사전에 알려주었다면, 팀장님에게 보고해 서 L팀 팀장님과 협의 후, 일은 진행될 수 있게 할 수도 있 었는데, 안타깝네요…. 앞으로 모든 업무 시에는 전, 중, 후 보고(공유)를 생활화해주세요…. 대면, 메일, 문자, 전화, 카 카오 톡 등 형식에 구애받지 말고요….


A팀의 B : 품의 종료된 문서 보내드렸어요….

C팀의 D : 확인해 볼께요…. 시간이 좀 필요한데요….

A팀의 B : 어떻게 좀 빨리 안 될까요?

C팀의 D : 음~~그럼 저희 팀장님께 직접 물어보시고, 팀장님이 가능하다고 말씀하시면, 저에게 통보해 주세요. 그러면 가능할 것 같은데요.

A팀의 B : 거기 왜 있으세요?.....ㅜㅜ....


대대장 : 증원부대가 A 지역을 통과해서 B 지역의 아군과 연합전 선을 형성해야 한다. 따라서 중대장은, 증원부대가 A 지

역을 안전하게 통과할 수 있도록 A 지역의 무명고지를 내일 09:00까지는 적군으로부터 탈환하라.

중대장 : 알겠습니다.

중대장 : 대대로부터 임무를 부여받았다. 우리 중대는 A 지역의무명고지를 내일 09:00시까지 탈환한다. 따라서, 공격은 내일 여명을 기해 05:00시에 시작한다. 오늘 오후에 적의 방어진지에 대한 사전 정찰을 실시할 예정이니, 각 소대장들은 중대본부로 16:00시까지 집합할 것.

(.......)

중대장 : 적의 방어진지에 대한 정찰 결과 적은 무명고지 왼쪽에 방어진지를 강력하게 구축하고 있다. 따라서 우리 중대는 무명고지 오른쪽에 모든 화력을 집중하여 오른쪽으로 돌파한다(.....) 그리고 내일 있을 전투에 대비하여 충분한 휴식을 취하도록 해라.

중대장과 부하들은 전투를 위해 20:00시부터 휴식을 취하고, 02:00시에 기상하여 공격을 준비합니다. 그리고 A 무명고지로 향하였습니다. 그리고 계획한 대로 무명고지 오른쪽으로 공격을 개시하였습니다. 그런데, 예상과는 다르게 적군의 모든 화력이 왼쪽이 아닌 오른쪽에 집중되어 초기 많은 사상자가 발생되었고, 결국 점령하지 못하고 후퇴하였습니다. 이로 인해, 증원부대는 A 지역을 통과하지 못하였으며, B 지역의 아군과 연합전선도 형성하지 못했습니다. 결국 B 지역의 아군은 적으로부터 많은 손해를 입을 수밖에 없었습니다.

대대장 : 중대장! A 지역 무명고지를 탈환하라고 했는데 왜 못했
　　　　나?

중대장 : 어제 지형 정찰 할 때까지만 해도 왼쪽에 적의 진지와 화
　　　　력이 집중되어 있었는데요…ㅜㅜ….

　물론 불확실한 전장상황과 기업의 환경을 비교한다는 것 자체에
무리가 있을 수도 있습니다. 하지만, 여러분들이 소속되어 있는 기
업의 SCM에서, 항상 예측 가능한 상황만 발생한다는 보장 또한 없
을 것입니다. 사람이 인생을 살아감에 있어 습관을 형성하고, 습관
대로 살다가, 습관대로 병에 걸리고, 생을 마감하는 경우가 대부분
일 것입니다. 물론 중간에 습관이 바뀌는 경우도 있겠지만, 오랫동
안 형성된, 생각하고 행동하는 습관을 바꾼다는 것은, 정말 어려운
일임을 여러분들도 잘 아실 것입니다. 불확실한 것들과 직면해야 하
는 SCM에서, 정말 결정적이고 중요한 때마저, 좋지 않은 습관대로
대처하게 된다면, 언젠가는 크나큰 피해, 크나큰 손실, 그리고 소중
한 기회를 잃어버릴 수 있습니다.

**- Episode -**

　가끔 불확실한 업무나 이슈들에 대해, "~하기로 했습니다, ~한다고 합니다." 등으
로 끝나는 이야기를 듣고 나면, 마치 아무 문제 없이 종결될 것처럼 생각을 하곤 합
니다. 여러분들은 어떠하신가요? 주위에 발생된 일들의 진행과정을 물어 보았을때,

대답하는 구성원이 "이렇게 하기로 했습니다, 이렇게 한다고 합니다"라고 이야기하면, "아 그래?, 알았어."라는 식으로 이야기하고, 기억의 중심에서 멀리 보내고 있지는 않은가요?

불확실한 업무나 이슈들은, 최종 종결되기까지 끝난 것이 아니기에, 끝까지 확인을 해야 합니다. 특히 SCM은 불확실성을 취급하기에, SCM을 한다는 것은, 예상치 못한 일들의 발생 가능성을 모두 끄집어내고, 확실하게 제거되었다고 판단될 때까지, 그리고 명확하고 지속 실행 가능한 상태로 이어지기까지, 끊임없이 확인하고 의문점을 갖는 것입니다.

이를 위해서는, "발생 가능한 우발상황들은 어떤 것들이 있는지?", "현재 어떻게 진행되고 있는 것인지?", "현재 하고 있는 방향과 속도가 맞는 것인지?", "앞으로 어떠한 방향과 속도로 추진할 것인지?" 등과 같은 의구심을 끊임없이 가져야 합니다. 그리고 "~데요"보다는, "맞습니다, 틀립니다, 아닙니다," 등이 생활화될 수 있도록 패러다임을 전환해야 합니다. 명확하고 디테일한 대답이 요구되는 상황에서, "~데요"를 사용하는 것은, 다른 사람을 깎아 내리거나, 남에게 책임을 전가하거나, 명확하지 않고 디테일하지 않은 상태를 Announce하는 수준이기 때문에, 올바른 방향과 속도로 나아가는 데 별 도움이 되지 않습니다. 사람이라면 누구나 할 수 있는 말입니다. 하지만, "맞습니다, 틀립니다, 아닙니다."를 이야기할 수 있다는 것은, "물론 무(無)개념에서 이야기할 수도 있습니다만" 사전에 명확하고 디테일하게 확인하고 조치하는 시간과 노력의 과정을 거쳤다는 것을 의미하고, 이렇게 말을 할 수 있다는 것은 "자신이 하는 말에 책임을 진다는 것"이기에 분명히 차이는 있습니다. 이러한 관점에서 볼때, "~데요"를 자주 사용하는 사람이 있다면, "생각하고 행동하는 방식이 민첩하지 않고 게으르다"는 것을 암시할 수도 있고, 적절히 책임을 지지 않으려는 "좋지 않은 의미의 정치적" 성향이거나, "복지부동" 성향임을 암시할 수도 있습니다.

# 평가와 보상

당연히 모든 사람은, 나이, 역량, 직급과 직책, 빈부의 격차 등에 구애받지 않고, 인간의 존엄성에 입각하여 "존중"을 받아야 합니다. 하지만, 조직기여도와 보유하고 있는 역량에 대해서는, 투명하고 객관적으로 "인정"을 받아야 합니다. 존중과 인정에 있어, 여러분들은 어떠하신가요? 특히 인정을 함에 있어, "나이, 학연, 지연, 좋지 않은 의미의 정치, 내 말을 잘 듣는 것" 등에 치우쳐 있거나, 나눠 먹기식으로 진행하며 평가하고 계십니까? 아니면, 정말 조직의 미래를 보고 진행하며 평가하고 계십니까?

『미국 어느 대학교에 유능한 경제학교수가 있었는데 학생들에게 학점을 후하게 주는 교수로 유명했다. 그 교수는 오랫동안 경제학을 가르쳐 왔지만 단 한 명에게도 F학점을 준 적이 없었다. 그런데 이번 학기에는 수강생 전원에게 F를 주는 믿지 못할 일이 일어났다.

그 전말은 이러했다. 학기 초 수업시간 중에 교수가 미국 오바마 대통령이 주장한 복지정책을 비판하자, 대부분의 학생들이 교수의 생각에 반론을 제시했다. 당시 오바마 대통령의 복지정책은 미국의 국민이라면 그 어느 누구도 가난하거나 지나친 부자로 살아서는 안 되며, 평등한 사회에서는 누구나 다 평등한 부를 누릴 수 있어야 한다는 것이었다. 그러자 교수가 학생들에게 한 가지 제안을 했다. 누구의 주장이 옳은지를 알아보기 위해 시험성적으로 실험하자는 것이었는데, 시험을 치른 후에 수강생 전원의 평균점수를 모든 수강생에게 똑같이 준다는 것이었다. 이 실험은 '누구나 다 평등한 부를 누릴 수 있어야 한다.'라는 복지정책의 타당성을 알아보기 위한 것이었다. 궁금하기도 한 수강생들은 이 실험에 모두 동의를 하였고, 그 학기 수업은 예정대로 잘 진행되었다.

얼마 후 첫 번째 시험을 보았는데 전체 학생들의 평균점이 B가 나와 모든 학생들의 첫 시험점수가 B학점이 되었다. 공부를 열심히 한 학생들은 불평했지만, 놀기만 했던 학생들은 손뼉을 치며 좋아했다.

얼마 후 두 번째 시험을 쳤다. 공부를 하지 않는 학생들은 계속 놀았고, 전에 열심히 하던 학생들은 "내가 열심히 공부하더라도 공부를 하지 않는 다른 학생들과 평균을 내면 어차피 B학점 이상 받기는 틀렸어"라고 생각하고 시험공부를 그전처럼 열심히 하지 않았다. 그 결과 전체평균은 D가 되어 모든 학생이 D점수가 되었다. 그러자 학생들의 불평이 커졌다.

하지만 열심히 공부하는 학생들은 거의 없었다. 열심히 해봤자 공부를 안 하는 애들만, 좋은 일을 시켜주는 거라는 생각들을 하고 있었다. 3번째 마지막 고사에서는 전체 평균이 F로 나왔다. 그래서 약속에 따라 모든 학생들이 F학점을 받게 되었다. 학생들은 서로를 비난하고 욕하고 불평했지만, 정작 아무도 남을 위해 더 공부하려 하지 않았기 때문에, 모든 학생들이 F학점을 받게 되었던 것이다. 학기 마지막 시간에 교수가 실험결과를 요약해서 정리하여 발표했다. "여러분이 F학점을 받았듯이, 이런 종류의 무상복지 정책은 필연적으로 망하게 되어있습니다."

사람들은 보상이 크면 노력도 많이 하지만, 열심히 일하는 국민들의 결실을 정부가 빼앗아서 놀고먹는 사람들에게 나누어준다면, 아무도 열심히 일하지 않을 것입니다. 그런 상황에서 성공을 위해 일할 사람은 아무도 없을 터이니까요!" -좋은글- 』

# 업무 가지고 가기

"업무 가지고 가기"는 상식적인 수준에서 도저히 이해가 되지 않는 이슈이지만, 어떤 조직에서는 실제 발생되기도 하였습니다. 어떤 구성원이 기능 간 이동 시, 이전 기능에서 하던 업무를 "소속 예정인 기능으로 가지고 갈 것"을 이야기하는 하는 경우가 있습니다. 물론, 앞으로 소속될 기능과 연관성이 있는 경우, 전사적 차원에서 새롭게 조직 운영개념과 Role & Responsibility를 정립한 경우에는, 이전 기능에서 하던 업무를 소속 예정인 기능으로 가지고 갈 수 있다고 판단되지만, 복지부동의 조직문화, 이기주의, 무개념 등에 의해 발생된 경우에는, SCM을 정말 어렵게 만들 수 있습니다. 만약 이러한 방향으로 이야기하는 구성원이 있다면, 정말 시스템과 프로세스, 조직운영의 기본을 모르거나, 정말 무개념이거나, 이기적인 구성원입니다. 정말 이런 구성원이 존재한다면, 수직 상승에 대해 심각하게 고민을 해볼 필요가 있습니다. 왜냐하면 이러한 행위들이 지속 실행되면, 가뜩이나 복잡한 SCM을 더 복잡하게 만들고, 조직문화 또한 좋지 않게 만들기 때문입니다.

A팀장 : 이상경 대리가 B 팀으로 이동하게 될 것 같아.

A팀원 : 아, 그래요? 갑자기⋯. 그럼 이상경 대리가 하던 업무는 누가 해요? 인원 충원은 없고요?

A팀장 : 당장 인원 충원은 없을 것 같다고 하더라고. 나도 고민이야

A팀원 : 팀장님 인원 충원 없이 저희는 못해요. 이상경 대리가 하던 업무⋯.

A팀장 : 그래 우리가 힘들 바에는 타 팀으로 넘기자.

　　　　회의 때 인원 없다고 업무도 같이 넘긴다고 하지 뭐⋯.


C팀장 : 이번에 강지환 대리가 B팀으로 이동하게 될 것 같아.

C팀원 : 아⋯. 그래요? 갑자기⋯. 그럼 강지환 대리가 하던 업무는 누가 해요? 인원 충원은 없고요?

C팀장 : 당장 인원 충원은 없을 것 같다고 하더라고⋯. 몇 개월 지나야 충원이 될 것 같아⋯. 나도 고민이야..

C팀원 : 팀장님 인원 충원 없이 저희는 못해요. 강지환 대리가 하던 업무⋯.

C팀장 : 힘든 건 알겠는데, 어쩌지⋯. 강지환 대리가 하던 업무는 B팀에서 해야 할 성격의 일 또한 아니야.

C팀장 : 그러면 이참에 말이야, 나한테 보고를 위한 일, 일을 위한 일 등, 팀 안에 비생산적이고, 형식적인 업무들을 정리해 보자고⋯. 비생산적이고, 형식적, 불필요한 업무 등을 줄이면 인원 충원 없이도, 강지환 대리가 하던 업무를 그대로 할 수 있지 않을까?

C팀원 : 그렇게 된다면 가능할 수도 있겠죠…. 저희도 원하는 바
　　　　에요….


중대장 : 1소대에서 박격포를 운영하던 허광욱 상병을 2소대 소총
　　　　수로 전환한다. 사유는, 2소대가 어제 전투 시 부상자가
　　　　증가하여, 2소대 소총수가 부족하다. 오늘 안으로, 각 소
　　　　대장들 주관으로, 소대 간 보직 이동 실시해라.
1소대장 : 중대장님! 허광욱 상병은 박격포를 운영해 왔습니다. 허
　　　　광욱 상병이 빠지면 1소대에 박격포를 운영할 인원이 없
　　　　습니다.
중대장 : 1소대장! 허광욱 상병이 빠지면 박격포 운영할 인원이 없
　　　　다는 것이 말이나 되는 소리인가? 그럼 1소대는, 그동안
　　　　시스템적으로 운영되지 않고 사람에 의존하여 운영되어
　　　　왔다는 것밖에는 안 되는데….
중대장 : 현재 2소대의 소총수 보충이 절실하다. 1소대의 입장도
　　　　알겠지만, 각 소대는 중대의 최종 목표 달성에 기여되도
　　　　록 운영되어야 한다. 따라서, 허광욱 상병을 2소대로 전
　　　　입시키는 계획은 유효하고, 추가 인원 보충이 될 때까지,
　　　　1소대장은 현 상황과 임무를 고려, 소대를 재정비해라.
　　　　현재 1소대의 경우, 2소대에 비해 소총수가 많으니, 소총
　　　　수 중에 1명을 선발하여 박격포 운영 임무를 부여해라.
　　　　이러한 상황에 대비하기 위해, 평상시 모든 소총수에게

박격포 운영을 기본 과제로 교육·훈련했던 것이다.

1소대장 : 그래도 중대장님….

중대장 : 1소대장! 다시 이야기하지만 각 소대는 중대의 최종목표 달성에 기여되도록 운영되어야 한다. 중대는 대대의 최종 목표달성에!, 대대는 연대의 최종 목표 달성에!, 연대는 사단의 최종 목표달성에! … 1소대장! 그럼 1소대 화기 편제를 무시하고, 운영할 인원이 없다는 이유로, 허광욱 상병에게, 운영하던 박격포를 들고 2소대로 가라고 해야 하나!

중대장 : 행정관! 긴급하게 대대본부에 무전을 해서, 적이 6km 앞에 도달했다고 전달하고, 155mm 화력 지원 요청해!

행정관 : 통신병이 없어요…. 중대장님이 중대본부 통신병을 긴급하게 3소대 소총수 임무로 보냈잖아요?

3소대 소총수 인원이 부족하다고….

중대장 : 누가 몰라! 행정관이 직접 대대본부에 연락하라고!

행정관 : 저는 무전기 운영할 줄 모르는데요…. 그리고 통신병을 3소대 소총수로 보낼 때, 무전기도 같이 보냈는데요….

중대장 : ㅜㅜ

# 딴지와 뒷다리

여러분들과 여러분들의 주위는 어떠하십니까? 누군가 새롭게 무엇을 해보려고 하면, 먼저 "딴지"성 이야기부터 하고 계시지 않으신가요?, 그리고 여러분들이 하는 이야기가 상대방에게 "딴지"성으로 들리고 있지는 않은가요? 그리고 상대방의 도전, 열정, 창의성 발휘를 어렵게 만들고 있지는 않은가요? 예를 들어 "예전에 다 해봤다", "해봤는데 안 되더라" 등의 말은, 3P(People, Process, Product)와 조직 전체를 예전 수준에서 벗어나지 못하게 만들 수 있습니다. 물론, 예전에 안 되었던 것을 다시 해보았더니, 또다시 안 될 수도 있습니다. 하지만, 일정 시간이 지난 현재, 조직이 생각하고 행동하는 방식과 각종 여건 등은 예전과 다를 수 있습니다. 반대로 예전을 현재와 비교해보면, 예전에는 "보다 구체적인 수준의 검토가 미흡했을 수도 있고", "방향을 다르게 잡았을 수도 있고", "각종 여건이 부족했을 수도 있고", "구성원들의 생각하거나 업무하는 수준에 차이가 있었을 수도 있고", "공감대 형성이나 시대적 상황 등이 좋지 않게 작용하여, 잘 안되었을 수도" 있습니다. 따라서 과거는 과거일 뿐, 과거와 현재를 동일시하여 같은 결과가 발생될 것처럼 이야기해서는 안 될 것입니다. 과거와 현재를 동일시하여 같은 결과가 발생될 것처럼 이야기하는 분위기는, "자칫 잘못하면" 서서히 조직 전반에 도전, 열정, 창의성의 부재를 형성시킬 수도 있습니다. 만약 여러분들 주위에 예전에 해봤는데 안 된다고 이야기하는 구성원이 있다면, "정말 아무 생각 없이 이야기하는 경우", "단순히 본인만의 아집에 빠져 있는 경우", "정말 모든 것을 다 해보았고 현재와 비교해 보아도 정말 안 된다는 확신이 들어서 이야기하는 경우", "딴지나 태클을 통해, 선의의 경쟁이 이루어지지 못하게 하여 상대방의 입지를 좁게 만들려고 하는 경우"들 중에 한 가지가 아닐까요?

**— Episode —**

20년간 조직을 경험하면서, 누군가가 새롭게 해보려고 하면 "예전에 다 해봤다, 해오던 것이다, 해봤는데 안 되더라, 안 된다 등"의 방식으로 이야기를 하거나, "내가 하면 로맨스, 남이 하면 불륜" 그리고 "나 아니면 안 돼" 성향의 구성원들을 자주 볼 수 있었습니다.

특히, "나 아니면 안 돼" 식의 구성원들이 다수 존재하는 경우, "해당 구성원들의 개인적 성향일 수도 있겠지만", 조직이 시스템에 의해 운영되기보다는, 몇몇 사람에 의해 운영되어 온 경향이 높았습니다. 이러한 경우, 조기에 시스템에 의해 운영되도록 전환하지 않으면, 해당 구성원의 입맛에 맞거나, 그 수준에서 만족하는 인원들만 조직 내에 남을 것이기에, 시간이 지날수록 해당 구성원의 수준을 뛰어넘지 못한, 즉 하위 평준화된 인원들만 생존한 상태로 조직이 운영될 것입니다. 그리고 시스템적으로 운영되지 않고 사람에 의해 운영되었던 조직일수록, "나 아니면 안 돼" 성향을 가진 구성원의 조언은, 도와주기 위한 조언이라기보다는 대부분 "딴지"에 가까웠습니다.

# 6장

# SCM 사례

*- Examples of SCM -*

지금부터는 최근에 경험했던 다품종 소량 공급형태 Special Gas(장치산업)업의 사례를 통해, 조금 더 구체적으로 이야기해 보고자 합니다. 하지만, 저 역시 SCM의 방대함과 보안상을 이유로, 모든 것을 아주 구체적으로 말씀드리지는 못합니다. 이점 양해 부탁드립니다. 단지, SCM을 어떻게 해야 할지 궁금해하시는 분들에게, 사례를 통해, "조금이나마 이해하시는 데 도움이 되었으면 좋겠다."는 취지입니다." 저는 상당기간 Forward 물류가 주를 이루며, Reverse 물류는 폐기(환경)와 서비스만 해당되는 범위의 SCM을 해보았습니다. 하지만 제가 최근에 경험한 SCM은, Reverse 물류를 통해 입고된 다양한 상태의 공병들을 조기에 충전 가용화 상태로 전환하지 못한다면, Forward 물류 자체가 불가한 SCM이었습니다. 언뜻 보면 음료나 주류(酒類)업종에서, 용기(Bottle)의 Forward & Reverse 물류와 유사할 수도 있지만, 다품종 소량 공급형태 Special Gas(장치산업)업의 SCM에서, 용기에 내재되어 있는 의미나 가치는 음료나 주류업과는 많이 달랐습니다. 왜냐하면 Gas 용기는 유독물질을 포장해야 하므로, 용기의 생성 시부터 번호(사람으로 치자면 주민등록번호)가 부여되며, 운영, 폐기 시까지 법률에서 자유로울 수 없기 때문입니다.

『Bulk 형태의 SCM에서도, Gas와 설비에 이슈가 없고, 조직이 생각할 때, 단순 관리범위를 벗어난 많은 용기 수량을 보유하고 있다고 판단되면, 유사하게 적용할 수도 있습니다.』

다품종 소량 공급형태 Special Gas(장치산업)업의 Supply Chain 특성은 다음과 같습니다.

---

- 안전환경 근간(根幹)
- 안정적 고객수요 및 주문 특성
- 자원 확보를 위한 L/T 長(용기, 밸브. 상품, 원료)
- 자원간 연계성 大 → 자원 통합관리의 필요성 高
- 가용자원 수급 불균형 시 제조(생산) 차질
- 품질불량에 의한 Loss율 低(Infrastructure Facilities 구축 가정)
- 제조공정 비교적 단순(전처리, 충전, 검사)
- 재고보다는 용기가 운영상의 문제를 더 숨기는 역할(More)
- 제조업과 유통업의 공존
- 완성품 재고의 적응성(보유수준, 위치) 확보 必
- Gas 품질불량 및 출하 오류가 고객에 미치는 영향 大
- 자원 품질 중요성 高(용기, 밸브, 상품, 원료)
- 복잡하고 비효율적인 물류 유지 가능성 高

---

☞ **안전환경 근간**(根幹)

→ 아무리 효율·효과·경제적이더라도 안전환경 관련 문제점이 발생되면 폐업으로 연결될 수 있기에, 안전환경은 모든 생각과 행동의 근간이며, 당연히 SCM에 있어 최우선 고려사항입니다.

☞ **안정적 고객 수요 및 주문 특성**

→ 고객의 주문 특성에 따라 좌우되겠지만, 일반적인 B2C, 그리고 일부 B2B 업종보다, 상대적으로 안정적인 수요를 형성하고 있습니다. 따라서

특정 자원들의 안정적 운영 시, 고객 주문 충족 및 자원 효율화 가능성은 높았습니다.

☞ **자원 확보를 위한 L/T 長**(용기, 밸브, 스키드, 상품, 원료)

→ 시장 여건상 자원 확보를 위한 Lead Time이 길어, 고객의 수요에 적응성 있게 대처하기 위해서는, S&OP와 연계된 중장기 구간 자원 운영 계획이 매우 중요하였습니다.

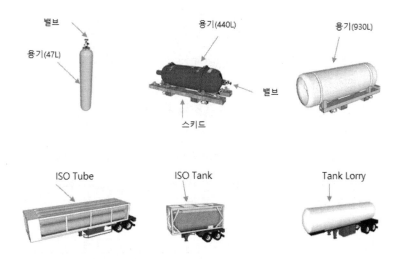

☞ **자원 간 연계성 大**

→ 여러 자원들이 Package화 되어 고객의 요구에 부합된 하나의 제품을 구성하기에, 소요되는 자원들에 대한 통합 관리가 필요합니다.

☞ **가용자원 수급 불균형 시, 제조 차질 大**

→ 전(前)공정(Step) 차질이 완성공정 및 제품 가용성에 미치는 영향이 높았습니다. 따라서 Reverse 물류상에 있는 자원들의 조기 가용화 여부는

Forward 물류에 많은 영향을 미쳤습니다.

☞ **품질 불량에 의한 Loss율 低**

→ Infrastructure Facilities 구축 가정 시 품질 불량에 의한 Loss율은 낮았습니다.

☞ **제조공정 비교적 단순** (전처리, 충전, 검사)

→ 공정이 단순하기에, 장치 산업(제조업) 특성상 생산(충전) Capa가 가장 커야 한다고 생각할 수 있지만, 생산(충전) Capa보다 더 커야 하는 공정은 전처리, 검사(분석)입니다.

→ 그리고 제조 입장에서는 전처리 공정을, 제조 공정으로 인식하는 경향이 높아, 본서에서는 전처리 공정을 제조 공정 범주에 포함시켜 소개하였지만, 전처리 공정은 생산(충전)이 가능하도록 용기내부 잔류가스를 처리하고 진공상태로 만드는 공정이므로, SCM 관점에서는 물류센터 또는 저장소 등과 연계한 물류 공정에 포함시키는 것이 더 나을 수도 있습니다.

용기 Cycle

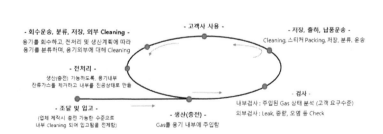

☞ **재고보다는 용기가 운영상의 문제를 더 숨기는 역할**

☞ **제조업과 유통업이 공존**

→ 제품뿐만 아니라 상품을 취급하기도 합니다.

☞ **완성품 재고의 적응성**(보유수준, 위치) **확보 必**

→ 사고 발생 시, 상당기간 사업장 전체를 대상으로 폐쇄 조치가 내려질 수 있기에, 고객에게 일정 기간 안정적 공급을 보장하기 위해서는, 재고 보유수준은 일정 기준 이상으로, 재고는 제조사업장을 벗어난 다른 곳에 위치되어야 할 필요성이 있습니다.

☞ **Gas 품질불량 및 출하 오류가 고객에 미치는 영향 大**

→ 고객의 제조 차질과 설비오염 등 막대한 손해를 끼칠 수 있는 위험성이 상존하고 있습니다.

☞ **자원 품질 중요성 高**

→ 각종 자원들에 대한 품질이 매우 중요하기에, 고객사는 물론, 다양한 공급사와도 품질에 대한 연계업무가 필요합니다.

☞ **복잡하고 비효율적인 물류 유지 가능성 高**

→ 물류를 일으키는 주체인 용기를 다수 보유하고 있는데도, 저장소와 분석기의 수, 역할, 입지에 대한 인식이 낮을 경우, 복잡하고 비효율적인 물류를 유지할 가능성이 매우 높습니다. SCM상에서 전략적 고려 사항은 공장과 저장소의 수와 입지인데, Gas업의 경우 분석기의 수와 위치까지 전략적 고려사항에 포함됩니다.


『가스업(業)종의 경우, 공장이나 저장소의 수와 입지뿐만 아니라, 분석기의 수와 입지도 Supply Chain상에서 전략적 고려사항입니다. 그럼에도 불구하고, 분석기의 수와 입지 검토 시, 정보와 물자의 흐름을 고민하지 않는 경우가 빈번하게 발생할 수 있는데, 이는 정보와 물자의 흐름을 복잡하게 만들고, 신속성, 경제성, 효율성 또한 떨어뜨려, 굳이 낭비하지 않아도 되는 부분들을 낭비하게 만듭니다.』

상기의 내용들을 토대로, 다품종 소량 공급형태 Special Gas(장치산업)업 SCM을 다음과 같이 정의하였습니다.

☞ 안전환경근간(根幹)하, 용기(容器), 밸브. 상품, 원료 등 중장기구간 자원계획과 자원 간 연계성을 통합관리하여, 가용자원의 수급을 안정화하고, 고객이 원하는 품질로 제조 및 유통된 제품과 상품의 적응성을 높이며, 안전하게 고객에게 운송하고, Reverse 물류에 의해 발생되는 각종 상태의 자원을 최단시간에 가용화하여, 고객의 Needs에 지속실행 가능하면서도 효율·효과·경제적으로 대응하기 위한 경영 철학·사상(思想)

특정 업과 조직의 SCM에 대해, 불변의 정의를 내릴 수는 없습니다. 왜냐하면 향후 비즈니스 형태가 어떻게 변해 갈지, 그리고 어떠한 상황에 처하게 될지는 아무도 모르기 때문입니다.

단지, 상기와 같이 정의를 내린 이유는, 첫째, Supply Chain 특징을 기반으로, SCM 추진조직이 큰 틀에서 나아가야 할 방향과 존재의 이유를 정립하기 위함입니다. 둘째, 방향과 존재의 이유를 기반으로, 구체적인 Role & Responsibility를 설계하기 위함입니다. 셋째, 구성원들에게 올바른 가치관을 함양시키고 구성원 간 역할을 정립하기 위함입니다.

다음은 SCM 정의를 기반으로, SCM 추진조직 존재의 이유와, 존재하기 위해서는 어떠한 것(방향)을 해야 하는지 조금 더 구체적으로 정립하였습니다.

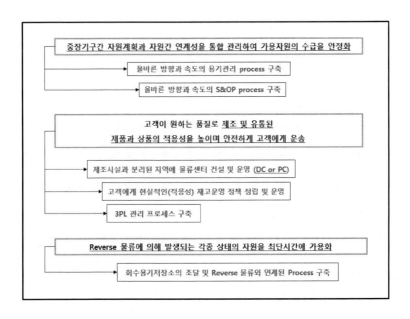

"존재하기 때문에 어떤 것을 해야 한다"고 생각하기보다는, "존재하기 위해서 어떤 것을 해야 한다"고 생각하는 것이, 보다 능동적인 생각과 행동을 유도하게 되어, 보다 긍정적인 결과에 이르게 할 수 있습니다. SCM이 올바른 방향과 속도로 정착되지 않은 조직에, 일반적으로 나타나는 현상이 있습니다. 예를 들면 기능별 위주 ↑, 부분 최적화 ↑, 수요공급 데이터(계획, 실행) 융합 수준 ↓ 수요공급 데이터 자산화 수준 ↓, Visibility 수준 ↓, Reverse 물류(물자의 흐름) 수준 ↓ 등입니다. 따라서 이제 막 SCM이 부각되고 있는 조직에서는,

이러한 분야들을 혁신하는 방향으로, SCM 추진 조직의 존재의 이유와 R&R을 정립하는 것이 좋을 수 있습니다.

> **중장기 구간 자원계획과 자원의 연계성을 통합 관리하여**
> **가용자원 수급 안정화**

### ☞ 올바른 방향과 속도의 용기관리 Process 구축

다품종 소량 공급형태 Special Gas(장치산업)업에서, 핵심 이슈는 Gas, 설비, 용기입니다. 이들 중, SCM 입장에서 핵심은 용기이며, "용기 SCM"이라고 해도 과언이 아닙니다. 다음은 Supply Chain상에서 용기의 역할, 용기가 Supply Chain에 미치는 영향, 그리고 용기 자체가 가지고 있는 특성 등에 대해 나열해 보았습니다.

→ 용기로부터 자유롭거나, 영향을 받지 않는 기능은 없습니다.
『용기는 관리해야 할 포인트가 많음에도 불구하고, 겉으로 화려하게 드러나지 않는 분야이다 보니, R&R과 프로세스가 명확하지 않은 상태에서 한번 꼬여 버리면, 다시 풀어내기가 쉽지 않습니다』

※ 용기 적정수량 분석 및 의사결정, 수입검사, 충전의뢰, BSGS 장착 수량 Update, 조달, 조달 L/T 관리, 성적서 관리, 충전의뢰검사, 930L 초과용기 기술검토, 법(규격) 관리, 공급 및 회수 계획 수립, 저장 및 분배계획 수립, 실물~Data 일치화 관리, 현황 관리(위치, Aging), 부적합품 처리, 재검

사 계획 수립/실행, 유지보수(정비, 교환, 도색 및 Cleaning 등), 스키드 부적
합 관리/가용화, 스키드 표준 관리, 밸브 관리, 공간 확보… 등등

→ Gas를 포장하고 이동시키는 핵심 역할[자재(資材) 개념]

→ 확보 및 가용화 상태로 전환을 위한 L/T 長(중장기 구간 자원계획의
　중요성 高)

→ 자원 간 연계성 大[자원 통합 관리의 필요성 高 (밸브, 스키드)]

→ 수급 불균형 시 제조 차질 大(회수, 조달, 가용화 상태로 전환, 전(前) 공
정 Step 등)

→ 조달·유지관리(재검사, Cleaning 등)에 소요되는 비용 高

→ 단기간 재검사 대상 수량 증가 시, 운영차질 발생 가능성 高

→ 부피, 중량 이슈로 인해 공간 운영 효율 저조(공간 점유율 高)

→ 취급(안전) 주의 필요성 高

→ 자산 보유수량이 증가할수록 다양한 비용 병행 증가(용기 1BT
　조달 단가는 수십만 원에서 수억 원까지 다양함)

→ 데이터 부정확 시(용기번호와 부가정보 등) 혼란 가중 大(자산관리, 공정
관리, 납품관리, 수출입통관 등 제한)

→ 용기 Size 변경 및 사용량 변동 시, 잉여 용기 발생 가능성 高
(실시간 Balancing 프로세스 구축 필요)

→ 먼지, 녹, 스티커 오염물 및 Scratch, 충격 등에 의해, 지속적
인 Maintenance & Cleaning 소요발생(스키드, 밸브 포함)

→ 초과 및 잉여수량 보유 시, 재고보다도 운영상의 각종 문제를
숨기는 역할 大(전사 Process를 검증하는 척도로서 역할 가능)

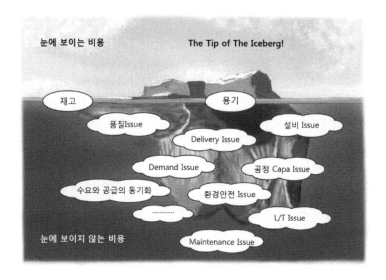

『초과 잉여 용기가 다수 존재하면, 각 기능별, 프로세스별 문제점
들이 수면 위로 드러나지 않습니다.』

상기와 같이, 용기가 Supply Chain에 미치는 영향, Supply Chain
상에서 용기의 역할, 용기 자체가 가지고 있는 특성 등으로 인해, 용
기 관리를 위해서는, 군사군수(Military Logistics)에서 지향하는 개념 중

하나인, "총수명주기관리체계"를 도입하여 구축해야 합니다.

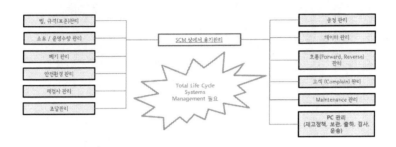

『미군은 경제적이고 효율·효과적인 군사군수를 지향하기 위해, 각종 전력체계를 개발하는 초기부터, 총수명주기 동안의 모든 소요들을 찾아내어, 전력체계와 전력지원체계 그리고 지원 소요들까지 동시에 개발 및 관리하게 되는, 총수명주기관리체계[Total Life Cycle Systems Management]를 강조하고 있습니다. 한국군 또한 미군의 영향을 받아서 개념을 도입하고 운영 중입니다.

"총수명주기관리체계 - 국방과학기술용어사전 - : 무기 체계를 비롯한 군수품의 최초 개발부터 폐기 처분 시까지, 전 수명 주기 과정을 통합·관리해, 비용을 최소화하는 동시에 가용도를 높임으로써, 효과적으로 전투 준비 태세를 갖추게 하는 기법."』

수만 단위의 용기를 자산으로 운영하고 있음에도 불구하고, 조직이 용기관리에 대한 개념을 명확하게 정립하지 못하고, 중요성 또한 저하된 상태로 일정기간 지속되어 온 결과 대부분 인력의 R&R이 용기관리 분야보다는, 기능별 고유 업무에 치중되어 있었습니다. 이로 인해, 피상적으로는 용기관련 프로세스가 모든 기능에 넓게 걸쳐 관리되고 있는 것처럼 보였지만, 실제로는 부실하였으며, 당연히 경계선상에서 명확한 주인 또한 찾기 어려웠습니다. 따라서 우선 개략적으로 설정한 방향은 ① 자산 용기 수량에 대한 가시성 확보, ② 총수명주기관리체계 구축 필요성에 대한 공감대 형성, ③ 적정 용기운영수량에 영향을 미치는 Factor 도출 등이었습니다.

우선 자산 용기 수량에 대한 가시성 확보를 위해, 정보시스템을 확인해 본 결과 정보시스템도 데이터가 부정확했습니다. 따라서 오직 방법은, 용기 순환과정 중, 한 지점을 선택하고, 사람이 스캐너와 육안 식별을 병행하면서, 모든 용기의 외관을 확인하고 용기 캡을 일일이 개방하여, 정보시스템과 비교하는 것이었습니다. 이러한 실사 작업을 내실 있는 상태로 마무리하기 위해 필요했던 것은, 구성원들의 장기간 희생, 인내, 신독 등의 마음가짐과 실천『용기별로 회전율이 상이하여(며칠, 수십 일, 몇 개월, 1년 등) 모든 용기를 확인하려면 많은 시간이 소요되었습니다』그리고 동일한 결과가 발생되도록 프로세스를 구축하고, 소수의 구성원들에게만 R&R을 부여하는 것이었습니다.

1년 6개월 동안 매일 진행되었고, 실물과 데이터를 98% 일치시켰습니다. 『2%는 팀이 해체되고, 참여했던 구성원들이 타 기능으로 이동되어 진행하지 못했습니다. 이제 와 아쉽게 생각하는 점은, "더 진행하지 못한 것이 아니라, 제가 여건을 핑계로 더 진행하지 않았다는 것"입니다』이로 인해, 데이터는 존재하지만, 실물은 존재하지 않는 용기들의 수량을 상당 부분 명확하게 확인할 수 있었으며, 총자산 데이터의 25%에 해당되었습니다. 아쉬운 점은, 자산 수량에 대한 가시성 확보를 통해, 적정 용기운영수량을 검토할 수 있는 기초를 마련했지만, 주위의 무관심과 시큰둥한 반응하에서 시작했던 일이기에, 당시 신독의 정신으로 장기간 인내하고 희생했던 구성원들이 "인정을 받지는 못하였다"는 것입니다. SCM상에서 부정확한 데이터를 정확하게 일치시켜 산포가 감소하도록 만드는 것은, 무엇보다 중요합니다. 하지만, 그 당시 조직 분위기는, 데이터를 일치시켜 산포를 줄이는 것에 대해, 그리 중요하게 생각하지 않았습니다. 1년 6개월 동안 매일 늦은 시간까지 남아 "신독"을 실천하며 용기 실사 임무를 진행했던 구성원들에게, 본서를 통해 거듭 "감사의 마음을" 전합니다.

### ━ Episode ━

용기 실사 진행 간, 다음과 같은 이야기를 지속적으로 들었습니다. "이미 전반기 하루, 후반기 하루, 용기 실시를 하고 있기 때문에, 제가 별도로 계획을 수립하여 진행하고 있는 용기실사는 정말 불필요하다는 것"이었습니다. 하지만 모순이 존재하였습니다. 전반기 하루, 후반기 하루 진행하는 용기 실사 프로세스는, 하루 공장가동을 중지하고 사업장 내부 곳곳에 있는 용기를 정보시스템과 비교 후, 사업장 내에 없는 용기는 모두 고객에게 있다는 가정이었습니다. 하지만 이러한 형태로 실사하는 방식은, 데이터는 있는데 실물이 없는 용기에 대해서는 절대 확인이 불가합니다. 실물과 데이터 간 100% 일치여부를 명확하게 이야기할 수 없다고 하면서, 전반기 한 번, 후반기 한 번 공장 가동을 중지하고 사업장 내 용기를 확인 후, "사업장 내에 없는 용기는 모두 고객에게 있다"는 방식의 실사는, 어찌 보면 "보여주기"식, "행사"성

등에 가까웠습니다. 그리고 용기실사는 수량의 일치뿐만 아니라, 부가 정보들 또한 관리되도록 진행되어야 하는데 그렇지도 못하였습니다. 왜냐하면 기존의 실사 방식은, 용기번호만 확인하는 방식이었기 때문입니다. Gas 용기는 유독물을 충전해야 하는 특성으로 인해, 강화된 법률 준수가 요구되며, 법률을 충족하려면, 용기번호와 연계된 부가정보들도 제대로 관리되어야만 합니다. 그런데 이러한 점을 고려하지 않고 용기번호만 실사하는 방식은, 총수명주기관리체계와 연계되지 않아 별 도움이 되지 않았습니다. 그리고 기존의 용기 실사 방식은, 실사 과정에서 내부에 용기가 있음에도 불구하고 누락되는 경우가 발생하기도 하였고, 실사하는 사람의 성향에 따라 용기번호에 혼란을 초래하기도 하였습니다. 예를 들어 123 K라는 용기번호를, 어떤 구성원은 123K라고 입력하기도 하였고, 123-K라고 입력하기도 하였습니다. 즉 누락되는 것이 발생하지 않게 인원별 구역을 아주 구체적으로 설정하고, 사람마다 동일한 결과가 발생하도록 실사 이전에 교육을 병행하는 등, 구체적인 프로세스를 구축하여 진행해야 하는데 그렇지 못하였습니다. 같은 내용이라도 어떻게 프로세스를 구축하느냐에 따라, 속도와 방향, 결과는 상이할 수 있습니다.

## ▰ Episode ▰

용기의 부족은 고객에게 부정적 영향을 미치게 되지만, 용기의 과잉(초과 잉여)은 재고보다도 운영상의 각종 문제를 숨기는 역할을 합니다. 따라서 조직이 설정한 재고정책 기반하에, 적정 용기운영수량의 정립은 반드시 필요합니다. 특히, 용기의 숫자를 Tight하게 운영하게 되면, 전사 프로세스들의 Visibility뿐만 아니라 "프로세스가 올바른 방향과 속도로 구축 및 유지되고 있는지?"도 알 수 있으며, 더 나아가 구성원들의 생각하는 방식과 행동하는 방식에, 변화를 이끌어낼 수도 있습니다. 따라서 다수의 용기를 보유하고 있는 다품종 소량 공급형태 Special Gas(장치산업)업의 경우, 이러한 점에서 용기가 "혁신의 도구로" 활용될 수도 있습니다.

『단, 용기를 혁신의 도구로 활용하기 위해서는, 제대로 된 재고정책을 정립하고 유지할 수 있어야만 가능합니다.』

그리고 용기는 각종 비용과 연관이 매우 높습니다. 용기 투자에 소요되는 비용도 결코 적지 않은데, 용기의 증가는 밸브비용(교체), 공간확보비용, 저장시설구축 및 유지비용, 인력유지비용, 재검사비용, 보수비용, 운송비용 등을 증가시키게 되며, 이렇게 용기 증가에 따라 소요되는 비용들이, 결코 만만하지 않다는 것입니다.

따라서 적정 용기운영수량을 정립하고 운영하는 것은, 매우 중요합니다. 그리고 많은 용기를 보유한 다품종 소량 공급형태 Special Gas(장치산업)업에서, 적정 용기운영수량은 한번 검토 후 정립되면, 오랫동안 지속될 수 있는 것이 아니라, 최소 주간 단위로 연간 지속 검토해야 하며, 한번 검토 시, 수요, Balancing, 자원 간 연계성 등을 병행 검토해야 하는 관계로, 많은 시간과 신중함이 요구되기도 합니다. 게다가 용기에 따라 조달기간이 수개월에서 1년을 초과하는 등, 고객의 요구 시점보다 조달기간이 결코 짧지 않을 수 있기에, 적절한 투자 의사결정시기를 놓치면 사업에 막대한 지장을 초래할 수 있습니다. 이를 극복하기 위해, 일부 용기 제작업체와 VMI 또한 검토해보았지만, 쌍방의 다양한 현실적 입장과 시장의 제약으로 인해 이마저도 쉽지 않았습니다. 따라서 적기, 적량의 투자 의사결정이 가능하도록 판단기준을 제공하는, 적정 용기운영수량의 정립은 매우 중요하였습니다. 그래서 아래와 같이, 적정 용기운영수량의 정립에 도움이 되는 19가지 Factor를 탐구 끝에 정립하였고, 간혹 Factor들은 독립적으로 필요할 때도 있지만, 전체 자산수량을 대상으로 검토가 필요하기에, 대부분 Factor 간 융합이 필요했고, 제대로 융합되었을 때 시너지는 높았습니다. 하지만 19가지 Facror를 정립해 나가는 과정이 순탄하지만은 않았습니다. 특히 생산(충전)을 위한 용기가 없다는 이유로, "왜 용기투자를 하지 않느냐"며 코너에 자주 몰리기도 하였습니다. 그런데 참 답답했던 것이, 생산(충전)할 용기가 없다면, 우선 전 단계인 "전처리(용기를 충전 가능한 상태로 만듦)를 탐구"해야 하는데, "프로세스 검토는 둘째 치더라도", 전처리 단계에 대한 Visibility조차 제대로 하지 않으면서, 무조건 "용기가 없다"는 이야기만으로는, 용기 투자를 적극 검토할 수 없었습니다. 그래서 저는 다음과 같이 이야기를 하였습니다. "용기가 없다는 것이, 생산(충전) 시점을 기준으로 볼 때 용기가 부족하다는 것입니까? 아니면 전체 자산용기가 절대적으로 부족해서 투자를 해야 한다는 것입니까? 용어를 명확하게 정립하여 사용해 주시고, 무조건 투자를 해야 한다고 이야기를 하는데, 먼저 전처리 단계 Visibility부터 하시고 나서 이야기하는 것이 적절하다고 생각됩니다." 왜냐하면 용기운영수량에 영향을 미치는 Factor 중에는 "내부 전체 Process별 L/T"이 있는데, 프로세스가 올바른 방향과 속도로 구축된 것도 바라지 않습니다. Visibility라도 되어 있다면 현실을 기반으로, 단기적, 중기적, 장기적 적정 용기운영수량을 정립하는 데 도움이 되기 때문입니다. 그 당시, 무조건 "용기가 부족하다"라는 애매모호한 이야기를, 1년 이상 지속 들으면서 느낀 점은, "아이들이 장난감 앞에서 막무가내로 사달라고 조르는 것"과 다르지 않았다는 것입니다.

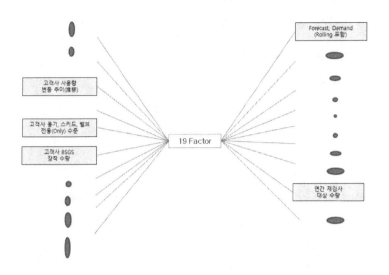

자산 용기 수량이 수만 개인 다품종 소량 공급형태 Special Gas(장치산업)업에서 용기관리를 하다 보면, "경제성, 효율성을 고려하자니 조달 제약으로 인해 적응성이 떨어질 수도 있고, 그렇다고 적응성을 고려하자니 경제성과 효과성을 보장받지 못할 수도 있다"는 생각과 상황에서, 딜레마에 빠지기도 합니다. 왜냐하면 시장상황과 수요를 꿰뚫어 볼 수도 없는 상황에서, 조달 기간은 길고, 고객의 요구 시점은 대부분 조달기간보다 짧기 때문입니다. 설상가상으로 용기 투자를 했는데, 사용하지 못하게 된다면, 타 업체에 매각하는 방법밖에는 없는데, 부합되는 업체가 없다면 기약 없이 방치할 수밖에 없습니다. 따라서 조직 내부적으로 "아직 알 수는 없으나 기회는 올 것이다."라는 신념으로 "적응성"에 중점을 둘 것인가? 아니면 "경제성과 효율성"에 중점을 둘 것인가에 대해서는, 신중하게 판단해야 합니다.

간단히 예를 들어 930L를 초과하는 용기, 즉 트레일러 차량에 의해 이동되는 용기들은, 조달 L/T이 상당히 장기간 소요되고, 고객의 사용(량)주기도 천차만별이며, 조달되었더라도 가용화에 많은 시간이 소요되고, 용기에 이슈 발생 시 장기간 대체할 수 있는 용기가 필요하며, 공간도 많이 소요되고, 개당 투자비용(수억 원)과 유지비용 또한 결코 적지 않습니다. 이러한 이슈들이 상존하는 용기를 Tight하게 운영하게 되면, 고객의 러브콜 시, 기회를 놓칠 수도 있고, 이에 대비하여 일정 수량 Buffer를 보유했는데, 나의 생각대로 고객이 움직이지 않으면, 초과 및 잉여수량으로 남게 될 수도 있기에, 많은 딜레마에 빠질 수밖에 없습니다. 즉 경제성, 효율성을 가지고 있으면서, 불확실한 미래의 상황에 적응성 또한 보유할 수 있는 수량이 얼마나? 이것이 관건입니다.

하지만, 이러한 내용에 현실적으로 책임 있는 결정을 내릴 수 있는 사람은 제한적이라는 것입니다. 어떻게 보면, "경제성과 효율성이 우선이다", 아니면 "적응성이 우선이다" 등의, 방향성에 대해 책임 있는 결정을 내렸다고 하더라도, 구체적인 수량에 대해 책임 있는 결정을 내릴 수 있는 사람은 한 명도 없습니다. 오직 총수명주기관리체계에서, 용기관리를 전담하고 있는 사람만이 무거운 짐을 가지고 가야만 합니다. 그래서 총수명주기관리체계에서 용기관리는, 등한시되거나 쉽게 생각할 분야가 아닌 전문적인 분야입니다. 왜냐하면 총수명주기관리체계에서 용기관리를 전담하고 있는 사람은, 중장기 수요 예측 제한, 실시간 고객 사용량 변경, 충전량 상향, 용기 Size 변화, 조달 L/T, 타 자원들과 연계, 가용화 전환, 공간 확보, 기타 비용 등, 끊임없이 변화되는 다양한 이슈들에 대해 고민을 해야 하며, 이와 연계하여 실시간 Balancing을 통해, 적정 용기운영수량을 연중 지속적으로 정립해야 하기 때문입니다. 이와 같은 이유로, 자산 용기 수량이 수만 개인 다품종 소량 공급형태 Special Gas(장치산업)업에서, 총수명주기관리체계로 진행되는 용기관리는 Art에 가깝습니다.

다품종 소량 공급형태 Special Gas(장치산업)업뿐만 아니라, 어떤 업종과 조직이든, 올바른 방향과 속도로, 지속 실행 가능한, 수요공급을 유지하고 지향하는 것은 어렵습니다. 그래서 이를 극복하기 위해서는, 다음과 같이 네트워크화된 S&OP 프로세스 정립을 필요로 합니다.

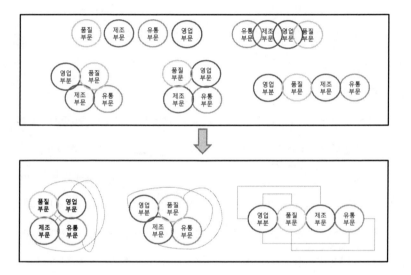

특히 기능 간(조직, 구성원)에 능동적으로 반응하기 어렵고, 경계선상에 R&R 이슈가 끊이지 않으며, 데이터를 융합시키는 기능이 존재하지 않고, 적응성 있는 네트워크화 유지가 어려운 조직에서는, 가능한 Head Control 역할을 할 수 있는, S&OP 전문 운영조직과 Process를 반드시 구축해야만 합니다.

보편적인 업종의 S&OP에서는 수요(추정이냐 약속이냐에 따라 예측과 계획으로 구분하여 관리할 수도 있고, 고객의 영향과 조직 수준에 따라 구분이 애매할 수도 있음)를 기반으로, 재고계획, 생산계획, 판매계획에 중점을 두고 운영될 수 있는데, 다품종 소량 공급형태 Special Gas(장치산업)업에서는 수요를 기반으로 한 재고계획, 생산계획(Gas 생산 및 용기에 충전), 판매계획 외에도, 용기운영계획, 전처리 계획(용기를 충전 가용한 상태로 전환하는 계획), 그리고 검사 계획(Gas 분석 + Leak, 중량, 외관) 중에서도 Gas 분석계획이 중요하게 다루어져야 합니다. 언뜻 보면 Gas 장치산업에서, 생산(Gas 생산 및 용기에 충전) 계획과 Gas 생산 및 충전 인프라가 가장 중요하다고 생각할 수 있지만, SCM에서 이에 못지않게 중요한 것이, 용기운영계획 · 전처리 계획 · 검사 계획(Gas 분석), 그리고 용기관리 · 전처리 · 검사(Gas 분석) 인프라입니다. 만약 이러한 것을 인지하지 못하고, 생산(Gas 생산 및 용기에 충전) 계획과 생산(Gas 생산 및 용기에 충전) 인프라만 중요시한다면, 전체 최적화 관점에서 효율, 효과성은 매우 저하되며, ERP, MES 등의 정보시스템 또한 별로 빛을 발하지 못하게 됩니다.

정말 있는 그대로 말씀드리면, 생산(Gas 생산 및 용기에 충전) 계획과 생산(Gas 생산 및 용기에 충전) 인프라(프로세스 포함)만 중요시하는 상태가 지속된다면, 많은 비용을 들여 정보시스템을 구축할 필요가 없습니다. 왜냐하면 이러한 상태라면, 구축 후 답도 없고 끝도 없는 안정화와 정상화에 많은 비용과 시간, 노력을 쏟아붓게 될 것이기 때문입니다. 용기운영계획 · 전처리 계획 · 검사 계획(Gas 분석), 그리고 이와 관련된 인프라(프로세스 포함)를 개선하지 않으면서, 정보시스템만 가지고 이야기하는 것은 "밑 빠진 독에 물 붓기"와 다르지 않습니다.

## - 전처리 계획과 관련 인프라(프로세스 포함)

전처리 계획을 제대로 수립하지 못하고, 관련 인프라(프로세스 포함) 또한 올바르지 않다면, 아무리 생산(Gas 생산 및 용기에 충전) Capa가 높다고 하더라도 별 의미가 없습니다. 왜냐하면, 아무리 생산(충전)을 하고 싶어도, 충전 가능한 용기가 없다면 생산(충전)이 불가하기 때문입니다. 즉 전처리 공정은 고객사로부터 회수된 공병, 신규 조달된 용기, 재검사 완료된 용기, 부적합 해소된 용기들에 대해, 생산(충전) 계획을 고려 우선순위를 부여 후, 충전 가용한 상태로 전환해야 하므로, 생산(충전) Capa와 비교해 그 이상이어야 합니다. 만약 전처리 공정이 Visibility 되어 있지 않고, 전처리 공정 Process가 생산(충전), 재검사, 용기 조달, 부적합 처리 Process 등과 제대로 연계되어 있지 않고, Capa마저 미흡하다면, ERP를 구축하면 안 됩니다. 왜냐하면 기본적인 MRP조차 적용 불가하여, ERP를 제대로 활용할 수 없기 때문입니다. 만약 이러한 상태에서 구축된 ERP는 "트로이의 목마"가 될 것이며, 한편으로는 올바른 방향과 속도로 운영이 불가한, 반에 반쪽짜리 ERP로 전락하게 됩니다.

그리고 전처리 공정은 보는 시각에 따라, 제조 공정에 포함시킬 수도 있고, 물류 공정에 포함시킬 수도 있습니다. 왜냐하면 전처리 공정에서는, 용기를 생산(충전) 가능한 상태로 만들기 위해, 용기 내부 잔류가스를 제거하고, 내부를 세척하며, 밸브를 탈착하는 등의 업무가 발생하기 때문입니다. 생각하는 차이에 따라 의견이 분분할 수 있으나, 다품종 소량 공급형태 Special Gas(장치산업)업에서, 핵심은 Gas, 생산(충전) 설비, 검사(분석) 장비, 용기이며, 이 중에 용기는 물류를 발생시키는 주체입니다. 따라서 전처리 공정은, 어떻게 보면, Gas, 생산(충전) 설비와는 거리가 멀고, 생산(충전) 가능하도록 용기를 준비하는 단계이므로, 물류공정에 더 가깝습니다.

**- 검사**(Gas 분석) **계획과 관련 인프라**(프로세스 포함)

검사(Gas 분석) 계획을 제대로 수립하지 못하고, 관련 인프라(프로세스 포함) 또한 올바르지 않다면, 아무리 생산(Gas 생산 및 용기에 충전) Capa가 높다고 하더라도 별 의미가 없습니다. 왜냐하면, 많이 생산(충전)해봐야, 앞으로 나아가지 못하고 기다릴 수밖에 없습니다. 어떻게 보면, "많은 사람이 한꺼번에 버스에 오르려고 버스 출입구 주위에 뭉쳐 있는 것"과 별반 다르지 않습니다. 특히, 검사(Gas 분석) 분야는 전수 검사 특성상, 생산(충전) 시간보다 더 많은 시간이 소요되며, 제품, 상품, 원료에 대한 통합 분석 계획을 수립하고 운영해야 하므로, 제조 공정상에서 가장 Capa가 커야 합니다.

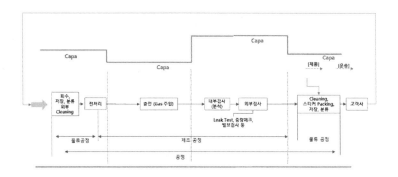

## - 계획 간 연계성

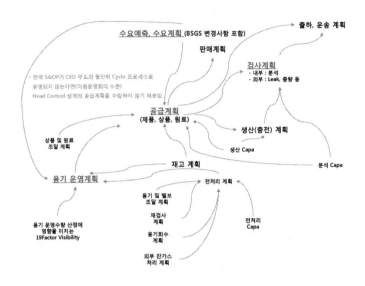

다품종 소량 공급형태 Special Gas(장치산업)업의 고객들은, 대체적으로 안정적 수요 및 주문 특성을 가지고 있지만, 공급자 입장에서는 초기 진입(장착) 간 Gas 소모 특성, 설비 가동 Fluctuation, 고객과의 관계 등에 의해, 예측을 계획으로 변환하기 어려운 상황이 발생되기도 합니다. 따라서 수요예측을 반드시 수요계획으로 변환해야 한다고 단호하게 이야기하기보다는, 융통성을 가지고 진행할 필요가 있습니다.

다음으로 공급계획을 수립해야 하는데, 공급계획은 수요를 Main으로, 용기와 재고 보유 수준, 생산(충전)Capa, 검사(분석)Capa 등이 Sub로 검토되어 수립되며, 판매, 생산(충전), 검사 계획 수립의 근간이 됩니다. 공급계획을 수립함에 있어 일반적인 업종에서는 재고 수준과 수요, 생산 Capa 등이 되겠지만, 수만 단위의 용기를 운영하는 다품종 소량 공급형태 Special Gas(장치산업)업에서는, Gas를 포장하고 이동시키는 자재이며 물류를 일으키는 주체인, 용기운영계획이 반드시 뒷받침되어야 합니다. 왜냐하면 Gas를 포장할 용기가 없다면 납품 자체가 불가능하기 때문입니다. 생산계획은 공급계획을 기반으로 작성되는데, 만약 공급계획을 수립하지 않는다면, 제조관리에서 수요, 용기, 재고, 원료조달, 전처리, 출하 계획 등을 종합 검토하여 작성해야 하며, 검사(분석)계획도 공급계획을 기반으로 작성되는데, 만약 공급계획을 수립하지 않는다면, 품질에서 수요, 상품 및 원료 조달, 출하(제품, 상품), 생산(충전)계획 등을 종합 검토하여 작성해야 합니다.

상기에 있는 도식을 보면 알겠지만, 각 계획들은 다양하게 연계되어 있습니다. 이러한 점에서 수요 예측, 수요 계획, 판매 계획을 제외한 모든 계획은, 가급적 Head Control 역할의 통합기능에서 수립할 필요가 있습니다.

예를 들어 용기운영계획을 수립하는 구성원은, 수요예측 및 계획, 전체공정 Capa, All L/T(Inbound 및 Outbound상에 존재하는 모든 프로세스), 조달계획, 재검사계획, 밸브운영, 상품운영, 원료운영, 회수 등을 잘 이해해야 하고, 공급계획을 수립하는 구성원은, 수요계획, 용기운영계획, 생산(충전) 및 검사공정Capa, 재고, 상품운영 등을 잘 이해해야하며, 생산(충전) 계획을 수립하는 구성원은, 전처리와 생산(충전) 공정 Capa 등을 잘 이해해야 하고, 검사(분석) 계획을 수립하는 구성원은, 생산(충전), 원료운영, 상품운영 등을 잘 이해해야 합니다. 그리고 출하, 운송계획을 수립하는 구성원은, 판매계획, 검사계획, 재고계획 등을 잘 이해하여야 하며, 재검사 계획을 수립하는 구성원은, 용기운영, 전처리계획, 밸브운영, 운송 등을 잘 이해하여야 하고, 전처리계획을 수립하는 구성원은, 용기운영, 밸브운영, 조달계획, 회수, 잔류가스처리, 재검사계획 등을 잘 이해해야 합니다. 즉 계획을 수립하는 구성원들 간에, 이해해야 하는 분야가 상당 부분 중첩되며, 이해해야 하는 분야의 범위도 좁지 않으며, 계획 간 연계성으로 인해, 구성원 상호간에 유기적으로 반응하고 공감대 또한 형성되어 있어야 합니다.

그런데, 기능별로 각각 계획을 수립하게 된다면, 아무리 프로세스로 연결되어 있다고 하더라도, 사람이 하는 일이기에, 현실적으로는 기능 간 경계선에 의해, 회의날짜를 별도 지정하고 별도 협의를 해야 하는 상황이 발생할 수밖에 없습니다. 즉 하나의 기능 안에 있다면, 담당자 간에 유기적으로 해결이 가능한 일들을, 하나의 기능 안에 있다면, 실시간 공유, 협의, 의사결정이 가능한 일들을, 기능 간 분리됨으로 인해, 소통, 협의, 합의라는 명목하에, 진행해야 하는 단계가 추가되고, 기능을 대표하는 상급자들 간에 의사결정이 되기 전까지는, 실행 또한 지연됩니다. 결국 이러한 형태의 조직운영과 유지는, 당연히 속도의 저하를 가져옵니다. 그리고 유사한 분야의 구성원들이 각각 운영됨으로 인해, 인력 운영 효율 또한 떨어집니다.

그리고 S&OP는 월 1회 실시하든, 월 2회 실시하든, 주 1회 실시하든, 조직의 특성에 맞게 진행하면 되는데, 명확하게 이해하셨으면 하는 것은, S&OP는 CEO가 주도하는 경영관리(Business Administration)

프로세스라는 것입니다. 따라서 월 1회 정도는 CEO를 포함한 모든 경영진이 참여하여, 사업계획과 연계된 전략적 관점에서 점검과(계획 대비 실행, Profit Optimization, KPI 등), 판매, 공급, 용기, 생산(충전), 검사(분석) 등, 각종 중요한 계획들을 최종 정립하고, 계획대로 실행을 약속할 수 있는 성격으로 진행되어야 합니다. 그런데 기능별로 계획을 따로 수립하며, 실행 간 발생되는 이슈들에 대한 피드백의 공유가 어려운 조직에서는, 실무자 간에 계획과 실행 간 차이 나는 이슈들에 대해 조정을 위한 회의를 진행해야만 하는데, 가장 손쉬운 방법은 정기적으로 실시하는 주 단위 생판회의, 판생회의, S&OP 등을 이용하는 것입니다. 만약 S&OP가 이렇게 유지된다면, S&OP는 CEO가 주도하는 경영관리 프로세스가 아닌, 기능별 실무자 간 "자원운영협조회의"를 위한 프로세스로 운영될 수밖에 없습니다.

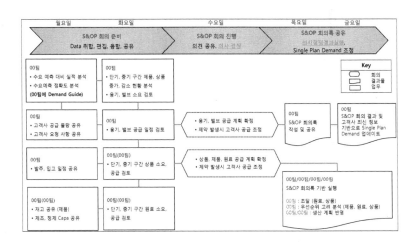

다품종 소량 공급형태 Special Gas(장치산업)업에서, 프로세스 성격과 거리가 먼 생판, 판생 회의를 진행하다가, 명칭만 S&OP로 변경한 S&OP를 제조에서 진행한다면, Agenda는 전체 프로세스 중에, 생산(충전) 분야에 국한된 내용을 Main으로 제시하고, 생산(충전)에 좋지 않은 영향을 미치는 것들에 대해, 제대로 해 달라고 타 기능들에 Announce하거나 요청하는 수준의 회의가 지속 유지될 것이기에, 정말 제조에서 S&OP를 진행할 생각을 가지고 있다면, 경영진이 시스템과 전체 최적화를 올바르게 이해하고, 이러한 관점에서, 제조의 운영 전략이나 R&R을 새롭게 정립함은 물론, 실제 업무를 하는 구성원들의 생각하고 행동하는 방식을, 혁신의 혁신, 또다시 혁신을 통해, 정말 혁신적으로 바꾸어야만 합니다. 그렇지 않을 경우, 기존에 유지해오던 장치산업(제조)의 틀을 벗어나기란 불가능합니다.

그리고 S&OP를 제조가 아닌, SCM을 추진하는 조직에서 주관하게 되고, Agenda 또한 재고, 제품, 상품, 원료, 자재 등으로 확대하여 진행한다고 할지라도, 허브(Hub) 역할을 하는 공급계획을 수립하는 기능이 없고, 그 외 계획들은 여러 기능에 분산되어 수립된다면, 모든 S&OP 회의는, 기능별 담당자들이 모여 자원운영관련 내용을 협의하는 수준으로 운영될 수밖에 없습니다. 따라서 이러한 형태로 유지되는 S&OP는 S&OP라기보다는, "자원운영협조회의"라고 이야기하는 것이 더 적절합니다. 만약 조직 운영 특성상, S&OP를 CEO 주도 경영관리 프로세스로 유지하고 싶지 않다면, 전결권만 잘 정립하여 "자원운영협조회의" 성격으로 비즈니스 리듬과 프로세스를 유지해도 됩니다. 단, 이러한 경우 S&OP는, CEO가 주도하는 경영관리(Business Administration) 프로세스가 될 수 없으며, 이로 인해 CEO가 참여해야 하는 제조, 품질, 영업, 구매, 기타 등의 간담회나 회의들은 당연히 증가합니다.

**- Episode -**

공급계획을 수립하지 못하고 있는 기업에서, 제조 기능이 직접 수요를 기반으로 생산(충전)계획을 수립하는 경우도 있는데, 제조 기능이 존재하는 주된 이유는, 수요를 기반으로 생산(충전) 계획을 수립하는 것이라기보다는, 우수한 품질의 Gas 생산과 설비와 인력의 효율을 높이고, 안전환경사고를 예방하는 데 있습니다. 즉, 수요공급(S&OP) 관점에서 볼 때, 계획 기능이라기보다는 실행기능입니다.

품질 기능 또한 마찬가지입니다. 공급계획을 수립하지 못하고 있는 기업에서, 품질 기능이 직접 수요를 기반으로 검사(분석)계획을 수립하는 경우도 있는데, 품질 기능이 존재하는 주된 이유는, 검사(분석) 계획의 수립이라기보다는, 고객이 원하는 수준의 품질을 보증할 수 있도록 분석 장비들을 운영하며, 다양하게 분석된 데이터들을 수집하여 빅데이터화하고, 빅데이터를 어떻게 활용할 것인지 탐구하여, 발생형 문제 인식 관점이 아닌, 탐색형, 설정형 문제인식 관점에서, 원재료를 공급하는 업체와 고객에 대응하는 데 있습니다. 따라서 품질 조직 또한, 수요공급(S&OP) 관점에서, 계획 기능이라기보다는 실행기능입니다.

**- Episode -**

영업에서 공급 기능들(구매, 제조, 품질, 물류)의 요청에 따라, 제공하고 있는 수요관련 데이터 종류는 총 4가지였습니다. [① 월출고일정표, ② 주차별 물량표, ③ Material Status Monthly, ④ 각 담당자 필요에 따른 Demand Forecast 요청 자료] 그런데 문제는, "공급 기능들이 각 기능의 업무에 적합하지 않는 데이터를 활용하고 있다는 점", 각 기능 담당자들의 업무 편리성에 입각하여 영업에 무분별하게 요청하다 보니 "데이터 양식과 생성 시점의 상이로 인해 서로 다른 언어로 이야기하고 있다는 점"이었습니다.

월출고일정표는, 보편적으로 출하, 저장, 운송기능이 복합 연계된 물류센터나, 저장소 등을 보유한 출하운송기능에서, 제품이나 상품 재고를 고객에게 납품하기 위해 활용하는 데이터 유형입니다. 그리고 어떻게 보면 계획보다는 실행에 가까운 데이터입니다. 그런데도 상당 기간 공급 프로세스상에 모든 기능(제조, 품질, 구매, 물류 등)들이, 각각 독립적으로 바라보며, 각종 계획수립의 기준이 되는 아주 중요한 역할을 하고 있었습니다. 따라서 월출고일정표의 숫자를 영업에서 긴급하게 수정하게 되면, 공급프로세스 모든 기능들이 크고 작은 영향을 받을 수밖에 없었습니다. 그리고 기능별 담당자가 별도로 영업에 요청하여, 주차별 물량표, Material Status Monthly, Demand Forecast라는 데이터를 유지하고 있었습니다. 어떻게 보면 당연할 수 있는 것이, 월 출고일정표를 가지고 공급 기능에서 제품을 생산하고, 상품과 원재료를 조달하는 데 필요한 각종 정보를 완벽하게 얻을 수는 없기 때문입니다.

하지만, 이러한 운영방식은 상호 불신과 불만을 증가시켰고, "너는 너, 나는 나" 식의 개인주의, 이기주의 등으로 이어져, 협업 또한 제대로 되지 않았습니다. 정말 "같은 조직 내에서 업무를 하고 있나?" 싶을 정도로 데이터 숫자가 다르며, 데이터를 보는 기준도 상이하고, 데이터를 표현하는 양식도 상이하여, 어떤 기능이 상기 네 가지 데이터 중, 하나라도 활용하기 위해서는 별도 가공과정을 거쳐야 했습니다.

이러한 문제점들을 해결하기 위해, 상기의 네 가지 데이터를 모두 융합하여 하나의 데이터로 표준화, 단순화시킨 Single Plan Sheet(보고, 듣고, 느끼고 사용하는 언어의 일치)를 만들고, 지속 업데이트되며 유지될 수 있는 프로세스를 구축하였습니다.

> 고객이 원하는 품질로 제조 및 유통된 제품과 상품의
> 적응성을 높이며 고객에게 안전한 상태로 운송

☞ **제조시설과 분리된 지역에 물류센터 건설 및 운영**[DC(Distribution Center) or PC(Process Center)]

물류센터에서 상품을 취급하게 된다면 PC의 개념으로, 제품만을 취급한다면 DC의 개념으로 검토되어야 합니다. 만약 전처리 단계가 물류센터에 포함된다면 제품만을 취급하더라도 PC의 개념으로 검토되어야 합니다.

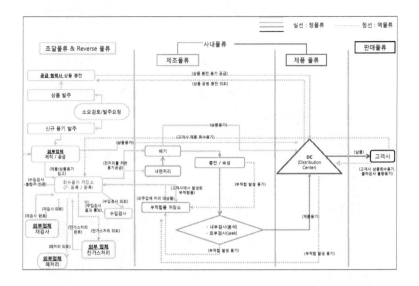

☞ **고객에게 현실적인**(적용성) **재고운영 정책 정립**

☞ **3PL 관리 프로세스 구축**

---

**Reverse 물류에 의해 발생되는 각종 상태의 자원을**

**최단시간에 가용화**

---

☞ **회수용기저장소의 조달 및 Reverse 물류와 연계된 역할 정립 및 Process 구축**

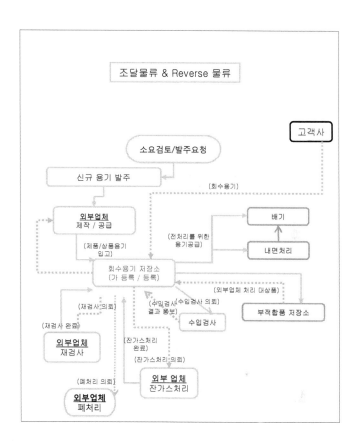

　　회수용기저장소는 조달 및 Reverse 물류와의 연계로 인해, 고객으로부터 회수된 용기, 신규 조달 용기, 반품 용기, 폐기 대상 용기, 부적합 용기, 재검사 대상 및 완료 용기들을, 등록, 분류, 공급, 저장하는 역할을 하고 있기에, Supply Chain상에서 중요한 허브(Hub)의 역할을 하고 있습니다. 하지만 안타깝게도 Gas 업에서는, 단순 보관 창고로 치부하는 경향이 있는데, 회수용기 저장소에서 이루어지는 업무들은, 불확실성, 고비용성, 다양한 프로세스 및 구성원과 연

계, 시간성 등의 특성이 있기에, 제대로 관심을 갖지 않게 되면 Visibility 확보가 제한되고, Process 구축이 어려워, 정보시스템 구축 및 활용 또한 낮게 됩니다. 하지만 대체적으로 회수용기 저장소의 Role and Responsibilities에 대한 관심이 증가하려면, 조직 전반에 용기관리의 중요성에 대한 공감대가 형성되어야 합니다. 그리고 이와 연계하여 회수용기 저장소라는 명칭도 변경할 필요가 있습니다.

## - Episode -

Gas를 포장하고 이동시키는 역할을 하는 것은 용기와 밸브입니다. 따라서 위험물의 일종인 Gas를 포장하는 용기와 밸브는, 이동 간 매우 안전한 취급을 요구받습니다. Gas가 용기에 포장된 이후, 이동 간에 발생 가능한 위험은, 상당한 충격으로 용기와 밸브가 손상되어 Gas가 누출되는 상황입니다. 그리고 용기와 밸브에 상당한 충격을 줄 수 있는 상황은, 차량 간 충돌 및 전복, 지게차에 의해 이동 및 하역 간 떨어뜨림입니다. 본서에서는, 지게차에 의해 이동 및 하역 간 떨어뜨림에 대해, 이야기하고자 합니다.

지게차를 이용하여 물건을 이동하거나 하역하는 것은 물적 유통 분야에 해당되며, 특히 지게차를 대체할 수 있는 해법이 없는 물적 유통 분야에서, 지게차는 여전히 중요한 역할을 차지하고 있습니다. 물적 유통 분야는, 최첨단 자동화 현대화된 기계나 설비를 운영하는 시설들을 제외하고, 많은 부분 인력에 의해 유지되고 있기 때문에, 예기치 않은 안전사고의 가능성이 항상 상존하고 있습니다. 그래서 사람들이 지게차 안전 운행에 대해 많은 이야기를 하고 있습니다만, 대부분, 안전하게 해라,

급하게 하지 마라, 잘해라 등 두리뭉실한 이야기만 오갈 뿐, "구체적으로 어떻게 해라"가 이야기되지는 않습니다. 그리고 대부분 갖추고 있는 매뉴얼도, 안전수칙이라는 제목하에 "~한다." "~해야만 한다." 등의, 개략적이고 일반적인 내용 위주로 작성되어 있으며, 체계적인 지게차 관리를 위한, 계단 정비 프로세스가 반영된 매뉴얼도 쉽게 찾아볼 수 없습니다.

이로 인해 지게차 운전원이 입사하면, "~한다.", "~~해야만 한다." 등의 개략적이며 일반적인 내용을 몇 번 읽고, 스스로 알아서, 인계인수도 알아서, 업무 터득도 알아서 해야 합니다. 만약 일을 가르쳐 주는 선임자에게서 제대로 배울 것이 없다면 "더 알아서" 해야 합니다.

사람에 의해 유지되는 분야는, 사람마다, 생각과 행동하는 방식, 수준차이 등으로 인해, 각기 다른 결과로 나타날 수 있습니다. 예를 들어 A라는 것에 대해 교육하고 행동시범을 보여주어도, 어떤 사람은 $A^+$, $A^-$, 심지어는 B와 C로도 이해하고 행동할 수 있습니다.

따라서 지게차 분야는, 우리가 일반적으로 생각하는 것과는 다르게, 정말 디테일하게 교육하고 관리해야만 합니다. 속도만 제한하면 사고가 발생하지 않을까요? 제 경험상 속도 제한 장치를 설치해도, 지게차 사고는 줄어들지 않았습니다. 그동안 발생된 지게차 사고의 유형을 보면, 과속으로 발생했다기보다는, 지게차 포크 조작 미흡, 작업 간 시야(視野) 확보 제한, 처음 직면하는 상황에 어떻게 해야 할지 잘 몰라서 등이었습니다. 따라서 속도 제한 장치만 설치해 놓고 자화자찬하기보다는, 사업장 내 다양한 상황의 작업방식을, 정말 디테일하게 이해하고 실행할 수 있도록 만들어 주어야 합니다.

지게차는 대부분 해당 사업장 내에서만 운영하므로, 사업장 내부 모든 작업 경우의 수를 탐구하고, 그림으로 표현하여 매뉴얼에 반영하는 것이 바람직합니다. 그리고 이렇게 하는 것은 그리 어렵지 않습니다. 왜냐하면, 저는 이전에 오래 근무했던 조직에서, 디지털화되지 않은 아날로그 분야에 대해서도, Fool Proof 개념을 적용하기 위해 많은 그림책을 만들어 보았기 때문입니다. 어떤 분들은 "그렇게 어떻게 하느냐?, 어렵다!, 불가능하다!"라고 이야기하는 경우도 있는데, 단지 "생각의 차이일 뿐"이라고 말씀드리고 싶습니다. 그리고 사업장 환경이 다르고 취급 품목이 다르다면, 사업장의 환경과 취급 품목이 반영된 매뉴얼을 각각 만들어야 합니다.

아래는 상기의 내용들을 실천하기 위해, 1개 사업장을 대상으로 작성한 매뉴얼 (51Page, 그림 수는 167점) 중, 몇 점만 발췌하여 인용해 보았습니다.

『작업환경, 작업방식, 취급품목, 모두 반영되도록 매뉴얼을 만들고 있고, 이를 가지고 구성원들과 공감대 형성을 위해 노력하고 있습니다.』

1은 가로 방향으로 1개 이동시 삽입라인, 2는 가로 방향으로 두개 이동시 삽입라인을 나타낸다.

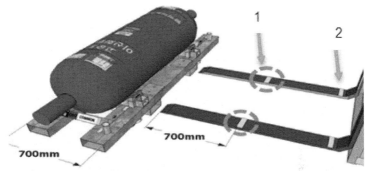

용기를 가로방향으로 이동 시 포크는 가로 각관 안으로 넣어서 사용한다.

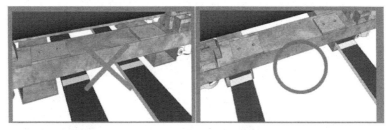

포크를 기울여 하역(Unload)할 경우 스토퍼가 파손 될 수 있으므로 포크를 평형으로 설정 후 하역(Unload)해야 한다.

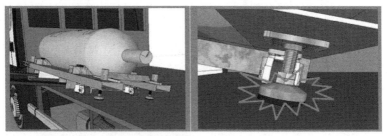

포크 각도 조절레바를 최대치로 당긴 후 하역(Load/Unload)장소로 이동한다.

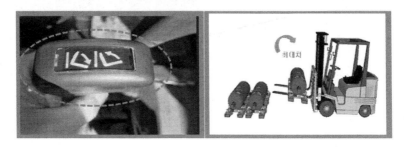

왜 제조설비나 제조관련 작업들을 위한 매뉴얼은 Fool Proof나, 프라모델(Pla model) 설명서 수준 정도를 요구하면서, 물적유통 분야 중에서도 특히 지게차 분야는, 사고의 발생을 우려하면서도, 깊이 생각하지 않고 대충 말로, "이렇게 해라", "저렇게 해라", 그리고 "알아서 잘해라" 등의 이야기만 하는 걸까요? 4차 산업혁명시대 인공지능과 로봇이 강조되고 있지만, 인공지능과 로봇에 자아가 형성되지 않는 이상, 인공지능과 로봇을 활용하려면 입력할 수 있는 데이터가 있어야 합니다. 그런데, 구연동화처럼 전해 내려와 입력할 수 있는 데이터가 없다면, 인공지능과 로봇을 어떻게 적용할 수 있다는 것일까요? 지게차 분야는 인공지능과 로봇이 필요 없다는 의미일까요? 아니면 일자리를 빼앗길까 봐 두려워서 그러는 것일까요? 아니면 아예 관심이 없는 것일까요?

### ― Episode ―

다품종 소량 공급형태 Special Gas업 물류에 대해, 국가 또는 대기업(고객) 주도로, 공동 물류화에 대한 탐구가 필요합니다.

☞ 제조사업장에서 발생하는 사고는, 사업장 전체 폐쇄로 이어질 수 있으므로, Risk를 최소화하고, 고객에 적응성 있는 대처가 가능하기 위해서는, 제조사업장과 분리된 지역에 저장, 출하, 운송 관련 인프라를 구축해야 합니다. 하지만, 중견, 중소기업 여건상 제조사업장을 벗어나, 많은 비용을 들여 인프라를 구축하는 것이 현실적으로 쉽지 않습니다.

☞ 위험물질 특성상, 위험물질의 저장, 출하시설의 경우에도 정부 허가가 쉽지 않

으며, 점차 증가되는 주거 및 상업지역으로 인해, 도로 이용이 용이하며 재정적으로 부담이 적은 장소 또한 찾기가 쉽지 않습니다.

☞ 시스템과 자본력을 바탕으로 한, 일정수준 규모의 기업이 아닌 이상, Gas 용기를 취급하는 물적유통 분야는, 관리 사각지대에 놓일 가능성이 매우 높습니다.

☞ 고객에 납품 및 회수를 위한 운송 시, 차량 용적률이 높지 않습니다. Only 용적률을 높이는 방법은 공동 물류화입니다. 그리고 용적률이 낮은 각 기업 차량들이 움직인다는 것은, 탄소배출량 증가, 효율성 저하 등을 의미하지만, "사고 발생 가능성이 증가될 수 있다"는 것도 의미합니다.

☞ 고객이 납품받는 방식은 마트나 약국과 유사합니다. 약국을 예로 들면, 하나의 기업에서 하나의 약만 받지 않습니다. 하나의 기업에서 여러 가지 약을 받습니다. 그리고 여러 기업에서 같은 종류의 약도 받습니다. 이러한 특성으로 인해, 의약품의 경우, 거대 의약품 제조사를 중심으로 공동 물류화를 실현하고 있습니다.

예를 들면, 약국은 공동물류센터에 A기업, B기업, C기업 등 여러 기업의 약을 다양한 수량으로 요청합니다. 그러면 공동물류센터에서는, 여러 기업의 약들을 Package화하여 공급하게 됩니다. 그리고 공동물류센터에서는, 재고 정책보다 보유수준이 낮아진 품목들을 보충해달라고, 여러 기업들에게 요청하게 됩니다.

    지금까지 언급한 내용을 토대로 정리해보면, Logistics는 크게 Military Logistics와 Business Logistics로 구분되어 오고 있고, 각각의 분야에서 제조원점과 최종 소비원점 간, 효율·효과·경제성을 바탕으로 적기·적소·적량의 수요공급을 유지하기 위해, 개념, 역할, 범위, 규모 등을 다양하게 연구하고 정립하여 왔음을 알 수 있습니다. 그리고 SCM은 전체 최적화·시스템적 관점에서 Logistics Management가 유지될 수 있도록, 가치와 이념을 제공하고 있으며, SCM 자체는 보이지 않는 추상적·철학적이기에, 民의 경우 기업군수(Business Logistics)를 통해, 軍의 경우 군사군수(Military Logistics)를 통해, SCM이 현실에서 상당 부분 보이도록 노력하고 있습니다. 그리고 이러한 점을 고려해 볼 때, SCM이 추구하는 본질과 이념을 보다 극대화하기 위해서는, Military to Military(M2M), Business to Business(B2B), Military to Business(M2B), Business to Consumer(B2C) 간에 더욱 긴밀하고 고도화된 Networking, Collaboration 등이 필요합니다.

『본서에서 Military Logistics와 비교하는 Business Logistics는, 매우 거대한 집단 수준의 기업을 기준으로 합니다. 작은 규모 기업에서 발생되는 Business Logistics를 Military Logistics와 비교하기에는 많은 한계가 있습니다.』

---

**SCM** (Supply Chain Management)

☞ 불확실성을 취급함

☞ 시스템 · 전체 최적화를 지향함

☞ 본질은 실체가 없는 추상적, 철학적, 사상적

☞ Process로 인해 현실에 보여짐

☞ Logistics Management 수준은 SCM 수준에 영향을 미침

☞ 업(業), 규모, 조직문화, 구성원의 생각하고 행동하는 방식 등에 따라 상이하게 나타남

---

여러분들은 SCM을 어떻게 생각하시나요? 여러분들이 소속되어 있는 조직의 현실이, 책이나 강의에서 제시하는 내용과 차이가 있고, 책이나 강의 내용이 먼 이상처럼 느껴진다면, 여러분들께서 "SCM을 어떻게 해야 할지 모르겠다."고 이야기하는 것은 당연합니다. 단지, 제가 여러분들께 바라는 점은, 우선 SCM 본질을 명확하게 이해하시고, SCM을 매우 국한된 Logistics 범위나 물적유통 분야로 치부해서 생각하지 않으셨으면 좋겠다는 겁니다. 특히 SCM에 대한 이해나 수준이 낮은 조직일수록, SCM을 저장소, 운송 등에

치우쳐 생각하는 경향이 높을 수 있는데, 이러한 경우, SCM을 수면에 떠우고 시작한들, Role and Responsibilities에 대한 생각의 차이로 인해, 시스템화, 전체 최적화 등을 추구하기란 정말 어렵습니다.

그리고 올바른 방향과 속도가 발생할 수 있도록 끊임없이 프로세스를 정립하고, 이를 기반으로, 데이터 과학과 연계된 데이터 자산 체계 또한 병행 구축하십시오. 이는 전사(全社) KPI 체계를 정립하고 운영함에 있어, 매우 중요한 역할을 합니다.

『"올바른 방향과 속도"와는 거리가 먼, 프로세스를 기반으로 구축된 정보시스템, 이러한 정보시스템을 통해 생성되는 데이터를 기반으로 운영되는 KPI, 때로는, KPI 항목 정립이 중요하다고 난리를 치기도 하는데, 글쎄요, "보여 주기"식 KPI 항목 정립에 호들갑 떨기보다는, 프로세스가 올바른 방향과 속도로 유지되고 있는지, 이를 기반으로 데이터가 생성되고 있는지, 난리법석을 떨어 정립한 KPI가 조직이 나아가야 할 방향과는 상관없이 "나 홀로 KPI"는 아닌지 등을, 중요하게 탐구할 필요가 있습니다.』

그리고 조직 최고 경영자의 관심을 통해, 성역 없는 Visibility와, Cooperation, Collaboration, Proactive 등의 문화가 자리 잡을 수 있도록 노력하십시오. 그리고 혹, 외부 전문가에게 받을 수도 있는 도움에, 너무 기대거나 의존하지 마십시오. 외부 전문가에게 도움을 받을 수도 있지만, 조직에 맞게 정립하고, 적용하며, 추진하는 것은 여러분들입니다. 즉 여러분들이 소속되어 있는 조직의 SCM은,

온전히 외부에 기대거나 의존하기보다는, 여러분들의 도전, 인내, 열정, 창의 등이 병행되어야만 시너지가 높아집니다. 그리고 처음부터 거창한 계획을 수립하거나, 성급히 서두르지 마십시오. 특히 단기간에 성과를 보여주려고 하거나 과시하려고 하다 보면, "눈 가리고 아웅", "보여주기" 위주의 수준과 방식에서 결코 벗어날 수 없습니다. 그리고 공감대 형성을 위한 기간을 설정하고, 조직을 워밍업 하십시오. 왜냐하면 기존에 유지해오던 습관, 기능 위주 조직운영방식, 부분 최적화 등에 길들여져 있던 조직과 구성원들을, 시스템·전체 최적화 관점에서 생각하고 행동하도록 만들기 위해서는, 많은 워밍업이 필요하기 때문입니다. 하지만, 기존 매너리즘과 부분 최적화에 강하게 길들여져 있던 구성원들 중에는, 변화를 기대할 수 없는 구성원이 존재하기도 합니다. 만약, 변화될 가능성이 정말 희박한 구성원이나, 시스템과 전체 최적화를 이해하는 안목이나 실천하는 수준이 정말 낮은 구성원이, 조직에 오래 있었다는 이유만으로, SCM에 지대한 영향을 미치는 자리에 있다면, SCM에 미치는 영향이 적은 보직으로 옮겨질 수 있도록, 반드시 조직차원에서 고민하고 배려해야 합니다.

본서는 어쩌면 SCM에 눈을 뜨려고 하는 조직, SCM을 하고 싶은데 어떻게 시작해야 할지 고민이 있는 조직, 이전에 SCM이 강조되었지만 특별히 나아진 것은 없고, 시간이 지날수록 보이지 않는 매너리즘에 의해 서서히 시들해져가는 조직 등에, 더 공감이 가고 더 가까울 수 있습니다. 그리고 Logistics Management 수준이 높지 않은 조직에서, 많은 난관과 삶의 체험현장에 부딪치고 있는 분들에게 더 가까울 수 있습니다. 이런 의미에서 SCM의 본질을 이해하고, 하나의 프로세스라도 제대로 정립하기 위해, 때론 좌절감이 밀려오더라도 용기를 내고 있는 모든 분들에게 힘찬 응원의 박수를 보내드리고 싶습니다.

SCM은 불확실한 상황을 취급해야 하는 관계로, 때론 실수도 할 수 있습니다. 단지 실수가, "조직과 구성원들에게 크나큰 피해를 끼치는 수준이냐," 아니면, "다시 정정하면 조직과 구성원들에게 피해가 가지 않는 수준"이냐의 차이라고 생각됩니다. SCM을 함에 있어, "조직과 구성원들에게 크나큰 피해를 끼치는 수준"의 실수를 하지 않으려면, 특히 "~데요"를 주의하시면 된다고 저는 생각하며, "다시 정정하면 조직과 구성원들에게 피해가 가지 않는 수준"의 실수는 누구나 할 수 있으므로, 너무 힘들어하지 않기를 바랍니다. 하지만 실수라는 용어의 정의가 "조심하지 아니하여 잘못함"이므로, 조심하지 않는 습관은 반드시 고칠 수 있도록 노력해야겠습니다.

『다음 이미지는 우리가 일상생활에서 흔히 볼 수 있는 전선정리 상태입니다. 부끄럽지만 저의 전선정리 상태도, 아래의 이미지와 유사합니다. 이상하게도, 꼬여있는 전선들을 보았을 때, 개선이 필요하다는 생각을 전혀 하지 못했던 경우도 많으며, 한편으로, 정리해야겠다는 생각이 들면서도, 쉽사리 행동으로 이어지지 않았던 적도 많았습니다. 여러분들은 어떠하신가요? 오랜 시간에 걸쳐 형성된, 생각하는 방식, 행동하는 방식, 업무하는 방식 등을 바꾸는 것이 쉽던가요?』

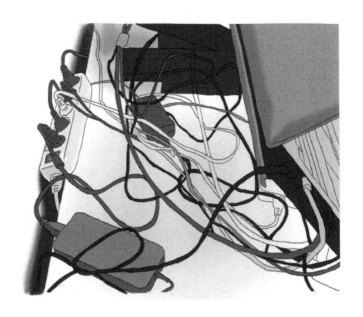

본인들은 복지부동하면서, 상대방이 실수하기만을 기다렸다가, "기회다 싶어" 깎아내리려는 구성원들을 만나면, 가끔 의기소침해질 때도 있습니다. 하지만, SCM은 자신감을 형성하지 못하고, 복지부동의 자세로, 눈치만 보려고 하면 잘할 수 없습니다. 때론 정말 깊은 한숨이 나오실 때가 있으시죠? 기운 내십시오.

**한숨** (이하이)

숨을 크게 쉬어보세요.
당신의 가슴 양쪽이… 저리게 조금은 아파올 때까지.
숨을 더 뱉어 봐요. 당신의 안에 남은 게 없다고 느껴질 때까지….
숨이 벅차올라도 괜찮아요. 아무도 그댈 탓하진 않아…

가끔은 실수해도 돼. 누구든 그랬으니까….

괜찮다는 말… 말뿐인 위로지만…

누군가의 한숨. 그 무거운 숨을….

내가 어떻게 헤아릴 수가 있을까요.

당신의 한숨…. 그 깊일 이해할 순 없겠지만….

괜찮아요. 내가 안아줄게요.

남들 눈엔 힘 빠지는… 한숨으로 보일진 몰라도….

나는 알고 있죠….

작은 한숨 내뱉기도 어려운. 하루를 보냈단 걸….

이제 다른 생각은 마요. 깊이 숨을 쉬어봐요.

그대로 내뱉어요….


『여러분들은 실을 이용하여 스웨터를 짜본 경험이 있으신가요? 저는 스웨터를 짜본 적은 없지만, 어릴 적 어머니께서 손수 짜주시던 스웨터를 아직도 생생히 기억합니다. 스웨터 하나를 짜려면 정말 많은 실타래가 필요했고, 그 많은 실타래를 하나씩 풀어가면서, 몇날 며칠 정성과 노력을 들여 스웨터를 짜는 모습은 신기하기까지 하였습니다. 그리고 하나라도 잘못 꿰어버리면, 스웨터의 일정 부분을 다시 풀고 다시 짜거나, 아예 모두 풀어버리고 처음부터 다시 짜야 하는 경우도 있었습니다. SCM을 하면 할수록, SCM은 공을 들여 스웨터를 짜는 인고의 과정과 별반 다르지 않다는 것을 느끼게 됩니다.』

　마지막으로, 소속되어 있는 조직에서, SCM이 추구하는 이념과 가치를 이해하고, 사심과 개인보다는 공동의 이익을 추구하며, 긍정과 협업, 그리고 기다림과 인내의 미학 등을 조직문화로 형성하고 있거나, 앞으로 형성할 가능성이 있다면, 너무 고민하지 마시고, 여러분들이 열정을 가지고 하나의 프로세스라도 시스템·전체 최적화 관점에서 시작해 보는 것이 어떠할까요? 아마도 급물살을 탈 수도 있을 것이며, 종료 시점을 예측할 수는 없지만, 인고의 시간이 지나고 나면, 언젠가는 여러분들이 해당 조직에서 SCM 전문가가 되어있을 것입니다.